동아시아 지역 연구와 탈식민 운동

이 책은 동아시아역사연구소 총서 24권입니다.

동아시아 지역 연구와 탈식민 운동

초판 1쇄 발행 2021년 6월 18일

저 자 | 이진일 외
발행인 | 윤관백
발행처 | 도서출판 선인

등록 | 제5-77호(1998.11.4)
주소 | 서울시 마포구 마포대로 4다길 4(마포동 324-1) 곶마루빌딩 1층
전화 | 02)718-6252 / 6257
팩스 | 02)718-6253
E-mail | sunin72@chol.com
Homepage | www.suninbook.com

정가 28,000원
ISBN 979-11-6068-488-9 93900

* 이 책은 2016년 대한민국 교육부와 한국연구재단의 지원을 받아 수행된 연구임(NRF-2016S1A5B8924764).

동아시아 지역 연구와 탈식민 운동

이진일 외

도서출판 선인

서문

지난 2010년부터 성균관대학교 〈동아시아역사연구소〉는 〈동아시아 지성의 계보와 역사인식〉에 대한 체계적 연구를 목표로 근대 동아시아에서 구축한 지성 · 학문의 내적 논리와 역사인식의 상관관계를 추적하는 작업을 진행해 왔다. 서세동점기에서 오늘에 이르기까지 3단계로 시기를 나누었고, 각 단계 안에서 동아시아 근대학문이 서구와 주변 국가들로부터 전이, 수용, 변용, 전유되는 과정을 구체적으로 확인하고자 하는 작업이다. 근대 전환기 동아시아 질서 속에서 동아시아의 인문학적 전통을 확인하고, 권력과 지식 사이에 어떤 상호작용이 있었는지를 규명하려 하고자 하는 것이 본 프로젝트의 목표이다.

1단계(2010~2013)에서 '근대로의 전환기 동아시아 지성과 학문'의 문제를 다루었다면, 2단계(2013~2016)에서는 '제국주의 시대 동아시아 근대 학문'을 다루었고, 3단계(2016~2019)에서는 '현대 동아시아 인문학의 현황과 미래'를 다루었다. 여기 총서로 묶어내는 3단계 1년차의 총괄 주제는 〈지역연구와 동아시아 지역구상〉이다. (1 세부과제: 한국 인문학의 전개와 지식인. 2 세부과제: 해외의 동아시아 지역학과 탈식민주의) 해외 한국 연구의 현황을 점검하면서, 지역학으로서의 동아시아 연구와의 상관성을 해명하고 서구 동아시아 담론의 구체적 내용을 추적하고자 함에 본 연구의 목적이 있다. 2차 세계대전 이후 미국이 주도하는 냉전구도 속에서 지역학(area studies)이라는 이름으로 진행된 지역연구는 20세기 전반 서구에서 전개된 지리정치적 세계관에 기반해 현실 정치를 배경으로 전략적 필요에 의해 구성된 학문이다. 그럼에도 동아시아를 하나의 '지역(region)'으로 설정해 근대 일본의 굴절된 '근대' 수용방식, 나아가 전후 냉전 구조하 지역의 재편을 비판적으로 검토하는 작업은 필요하다.

동아시아 개별국가들의 국경을 넘는 학문과 지성의 전이와 상호 연결성은 어떤 형태로 진행되었으며, 그 결과는 무엇이었는가? 동아시아사 전체, 나아가 동서양의 역사에서 피식민경험은 어떻게 자리매김 되어야 하는가? 피식민 경험이 갖는 보편적 의미는 무엇인가? 전후 피식민 국가들은 서구의 제국주의 침략과 근대화에 저항하는 모순을 어떤 방식으로 넘어서고자 하였는가?

이러한 질문들을 화두로 한국 바깥 학문세계에서 진행된 동아시아 관련 논의들을 살펴보고자 하였다. 이 책은 이러한 문제의식을 갖고 연구한 결과를 모은 여덟 번째 결실이다.

1부 〈담론으로서의 동아시아 지역 구상〉에서는 '지역'으로서의 동아시아 구성의 가능성에 대해 다룬다. 먼저 최종길의 「전후 다케우치 요시미의 동아시아 담론과 식민지문제」에서는 전후 문제 해결을 위해 '전쟁 책임론'에서 '식민지 지배 책임론'으로의 전환의 필요성을 개진한다. 일본의 진보적 지식인들은 전쟁책임에 관한 문제를 식민지 지배에 관한 반성적 인식으로까지 확대하지 못하였다. 천황제 국가의 전근대성을 비판적으로 고찰한 마루야마 마사오의 연구를 이어받아 다케우치 요시미 또한 전후 일본적 근대화에 대한 비판적 고찰의 과정에서 패전에 대한 원인분석에서 시작해 일본적 근대에 대한 비판적 고찰을 진행하지만 그의 인식이 식민지 문제에까지 이르지 못하는 한계를 필자는 지적한다. 다케우치 요시미가 제시한 아시아주의에 입각해 그의 식민지 문제에 대한 인식을 살펴보면서 이 지점에서 더 이상 논의를 진척시킬 수 없었던 그의 사고와 이론적 한계를 지적하고 있다.

이어서 이진일의 「냉전의 지정학과 동아시아 '지역'(region)의 구성: 칼 슈미트의 광역질서'(Grossraumordnung) 이론을 중심으로」에서는 칼 슈미트의 광역질서 개념을 염두에 두면서 동아시아를 지역 집단이 중심이 되는 다극적 세계질서의 일원으로 구성해 낼 수 있는 가능성을 살펴보고 있다. 이는 미국이 지배하는 일방주의적 헤게모니에 대한 대안이라는 의미에서 슈미트의 의도와도 맞아 떨어진다. 또한 독일이 주도하는 광역이론 모델과 지역주의(Regionalism)라는 슈미트의 논지는 중국이 주도하는 동아시아 광역과 '지역'으로서의 동아시아를 구상하고자 하는 중국의 의도에서도 관심이 가지 않을 수없는 대안이다. 동아시아 담론이 더 이상 진전되지 못하고 있는 현실에서 이들의 구상은 우리에게 하나의 딜레마이기도 하지만, 그럼에도 필자는 슈미트가 제안하는 국제법적 질서의 새로움 속에 지역이 중심이 되면서 평화적으로 형성될 균형의 가능성을 탐지하고 있다.

나혜심은 「지구화시대의 문화 담론과 독일의 동아시아 인식」을 통해 전후 아시아의 급격한 경제적 성장과 금융위기의 배경에 주목해 이를 유교적 전통과 연결하고자 하는 시각을 분석하고 그 의도를 평가한다. 동아시아 근대화 과정에서의 유교자본주의론과 동아시아적 정체성의 문제를 서구 세계의 담론 속에서 찾아보고자 하는 시도이다. 필자는 궁극적으로 서구의 이러한 유교자본주의적 시각에서의 분석에는 순수 학문적 관심을 넘어 자신들이 완성한 서구 자본주의의 진행방식을 재점검하는 의미를 갖고 있다고 결론 내린다.

2부 〈해외 지역 연구와 인식 변화〉에서는 일본과 미국, 중국 등에서 조선/한국의 역사를 두고 진행된 연구의 의미와 영향, 그들 인식의 변화 가능성에 대한 세 편의 글을 만난다. 먼저 김종복은 「일본 근대 초기 역사학의 발해사 서술과 그 전거」에서 한반도 북부와 중국 동북지방 및 러시아 연해주 일대에서 해동성국을 구가했으나 패망과 함께 잊혔던 발해의 역사를 근대에 다시 소생시킨 만선사학의 문제점들을 짚고 있다. 먼저 필자는 근대 초기 일본에서 진행된 발해사 연구의 결과물들을 분석하고 이들 서술들에 나타나는 역사적 사실들에 대한 오류와 서술상의 문제점들을 꼼꼼히 분석한다. 현대 중국의 동북공정이 일제 만선사학의 역사적 접근방식을 이어받은 접근이라는 점을 비판하면서 이처럼 발해사를 조선사보다 만주사로서 접근하고자 했던 방식들에 문제를 제기하고 있다.

송병권의 「미국의 식민지 조선 인식의 원형과 지역주의적 재해석」에서는 일본의 식민지 수탈론도, 식민지 개발론도 아닌, 미국의 전후 대한정책이라는 제 3의 시각에서 식민지 조선을 바라보는 관점에 주목한다. 이는 미국의 아시아정책 속에서 파악되는 조선이며, 미국의 식민지 조선 인식의 원형을 제공하는 시각이다. 그라즈단제브(Andrew J. Grajdanzev)의 『현대한국(Modern Korea)』(1944)을 중심으로 필자는 미국의 정책 속에서 한국의 독립은 부차적 문제였고 일차적으로 일본의 전쟁 능력 약화가 동아시아에서 지역주의적 맥락(regionalism)에서 우선적 고려 요소였음을 지적하고 있다.

세 번째로 김지훈은 「현대 중국의 한국전쟁 인식 변화」를 중학교 역사 교과서의 서술 변화를 중심으로 서술하고 있다. 중국의 역사 교과서에서 한국사와 관련된 서술이 거의 존재하지 않는 현실에서 튀어나온, 한국전쟁 당시 중국이 북한을 도와 승리로 이끌었다는 그들의 역사 해석은 특별히 그 배경에 주목할 만하다. 김지훈은 본 논문을 통해 중화인민공화국 수립 초기부터 프롤레타리아 문화대혁명을 거쳐 현재에 이르기까지 중국의 중학교 역사교과서에서 한국전쟁 서술의 특징과 변화를 중국의 한국전쟁 인식이 어떻게 변화하였는지를 중심으로 검토하고 있다. 동시에 역사적 사실보다는 애국주의와 북중관계에 대한 고려가 우선된 교과서 역사서술이 불러올 미래에 마주할 위험성을 지적하고 있다.

3부 〈탈식민 운동과 지역〉에서는 지역에서 진행된 탈식민 운동의 구체적 사례 연구들을 다룬다. 먼저 옥창준·최규진이 공동으로 작성한 「이정식과 브루스 커밍스 저술에 대한 대위법(對位法)적 독해」는 식민지 시기의 한국 민족주의를 분석하는 이정식과 커밍스의 시선을 대위법적으로 따라가면서, 이 둘의 특징을 비교, 분석하는 글이다. 십여 년의 나이 차이를 갖는 두 사람은 그만큼의 간격을 두면서 민족주의를 중심에 두고 *The Politics of Nationalism*(1963), 『한국 공산주의운동의 기원』(1961), 『한국전쟁의 기원』(1975) 등의 저작과 다양한 글들을 출간해 내었다. 본 글을 통해 두 필자는 이들이 식민지 시기 한국 민족주의 운동 및 공산주의운동을 다루는 방식, 시각의 차이, 나아가 그들 저서에서 드러나는 역사관의 차이를 분석함으로써 역사가의 삶과 역사인식이 어떻게 그 저술들 속에 선명하게 반영되는가를 대위법적으로 드러내 보여주고 있다.

임경석의 「조선사회단체중앙협의회 상설·비상설 논쟁」은 1927년 조선사회단체중앙협의회 창립대회에서 벌어진 식민지 시대 사회운동의 미래에 대한 논쟁의 주체와 성격, 이후 운동에 미친 영향 등을 규명하는 글이다. 일본 경찰이 지켜보는 가운데 격돌했던 식민지 사회운동의 중앙단체에 대한 상설론과 비상설론에서는 독립운동과 사회주의운동의 상호 관계에 관한 문제를 제기했으며, 이후 식민지 시대 사회단체의 존재 양태와 사회운동의 방향에 일대 전환을 가져오는 계기가 되었다고 필자는 진단한다.

마지막으로 도면회의 「한국 독립운동과 외국인 독립유공자」에서는 해외에서 한국의 독립운동을 지원했던 외국인 중 전후 한국 정부에 의해 포상이 수여된 이들을 주된 연구대상으로 다루고 있다. 먼저 총 70여 명에 달하는 이들 한국 독립운동에 기여한 외국인들의 활동을 점검하면서, 국내외에서의 독립운동 지원 상황을 20세기 초반부터 해방시기까지 추적한다. 이러한 도면회 연구의 목표는 외국인 독립유공자들에 대한 연구 성과가 독립운동의 전체적 흐름에 견주어 어느 정도의 수준에 도달해 있는지를 점검하기 위함이다. 나아가 필자는 이들 외국인 독립유공자를 대한민국 임시정부에만 한정하지 말고, 의열투쟁 및 무장투쟁 노선, 반이승만 단체, 사회주의, 아나키즘, 공산주의 등 다양한 독립운동 노선으로 시선을 돌려 발굴 대상을 확대할 필요가 있음을 강조한다.

성균관대학교 〈동아시아역사연구소〉에서는 본 기획을 통해 식민지 근대와 서구중심주의를 뛰어넘는 동아시아 공통의 지적 기반을 마련하고자 시도하고 있으며, 이를 바탕으로 더 큰 학문적 진전을 이루어 동아시아 인문학의 새 방향이 구체적으로 제시될 수 있기를 기대한다.

2021년 6월

저자들을 대신하여 이진일

차례

제2부 해외 지역 연구와 인식 변화

제3부 탈식민 운동과 지역

제1부
담론으로서의 동아시아 지역 구상

전후 다케우치 요시미의 동아시아 담론과 식민지문제

최 종 길

1. 머리말

현재 한국에서 동아시아 담론을 논하는 중요한 의의는 한중일 동아시아 3국의 관계를 미래지향적으로 설계하고 인류 보편적 가치에 기초하여 화해와 공존의 가능성을 넓히기 위함이다. 이러한 목적을 달성하기 위해서는 19세기 이후 3국의 과거사를 재논의하고 일본이 행한 동아시아 지역에 대한 침략과 식민지 지배에 대한 책임문제를 3국의 공통 이슈로 다룰 필요가 있다. 그러나 일본은 1965년에 체결된 한일협정에서 식민지 지배를 포함하여 한 · 일간에 발생한 과거사문제는 모두 청산되었다고 주장하고 있다. 특히 그들은 식민지 지배는 당시의 실정법에 기초하여 실시된 합법적 조치로 전혀 위법적 상황이 없었던 만큼 자신들이 져야할 법적 책임은 없다는 논리를 전개하고 있다. 일본이 이러한 역사 인식에 서있는 이상 현재 동아시아 3국의 갈등을 유발하고 있는 근원인 식민지 지배와 관련된 문제는 해결할 수 없다. 이러한 동아시아의 정치 상황을 근본적으로 변경하기 위해서는 식민지 지배 그 자체가 인류의 보편적 가치에 위배되는 행위였음을 제기하고 여기서 발생하는 모든 문제에 대한 책임여부를 묻는 담론 구조를 창출할 필요가 있다. 즉 '전쟁책임론'에서 '식민지 지배 책임론'으로의 전환이다.

일본은 메이지유신 이후 근대화 과정에서 청일전쟁의 승리로 1895년에 대만을, 러일전쟁의 승리로 1910년에 조선을 완전한 식민지로 편입하고 총독부를 설치하여 직접 통치하였다. 그리고 1차 세계대전 이후의 안정기를 거쳐 1929년 미국에서 시작된 세계대공황의 영향이 일본에 직접적으로 미치기 시작하자 일본은 이러한 위기에서 벗어나기 위하여 본격적으로 중국침략을 시작하였다. 1931년의 만주사변, 1937년의 중일전쟁, 1941년의 태평양전쟁은 전쟁의 주체였던 일본과 식민지였던 대만과 조선에서 그리고 전장이었던 중국과 동남아시아에서 수많은 참혹한 상황을 낳았다.

이러한 역사를 반성적으로 성찰한 전후 일본의 진보적 지식인들은 전쟁책임에 대한 논의를 진척시켰다. 전쟁책임 문제를 중심적인 주제로 다루지는 않았지만 마루야마 마사오(丸山真男)의 연구는 전쟁으로 나아간 천황제 국가의 전근대성을 비판적으로 고찰하였다. 이러한 비판 위에서 그는 합리성에 기초한 서구적 근대국가 수립을 위해 무엇보다 중요한 '시민' 창출을 그의 학문적 목표로 삼았다.[1)] 아마도 마루야마는 이러한 연구 목표를 달성함으로써 자신의 '전쟁책임'을 다하려고 하였을 것이다. 마루야마의 이러한 연구 성과는 마루야마 학파로 불리는 후지타 쇼조(藤田省三), 하시카와 분조(橋川文三), 마츠시타 게이치

1) 池田元, 『戦後日本思想の位相』, 論創社, 1997.

(松下圭一) 등의 학자들에게 계승되어 일본인들의 일상적 삶 속에 천황제가 어떻게 영향을 미치고 있는지에 대한 분석으로 이어졌다. 이러한 연구는 근대국민국가의 주체가 되어야할 국민들이 국민으로서의 주체성을 상실하고 국가의 전쟁정책을 저지하지 못한 민중들의 '전쟁책임'론으로 이어졌다.[2] 특히 민중들의 '전쟁책임'론은 마루야마가 놓쳐버린 민중을 역사의 주체로 상정하고 연구를 진행한 야스마루 요시오(安丸良夫), 카노 마사나오(鹿野政直), 이로카와 다이키치(色川大吉) 등의 민중사학파의 일련의 연구와 연결된다.

30년대 말에 국가의 강제에 의한 전쟁협력 요구가 강화되고 있을 때 좌익에 대한 탄압을 방관하고 있던 자유주의자들 역시 자신들의 '전쟁책임'을 의식하면서 국가와 개인의 관계를 비판적으로 재론하는 전쟁책임론을 전개하였다. 대표적으로는 오구마 노부유키(大熊信行)가 있다.[3] 이들의 연구는 비이성적 독재국가의 지배형태를 '국가 악'이라 칭하고 정치과정에서 주체적 개인의 중요성을 강조하였다. 한편 츠루미 슌스케(鶴見俊輔)를 비롯하여 일군의 학자들이 공동으로 집필한 『공동연구 전향(共同研究 転向)』[4]은 전후 일본에서 발간된 전쟁책임과 전쟁협력에 관련한 가장 방대한 분량의 연구서이다. 이 책은 좌 · 우파를 막론하고 거의 모든 전쟁협력자에 대하여 다루고 있지만 기본적으로는 좌파들이 왜 전쟁에 협력하게 되었는지에 대하여 추적한 연구라 할 수

2) 高橋彦博, 『民衆の側の戦争責任』, 青木書店, 1989; 池田元, 『戦後日本の思想と運動』, 論創社, 2012. 전후 일본의 전쟁책임론을 개략적으로 정리한 것으로는 赤澤史朗, 「戦後日本の戦争責任論の動向」, 『立命館法学』, 2000年 6号(274号)를 참고할 것.

3) 오구마 노부유키의 저서 가운데 『戦争責任論』, 唯人社, 1948와 『国家悪: 戦争責任はだれのものか』, 中央公論社, 1957 등이 있다.

4) 思想の科学研究会編, 『共同研究 転向』 上中下, 平凡社, 1959, 1960, 1962; 伊藤晃, 『転向と天皇制』, 勁草書房, 1987 등이 있다.

있다. 이러한 연구는 좌파들의 전쟁협력에 대한 비판적 검토를 통하여 더 이상 일본에서 비참한 전쟁이 일어나지 않기를 바라는 가치의식을 형성하는데 기여하였다. 또한 전향에 대한 연구는 좌파들의 '전쟁책임'을 다루면서 일본공산당에 대한 비판적 연구와 연결되어 좌파내의 권위주의와 관료주의를 비판하고 전후 민주주의를 더욱 풍성하게 만드는데 일조하였다.

그러나 전후 일본에서 이루어진 전쟁책임에 관련된 일련의 연구에는 한 가지 문제가 있다. 즉 일본에서 통상적으로 논의되는 전쟁책임론에는 식민지 지배 책임까지 포함하지 않는다는 점이다. 일본에서 말하는 전쟁책임론에는 좌우를 막론하고 1931년 만주사변을 시작으로 하는 15년 전쟁 동안에 일어난 강제동원, 징집 등의 문제에 한정하여 논하는 경향이 강하다. 여기에는 류큐(琉球) 합병이나 홋카이도(北海道) 편입 나아가 타이완과 조선의 식민지화 과정에서 발생한 여러 가지 문제는 포함되지 않는 경우가 일반적이다. 그렇다고 해서 필자가 일본의 진보적 인사들이 1931년 이전에 발생한 문제에 대하여 침묵하고 있다고 주장하는 것은 아니다. 필자가 주장하고 싶은 것은 일본에서 좌파든 우파든 전쟁책임이라고 했을 때 이 용어가 포괄하고 있는 범주는 대체적으로 31년에서 45년 사이의 매우 한정적이라는 점이다. 이러한 이유로 인하여 일본의 진보적 지식인들은 전쟁책임에 관한 문제를 식민지 지배에 관한 반성적 인식으로까지 확대하지 못하였다.[5)]

한편 냉전이 종식되면서 3세계 국가들은 1세계 국가들에게 과거 식

---

5) 최종길은 전후 일본 좌파들의 인식은 내부로 향한 시삭이 강한 나머지 외부 즉 자신들이 식민지를 지배한 지역으로까지 확대하여 사고하지 못한 결과라고 지적한다. 최종길, 「이시모다 쇼(石母田正)의 민족 담론」, 『일본학』 37집, 2013. 11; 최종길, 「전학련과 진보적 지식인의 한반도 인식」, 『일본역사연구』 35집, 2012. 6을 참고할 것.

민지 지배에 대한 책임을 묻기 시작하였다. 예를 들면 아이티(Haiti)가 옛 종주국인 프랑스에 요구한 반환과 보상요구, 케냐가 마우마우 투사 학살에 대하여 영국에 보상청구 소송을 제기한 것, 나미비아가 독일에 사죄와 보상을 요구한 것, 한국이 일본에 일본군 '위안부' 문제에 대한 사과와 보상을 요구한 것 등 다양한 사례가 존재한다. 이러한 움직임은 지금의 세계체제는 식민지 지배에 대한 책임추궁을 거치지 않은 채 성립한 것으로 '과거의 노예화, 식민지화, 신식민지화가 초래한 손해는 과거가 아닌 현재의 것'이라고 정의한 1993년의 아부자(Abuja) 선언으로 구체화되었다.[6] 이러한 세계사적인 흐름을 반영하여 일본에서도 식민지문제에 대한 책임을 추궁하는 연구가 진척되고 있지만 자신들의 식민지 지배 책임을 직접적으로 다루는 수준에까지 이르지는 못하고 있다.[7]

한국에서 식민지문제라고 하면 지역적으로는 일본의 반식민지적 상황에 놓여있었던 중국과 완전한 식민지 지배를 당한 조선과 타이완에 대한 일본의 지배와 관련된 역사적 문제를 지칭한다. 한편 본 논문에서 다루는 주제와 관련하여 내용적인 측면의 식민지문제는 일본이 자

6) 전쟁과 여성 대상 폭력에 반대하는 연구행동센터, 『그들은 왜 일본군 '위안부'를 공격하는가』, 휴머니스트, 2014, 248~249쪽. 아부자 선언은 더반(Durban)회의로 이어진다. 2001년 8월 31일부터 9월 8일까지 남아프리카 공화국의 더반에서 국제연합 주체로 '인종주의, 인종차별, 외국인 혐오 및 이와 관련한 불관용 철폐를 위한 세계회의'가 개최되었다. 이 회의는 인종차별주의의 역사적인 배경인 노예제, 노예무역, 식민지주의를 인도에 반하는 죄로 강력하게 비판하면서 1세계의 식민지 지배 책임을 강하게 추궁하였다. 이러한 문제제기에 대하여 미국을 비롯한 1세계 국가들은 강력히 반발하였다. 그 결과 1세계의 식민지 지배 그 자체에 대한 책임인정은 이루어 낼 수 없었지만, 노예제와 노예무역은 인도에 반하는 죄임을 명기하고 이러한 구조를 낳은 식민지주의는 바람직한 것이 아니었다는 내용을 암묵적으로 기술하는 타협안이 마련되었다. 이 회의는 3세계가 1세계에 대해 식민지 지배 책임을 제기했다는 측면에서 상당한 의미를 가진다.

7) 구체적인 연구 성과로는 永原陽子編, 『植民地責任論』, 青木書店, 2009가 있다.

신들의 근대화 과정에서 일으킨 자기 보전(保全)적 침략의 문제와 관련된다. 다케우치 요시미(竹内好)는 "뒤늦게 출발한 일본의 자본주의가 내부 결함을 대외진출에 의해 커버하는 형태를 반복하면서 1945년까지 온 것은 사실이다. 그 근본은 인민의 나약함에 기인하지만 이러한 형태를 성립시키지 않는 계기를 역사상에서 발견할 수 있을까라는 곳에 오늘날 아시아주의의 중요한 문제가 놓여있다"[8]고 하였다. 즉 다케우치 자신은 과거 일본이 저지른 '대외진출'을 되풀이하지 않는 역사적인 교훈을 찾기 위하여 일본에서 동아시아에 관한 담론을 논한다고 언급하였다. 특히 서양의 침략에 의해 동양의 근대가 촉발되었다는 다케우치의 인식에 의거한다면, 서양과 일본의 침략에 의해 촉발된 중국과 조선의 근대는 반식민지/식민지의 형태로 나타났다. 따라서 다케우치가 패전 이후에 일본적 근대화에 대한 비판적 고찰이란 문제의식에서 일본의 근대를 재론하였다면 그 결과인 조선의 식민지문제에까지 관심의 폭을 넓혔어야 마땅했다고 필자는 생각한다. 필자는 이러한 태도가 일본의 근대화 과정에서 발생한 자기 보전적 침략에 대한 일본 지식인의 주체적인 책임의식이라고 본다. 그러나 다케우치 역시 위에서 살펴본 일본의 다른 진보적 지식인들과 유사하게 식민지문제에 대하여 구체적으로 언급하지 않았다. 따라서 본 논문은 전후에 다케우치가 일본적 근대화에 대한 비판적 고찰을 통해 제시한 아시아주의에 입각하여 다케우치의 식민지문제에 대한 인식을 살펴본다.

---

8) 「日本のアジア主義」(1963.7), 『竹内好全集』(이하 『全集』이라함) 第八卷, 筑摩書房, 1980, 153쪽.

2. 패전에 대한 원인분석과 방법으로서의 아시아

다케우치가 중국전선에서 일본으로 귀환하기 전인 1946년 3월에 과거 『중국문학(中國文學)』의 동인이었던 치다 쿠이치(千田九一)와 오카자키 토시오(岡崎俊夫)는 “지금 우리들은 다시 모임을 결성하고 『중국문학』의 복간을 감행할 기회를 얻었다”[9]고 하면서 『중국문학』을 복간하였다. 그로부터 3개월 뒤인 46년 6월 일본으로 귀환한 다케우치는 46년 8월에 「각서(覚書)」를 발표하여 『중국문학』 복간을 비판한다. 그는 여기서 “문학에 있어서의 전쟁책임을 중국문학의 측면에서 추구”[10]하기 위한 논점 8개를 제시한다. 오카야마 아사코(岡山麻子)는 “이것은 복간 『중국문학』에 대해 작성한 것이기는 하나 다케우치 자신이 전후 출발을 시작함에 있어 문학자로서 스스로 전쟁책임을 고민하고 ‘애매한 것을 남기지 않기’ 위해 무엇을 할 것인가를 나타”[11]낸 것이라고 평가한다. 1945년 일본이 “패전하였을 때 나에게 연구 상의 하나의 전기(轉機)가 있었”[12]다고 회상한 다케우치 스스로가 전후의 새로운 출발을 위해 제시한 기준인 만큼 이 8개 항목은 전후 다케우치를 이해하기 위한 준거점이 된다. 좀 길지만 모두 인용한다.

1. 대동아문학자대회를 조직한 자, 여기에 협력한 자, 영합한 자, 영합하고 싶었지만 영합할 능력이 없었던 자, 이들은 각각의 상황에서 진정한 대표가 아닌 자를 진정한 대표인 것처럼 대우하였으며, 이 때문에

9) 원 출전은 千田九一, 「復刊の辞」, 『中国文学』 第九十三号, 1946. 3, 5쪽. 岡山麻子, 「竹内好の戦争責任と中国論」, 『年報日本史叢』, 2001, 127쪽에서 재인용.

10) 「覚書」(1946.8), 『全集』 第十三巻, 筑摩書房, 1981, 100쪽.

11) 岡山麻子, 전게논문, 127쪽.

12) 「方法としてのアジア」(1961.11), 『全集』 第五巻, 筑摩書房, 1981, 94쪽.

진정한 문학이 아닌 것을 진정한 문학인 것처럼 잘못 전달한 것에 대한 책임을 국민에게 져야만 한다.

2. 봉건 일본의 유생아(遺生兒)인 한학은 전쟁의 모든 시기를 통해 유감없이 노예성을 발휘한 점에서 국민에게서 학문을 빼앗은 책임을 져야만 한다.
3. 중국문학연구회를 현대 지나(支那)문학 연구기관이라고 규정함으로써 고전 연구 분야에서 자기 입장의 합리화를 꾀한 지나학은 학문의 방법과 대상을 혼동함으로써 옛날 지나를 포함한 모든 통일체로서 어떤 새로운 지나를 억지로 옛날 지나와 새로운 지나의 둘로 분열시킨 착오에 대하여 책임을 져야만 한다.
4. 지나사회연구라 칭하면서 실태조사라 칭하면서 과학적 연구라 칭하면서 실제로는 국민혁명의 수행과정에서 발생하고 움직이고 있던 진정한 지나를 파악하지 못하고 그러한 껍데기만을 파악한 비과학적 연구자는 이에 대한 책임.
5. 악덕 번역업자, 악덕 출판사, 직업적 지나어 교육업자는 각각이 유포한 해악의 정도에 따른 책임.
6. 모든 관료주의적 학문의 발생 지반(地盤)으로서의 제국대학, 모든 관립연구소의 책임, 여기에 안주한 기생충의 책임, 및 제국대학을 모방하여 사학정신을 망각한 사학의 책임.
7. 전쟁 중에는 지나라 하고 전쟁 후에는 중국이라고 하면서도 그 이유를 발표하지 않은 채 지나라는 단어가 상대를 업신여기고 멸시한 사실을 인정하는 것인지 하지 않는 것인지, 상대가 모멸을 느낀 것이 자신의 고통이었는지 아닌지, 모멸한 것을 잘못이라고 생각하는 것인지 하지 않는 것인지, 이러한 근본적이고 중요한 문제를 단어를 바꾸는 것으로 묻어버리려는 저널리즘은 지나라는 단어를 애매하게 한 것처럼 중국이라는 단어도 애매한 것으로 만들어가려는 책임.
8. 자신을 주장하는데 두려워하고, 힘이 약하고, 조직력이 미약하며, 투쟁방법이 졸렬한 중국문학연구회는 역사의 가장 중요한 시기에 혁명세력이 되지 못한 것에 대한 책임을 강하게 느끼고 이후 노력함으로써 이것을 속죄해야 한다.[13]

13) 전게서, 「覚書」, 96쪽.

이 내용을 분석한 오카야마는 다케우치가 말한 전쟁책임의 내용을 3가지로 나누고 여기서 전후 다케우치의 사상적 혹은 학문적 과제를 도출하고 있다. 오카야마에 의하면 1, 2, 6번 항목은 민중들과의 관계에서 문학자나 문학의 전쟁책임을 지적한 것으로 이를 통해 다케우치는 "전시하에 지식인이 문학이나 학문을 민중에게서 단절시켜 전개한" 점을 반성하면서 "민중들의 삶의 장소와 이어진 문학의 존재방식을 추구할"[14] 것을 전후의 사상적 과제로 삼았다. 다음으로 3, 4, 7번 항목은 중국을 전공한 학자나 언론인들의 전쟁책임을 지적한 것으로 이를 통해 다케우치는 전시하의 중국연구 특히 중국근대사 연구에서 "사상(捨象)된 근대성이나 혁명성"을 "재설정"하고 이를 "전후의 사상적 과제"[15]로 삼은 것이다. 마지막으로 5, 8번 항목은 다케우치 본인이 중심적인 활동을 했던 중국문학연구회의 전쟁책임 즉 "자신의 내적인 저항을 혁명의 행위로까지 조직시키지 못한 스스로의 존재방식에 대한 책임을 묻는" 것으로 이를 통해 다케우치는 "문학자와 문학 혹은 학문과 지식인의 존재방식을 추구하는"[16] 과제를 설정한 것이다.

오카야마는 다케우지가 작성한 「각서」를 전쟁책임론에 입각하여 중국문학연구회 혹은 자기 자신에 대한 비판을 통해 전후의 새로운 사상적 과제를 도출한 것으로 이해한다. 그러나 필자는 이 문제는 좀 더 면밀하게 논할 필요가 있다고 본다. 1945년 8월의 패전은 일본과 일본인에게 심대한 충격을 안겨주었다. 따라서 패전이 일본과 개개의 일본인 모두와 관련되는 거의 모든 사항에 대하여 하나의 내외부적인 전기(轉機)가 되었음은 분명하다. 문제는 이 전기의 내적 동인이 정의롭지 못

---

14) 岡山麻子, 전게논문, 130쪽.

15) 상게서, 131쪽.

16) 상게서.

한 전쟁에 직접 가담한 다케우치 자신의 전쟁책임에서 기인하는 것인지 아니면 전쟁 그 자체의 성격여하 보다는 국가의 모든 것을 걸고 수행한 전쟁에서 패하였다는 사실(≒일본적 근대화의 문제)에서 온 충격인지를 분명히 해야 한다는 점이다. 다케우치에게 연구 상의 전기를 가져다 준 본질이 어디에 있는지를 정확하게 분석하는 작업은 전후 다케우치를 이해하기 위해서 매우 중요하다.

최종길의 연구[17]에 의하면 다케우치는 1941년 12월 8일의 대미 선전포고를 통한 대동아전쟁으로의 전환을 매우 적극적으로 지지하였다. 그리고 이러한 인식의 연장선상에서 다케우치는 전후에 도쿄(東京)재판을 언급하는 과정에서 '일본이 행한 전쟁의 성격을 침략전쟁임과 동시에 제국주의 대(對) 제국주의 전쟁'이라고 규정하였다. 따라서 다케우치는 '침략전쟁의 측면에 관해서는 일본인에게 책임이 있으나 제국주의 전쟁의 측면에 관해서는 일본인에게만 일방적으로 책임을 지울 수는 없다'고 주장하였다. 이러한 사실을 통해 최종길은 일본이 져야할 전쟁책임은 침략책임(1941년 12월 8일 이전에 이루어진 전쟁)에 한정되어야 하며 제국주의 국가 간의 전쟁(1941년 12월 8일 이후에 이루어진 전쟁)에 대한 책임은 부분적이라고 주장한 다케우치는 전전에 자신이 가지고 있던 1941년 12월 8일의 '전환'이란 의식을 전후에도 여전히 부정하지 않고 있었다고 분석한다. 그러면서 최종길은 「각서」에서 다케우치가 제시한 과제는 전쟁책임에 대한 반성에서 도출된 것이라기보다는 패전에 대한 원인 분석(≒일본적 근대화에 대한 비판적 고찰)에 기초한 것이라고 판단한다.

우선 전후 다케우치의 출발점이 어디에 있는지를 검토하기 위하여

---

17) 최종길, 「대동아전쟁과 다케우치 요시미의 전쟁책임론」, 『사림』 제64호, 2018. 4.

「방법으로서의 아시아」를 보자. 다케우치는 1960년 1월 25일에 국제기독대학 아시아문화연구위원회 주최로 열린 '사상사 방법론 강좌'에서 '대상으로서의 아시아와 방법으로서의 아시아'를 주제로 강연을 하였다. 이 강연은 61년 11월 20일에 발행된 『사상사의 방법과 대상(思想史の方法と対象)』(創文社)에 게재되었다. 이 강연에서 다케우치는 1945년의 패전은 자신에게 하나의 연구 상의 전기였다고 하면서 다음과 같이 패전 직후를 회상하였다.

> 만약 메이지(明治) 이후의 일본 근대사가 그대로 순조롭게 진행되었다면 전문연구의 틀을 지키는 것으로 족했었겠지만 원래 없었어야할 전쟁 그 결과로써의 패전의 고통이 있었다. 그렇다면 일본의 역사가 어디에서 잘못된 것인지를 탐구하는 것에서 출발하지 않으면 지금 자신들이 존재하는 근거를 해명할 수 없다. 이것은 나 자신뿐만 아니라 많은 일본인이 이 근본적인 반성에서 전후를 출발한 것입니다.[18]

다케우치는 패전의 고통에서 벗어나 재출발하기 위해서는 일본의 근대사가 어디에서 어떻게 잘못된 것인지 해명하지 않고서는 패전 이후 자신들의 존재근거를 해명할 수 없다는 본질적인 연구 상의 전환을 맞이하였다. 즉 다케우치는 패전이라는 전대미문의 비참한 결과를 맞이하여 자신들의 근대화 과정에서 무엇이 잘못된 것인지 패전에 대한 성찰이 필요하다고 인식한 것이다. 패전 직후 다케우치의 이러한 문제의식과 유사한 사상 과제를 가진 많은 지식인들은 전쟁을 반대하였던 공산주의에 경도되기도 하였으나 다케우치 자신은 공산주의에서 해답을 찾을 수 없었기 때문에 "저 잘못된 전쟁으로의 길, 그 결과 패전이라는 것에서 어떠한 교훈을 찾아 낼 것인가, 혹은 그것을 어떻게 자신의

18) 전게서, 「方法としてのアジア」, 94쪽.

학문적 과제로 결합시킬 것인가"[19] 고민하면서 하나의 가설을 세웠다. 패전에 대한 원인분석을 위해 다케우치가 세운 가설은 다음과 같다.

> 후진국의 근대화 과정에는 2개 이상의 형태가 있는 것은 아닌가. 일본의 메이지유신 이후의 근대화란 매우 뛰어난 것으로 동양 제국(諸國)의 뒤쳐진 식민지화된 나라의 해방운동을 격려하였습니다. 이것이 잘 진척되었다면, 유일한 모범이 되었을 것이지만 결과적으로 마지막에 완전히 역전되어 실패하였다. 그 실패를 되돌아보면 일본의 근대화는 하나의 형태이기는 하지만 이것만이 동양 제국의 혹은 후진국 근대화의 유일하고 절대적인 길은 아니고 그 외에 다양한 가능성이 있으며 길이 있는 것은 아닌가라고 생각했습니다.[20]

서구적 근대화를 받아들여 서양과 같은 제국주의 국가로 성장한 일본은 메이지유신 이후 식민지화된 비서구 국가에게 해방운동의 모범이 될 정도였으나 결국 서구와의 전쟁에서 패배하였다고 본 다케우치는 일본의 근대화 과정의 핵심을 위와 같이 요약하였다. 즉 일본이 전쟁에서 패하게 된 원인이 일본의 근대화 과정에 내재되어 있다는 것이다. 다케우치는 서구와는 문화적 근원이나 사유법이 다른 일본이 서구를 모델로 하여 근대화를 추진한 것이 일본이 근대화에 실패할 수밖에 없는 이유라고 판단한 것이다. 즉 다케우치는 일본이 전쟁에서 패하게 된 원인은 물자부족 등 외적인 요인뿐만 아니라 보다 본질적으로는 일본적인 근대화 과정에서 생성되고 쌓여온 내적인 원인에서 패전의 이유를 추출하고 있다.

따라서 일본의 실패한 근대화를 되돌아보고 패전의 원인을 추구하

19) 상게서, 95쪽.

20) 상게서, 96쪽.

기 위하여 다케우치는 서구적 근대화 이외의 또 다른 형태의 근대화 모델이 있을 수도 있다는 가설을 세운다. 다케우치가 일본과 대비되는 또 다른 후진국 근대화의 다양한 가능성으로 제시한 것이 중국이다. 패전 이후 다케우치는 1919년 중국 전역에서 민중들이 중심이 되어 일어난 반제국주의 운동인 5·4운동을 분석하여 중국과 일본의 근대화 과정의 차이를 지적한 존 듀이(John Dewey)의 문장을 읽고 깊은 영향을 받았다. 다케우치는 "일본은 겉보기에는 상당히 근대화한 것 같지만" 근대화 과정에서 발생한 다양한 갈등과 혼란을 통해 이후에 닥쳐올 시련을 이겨낼 수 있는 일본만의 새로움을 만들어 내지 못했기 때문에 "그 근대화는 뿌리가 얕다"[21]고 평가한 듀이의 지적을 매우 선구적이라고 평가한다. 한편 듀이는 서양의 충격으로 타의적인 근대화 과정에 들어선 중국은 군벌이란 "실력자가 지배하고 있었"기 때문에 "근대국가로서의 통일성은 없었"으나 5·4운동의 "혼란을 통해 수면 하에서는 새로운 정신이 움직이고 있었"[22]다고 중국을 높이 평가하였다. 다케우치가 보기에 듀이가 평가한 이러한 중국의 새로운 움직임이야말로 "중국의 새로운 정신, 새로운 근대의 맹아"[23]였다. 다케우치는 전후에 듀이를 통해 "겉보기에는 발전한 듯이 보이는 일본은 엉성하며" "언제 무너질지 모르는" 모래성 같은 근대화를 추진해왔으나 중국은 "매우 내재적으로 즉 자기 자신의 요구에서 발아한 것인 만큼 강고한"[24] 근대화 과정을 거쳤음을 깨달았다. 이러한 깨달음의 결과 다케우치는 앞서 본 가설에 대한 대답을 도출할 수 있었다.

---

21) 상게서, 98쪽.

22) 상게서.

23) 상게서, 100쪽.

24) 상게서.

> 근대화의 2가지 형태를 생각할 때…… 일본의 근대화를 항상 서구 선진국과의 대비만으로 생각한 것은 아닌가라고 생각했다. ……그러한 단순한 비교로는 안 된다. 자신의 위치를 명확하게 파악하기에 충분하지 않다. 적어도 중국이나 인도처럼 일본과는 다른 길을 걸어온 별도의 형태를 끌어와서 3가지 모델로 해야만 하지 않을까라고 당시부터 생각하였습니다.[25]

다케우치는 전후에 듀이를 통해서 중국의 근대화가 가진 내재적 요소를 새롭게 인식하였다. 따라서 그는 근대를 논할 때 서구적인 사유법과 문화적 전통에 기초한 서양적 근대, 서양과는 다른 역사와 문화적 전통에 기초하여 서구적인 근대화를 지향해온 일본적 근대, 서구의 충격에 의해 자신들의 내적 모순을 극복하려는 혼란한 과정을 거치면서 자신들 나름의 근대화를 형성해온 중국적 근대라는 3가지 형태의 근대가 있을 수 있다는 생각에 이른다. 이러한 중국을 반면교사로 삼아 일본이 거쳐 온 근대화의 문제점을 재검토하는 것이 전후 다케우치의 새로운 과제였다. 이러한 시각으로 볼 때 중국과 일본의 근대화는 다음과 같은 본질적인 차이점을 가지고 있었다.

> 일본의 경우에는 구조적인 것을 남겨두고 그 위에 듬성듬성하게 서양문명이 설탕처럼 외부를 감싸고 있다. 중국은 그렇지 않고…… 원래 중국적인 것은 매우 강고해서 무너지지 않는다. 따라서 근대화에 곧바로 적응할 수 없다. 그러나 일단 근대화에 들어가면 구조적인 것을 무너트리고 내부에서 자발적인 힘을 발생시킨다. 여기서 질적인 차이가 발생하는 것입니다.[26]

다케우치에 의하면, 일본은 메이지유신 이후의 근대화 과정에서 이전의 일본적 정치와 사회 구조의 본질인 천황제를 비롯한 이에(家) 중심의

---

25) 상게서, 101쪽.

26) 상게서, 107쪽.

가부장적 질서, 여기서 연유하는 가치의식과 사유법 등 구조적인 것을 남겨둔 채 법률과 정치기구에 기초한 서구적 입헌주의, 관료제도, 정당정치 등의 서양문명을 듬성듬성 도입하였다. 즉 일본은 서구의 "기술을 도입하는데도 완성된 기술만을 도입하고 기술을 잉태하는 과학의 정신을 수용하지 않았"[27]다고 다케우치는 판단한다. 그 결과 메이지유신 이후의 근대화 과정에서 일본이 수용한 서구문명은 피상적인 것에 그치고 말았다. 일본은 "자신이 걸어온" 근대화의 "길이 유일한 형태라고 고집했기"[28] 때문에 결국 패전에 이르게 된 것이라고 다케우치는 판단한다.

3. 방법론의 확립과 일본적 근대에 대한 비판적 고찰

1946년 일본으로 돌아온 다케우치의 첫 원고는 앞에서 본 「각서」였다. 이것은 자신과 문학자들의 전쟁책임을 간략한 형태로 논한 것이었다. 그러나 이후 다케우치는 전쟁책임에 관한 보다 상세하고 구체적인 논의를 더 이상 진척시키지 않는다. 오히려 그는 일본의 근대화에 대한 비판적 재고를 위한 작업을 진행한다. 이러한 문제의식을 구체적으로 표현한 것이 다음 두 편의 논문이다. 다케우치는 세계평론사에서 간행한 『세계문학 핸드북』 시리즈의 하나로 1947년 9월부터 다음해 1월에 걸쳐서 작성한 『루쉰(魯迅)』과 1947년 11월에 동양문화연구소에서 행한 강연 「루쉰이 걸어온 길(魯迅の歩いた道: 中国における近代意識の形成」)」을 토대로 하여 1948년 4월에 「중국의 근대와 일본의 근대

---

27) 상게서.

28) 상게서, 109쪽.

(中国の近代と日本の近代)」(이후 「근대란 무엇인가(近代とは何か)」로 제목을 변경함)를 탈고하였다. 이 두 작품이 다케우치에게 있어 전후 작업의 시작이었다.

오카야마는 다케우치의 이러한 작업을 「각서」 3, 4, 7번 항목에서 언급한 중국문학자들의 전쟁책임을 추구하는 작업의 일환으로 진행된 것으로 파악한다.[29] 오카야마는 이러한 다케우치의 전후 중국론을 전시 하에서 다케우치가 놓쳐버린 중국의 실체 특히 중국의 근대성, 국민감정, 혁명성에 대한 새로운 인식과정이라고 평가한다. 그러나 필자는 앞의 2장에서 논한 내용을 근거로 다케우치의 전후 작업은 일본적 근대에 대한 비판적 재고로 진행되었다고 판단한다. 이하에서는 「중국의 근대와 일본의 근대」에 대한 분석을 통해 이를 논증한다.

다케우치는 이 글에서 "동양의 근대는 유럽에 의한 강제의 결과"[30]라고 인식한다. 즉 다케우치는 동양이 근대화의 길을 가게된 것은 서양의 강제 때문이었다고 판단한다. 서양이 그들의 자본주의적 생산양식과 사회제도 그리고 이와 관련된 인간의 의식을 강제적으로 동양으로 가지고 옴으로써 동양은 변화할 수밖에 없었다. 그러면 서양이 이러한 요소들을 동양으로 가져올 수밖에 없었던 근원적인 요인은 무엇일까. 다케우지는 "그것은 '근대'로 불리는 것의 본질과 깊이 관련되어 있"[31]다고 본다. 다케우치는 "근대란 유럽이 봉건적인 것으로부터 자신을 해방하는 과정에서" "봉건적인 것과 구별된 자신을 자신으로"[32] 인식하는 자기인식이라고 이해한다. 다케우치에 의하면 근대란 독립한

29) 岡山麻子, 전게논문, 135쪽.

30) 「近代とは何か」(1948.4), 『全集』 第四卷, 筑摩書房, 1980, 128쪽.

31) 상게서, 130쪽.

32) 상게서.

개인의 자기인식 과정으로 이것은 부단한 자기갱신의 긴장에 의해 획득된다. 그리고 이러한 자기갱신은 끝없는 자기 확장을 통해서 자신을 보전(保全)하는데 이러한 자기 확장이 동양으로의 침투였다. 이러한 판단에 근거해서 본다면 다케우치에게 있어 근대란 서구에서 발생한 서구적인 것 혹은 서구에 의해 동양의 변화가 추진된 것이다. 따라서 다케우치는 서구적인 근대를 부정한 것은 아니며 오히려 근대란 "생산적인 측면에서는 자유로운 자본의 생성, 인간에 대해서는 독립한 평등한 개체로서의 인격의 성립"[33]을 완성할 수 있는 긍정적인 것이었다. 단지 근대라는 운동에는 자기보전이라는 부정적인 의미와 자기갱신이라는 긍정적인 의미가 동시에 내재하는 것으로 다케우치는 파악하였던 것이다. 이러한 측면에서 다케우치는 중국의 근대화 과정은 서양의 침입에 대한 자각의 한 형태인 5·4운동을 통해 자신의 내부를 응시하여 혁신의 계기를 포착하였던 반면 일본은 그렇지 못하였다고 파악하였다.[34]

다케우치에 의하면, 유럽의 침입은 동양에서 저항을 낳았다. 그러나 아이러니 하게도 이러한 동양의 저항은 비유럽적인 방향으로 흘러간 것이 아니라 오히려 동양을 "점점 더 유럽화 하는" 형태로 진행되었으며 나아가 "세계사를 보다 더 동일한 것으로 만드는 요소"[35]가 되었다. 유럽의 동양으로의 침입에 의해 완성된 세계사의 통일은 유럽적인 세계 속에 비유럽적인 이질적인 요소를 포함하는 것으로써 이 때문에 유럽적인 세계 속에는 내부모순이 발생하였고 이러한 내부모순은 러시아, 신대륙, 동양에서의 저항이란 형태로 발현되었다. 여기에서 "동양은 저항을 지속함으로써 유럽적인 것을 매개하면서 이것을 넘어서는

---

33) 상게서.

34) 小熊英二, 『民主と愛国』, 新曜社, 2002, 412쪽.

35) 전게서, 「近代とは何か」, 132쪽.

비유럽적인 것을 발현시키고"[36] 있었다. 즉 동양은 저항을 통해서 자신에게 적합한 근대화의 길을 개척하였다. 이러한 의미에서 다케우치는 동양의 근대란 저항의 역사라고 인식하였다. 다케우치에게 있어 저항이 없는 근대화는 있을 수 없으며 저항의 역사는 근대화의 역사이기도 하였다.[37] 따라서 저항(≒근대화)이 지속되기 위해서는 저항의 결과인 패배(≒자기인식)가 존재해야하며 더욱이 그 패배는 지속적이고 자각적인 형태의 패배감으로 이어질 때 결정적인 의미를 가질 수 있다고 다케우치는 주장한다. 다케우치는 이러한 내용을 "저항이 없는 곳에서는 패배가 존재하지 않으며 저항이 있다고 하더라도 지속되지 않으면 패배감은 자각되지 않는다"[38]고 정리하였다.

이와 같은 의미에서 동양의 저항은 유럽에게는 유럽이 스스로 유럽으로서 인식하는 계기였으며 동양에게는 주체적인 자의식에 기초한 근대화의 과정이기도 하였다. 그러나 다케우치는 일본에는 메이지유신 이후의 근대화 과정에서 주체적인 자의식에 기초한 저항이 미약했다고 진단한다. 다케우치는 저항이란 무엇인가란 물음에 대하여 명확하게 답하지 않으면서 저항에 대한 해답을 추구하는 "노력을 포기하지 않는 한" 이 문제에 대한 해답은 "가능하다"고 조심스러운 자세를 취한다.[39] 그러면서 다케우치는 이러한 노력을 기울이는 과정에서 주의해야할 문제를 제시한다. 그것은 모든 문제의 해답을 추출할 수 있다는 합리주의의 신념이며 나아가 이러한 신념을 가능케 하는 합리주의의

36) 상게서, 133쪽.

37) 상게서, 134쪽. 다케우치의 저항에 대해서는 リチャード・カリチマン, 「竹内好における抵抗の問題」, 『現代思想』 29(8), 2001. 7을 참조할 것.

38) 상게서.

39) 상게서, 144쪽.

배후에 있는 비합리주의적 의지였다.[40] 다케우치가 보기에 일본에서 합리주의자라고 불리지만 비합리주의자의 대표는 일본의 사상가, 문학자, 유물론자들이었다. 이러한 일본의 상황이 안겨주는 불안감 속에서 다케우치는 “루쉰의 저항 속에서 자신의 기분(저항이란 무엇인가에 대한 해답: 인용자)을 이해할 계기를 발견”[41]하였다. 그러면서 다케우치는 저항을 키워드로 하여 일본과 중국의 근대를 비교하였으며 전후의 재출발을 선언할 수 있었다. 이러한 자기인식 과정을 다케우치는 다음과 같이 정리하였다.

> 내가 이것을 ‘동양의 저항’이라는 개괄적인 표현으로 생각하게 된 것은 루쉰에게 존재한 것이 다른 동양의 여러 나라에도 존재한다고 느끼고 여기에서 동양의 일반적 성질을 도출할 수 있지 않을까라고 생각했기 때문이다.[42]

그리고 다케우치는 여기서 실체적인 것으로서의 동양이란 개념을 따지는 일본의 합리주의자들을 향해 그러한 논의는 “나에게는 무의미하고 내용이 없으며 학자의 머릿속에나 있는”[43] 것이라고 일갈한다. 다케우치는 일본의 근대화 과정에는 저항 즉 자신을 보존하려고 하는 욕구(≒자아)가 없었기 때문에 일본은 서구적인 근대의 개념에 서서 동양을 바라보았고 그로 인해 자신들의 타락을 의식하지 못했다고 판

---

40) 상게서.

41) 상게서. 다케우치에 의하면, 중국의 송나라 시대에 이미 서구의 근대적 요소와 유사한 시민문학과 시민사회가 존재했지만 중국인들은 이러한 요소를 자각적으로 자신들의 근대와 연결시키지 못하고 있다가 서양의 침입에 의해 자각하게 되었다. 다케우치는 이러한 것을 주체적으로 자각한 인물이 바로 루쉰이라고 판단한다(상게서, 129쪽).

42) 상게서, 145쪽.

43) 상게서.

단한다. 즉 "저항이 없었던 것은 일본이 동양적이지 않은 것이며, 동시에 자기보존의 욕구가 없는(자아 그 자체가 없는) 것은 일본이 유럽적이지 않다는 것"으로 결국 다케우치가 보기에 일본의 근대화는 "아무것도 아니었다".[44] 따라서 다케우치에게 있어 동양의 실체에 대한 질문은 저항의 존재 여부를 묻는 것이라고 할 수 있다. 이러한 개념에 입각하여 전후의 다케우치는 서구적 근대에 저항하지 못한 메이지유신 이후의 일본적 근대를 비판적으로 성찰하고 그 성찰을 통해 일본의 자아(≒일본적 근대)를 추구하는 시각을 도출하였다고 할 수 있다. 다케우치의 이러한 사상적 고찰은 전전에 자신이 가진 41년 12월 8일의 '의의'를 파기하지 않으면서도 저항을 자신의 사상 축으로 삼을 수 있었던 요인이라고 판단된다. 이제 다케우치가 이러한 방법론에 입각하여 일본적 근대를 어떻게 비판적으로 고찰하였는지 살펴보자.

다케우치는 유럽의 근대적 사유법과 비교하여 일본적 사유체계의 특징을 다음과 같이 평가한다.

> 유럽에서는 관념이 현실과 부조화(모순)하면 (그것은 반드시 모순된다) 그것을 넘어서려는 방향으로 즉 장(場)의 발전에 의해 조화를 추구하는 움직임이 발생한다. 여기에서 관념 그 자체가 발전한다. 일본에서는 관념이 현실과 부조화하면 (그것은 운동이 아니기 때문에 모순이 아니다) 이전의 원리를 버리고 다른 원리를 찾아서 수정한다. ……옛 것을 버리고 새로운 것을 도입하는 움직임이 격렬해진다. 자유주의가 쓸모없다면 전체주의를, 전체주의가 쓸모없다면 공산주의라는 식이다. ……이러한 것은 끊임없이 실패하지만 실패를 실패로 보는 일은 절대로 없다. ……일본 이데올로기에는 실패가 없다. 그것은 영원히 실패함으로써 영원히 성공하고 있다. 무한반복이다. 그리고 그것이 진보인 것처럼 관념되고 있다.[45]

---

44) 상게서.

45) 상게서, 147쪽.

다케우치가 보기에 근대의 핵심적 내용은 관념(≒인식)과 현실 사이에 모순이 발생할 경우 이러한 모순을 해결하기 위하여 정－반－합의 운동이 발생하고 이로 인해 인간의 인식은 발전한다는 것이다. 이러한 발전은 동양 특히 중국에서는 저항으로 나타났으며 중국인들은 자신의 내부를 응시함으로써 자주적인 근대를 이룩할 수 있었다. 그러나 일본은 자신을 침입한 서양문명에 대한 저항 없이 외부의 권위에 의거하여 새로운 원리를 이식하였기 때문에 관념과 현실 사이의 모순을 모순으로 인식하지 못하였다. 일본은 단지 현실에 적합하지 않는 관념을 끊임없이 새로운 것으로 대체하려고 하였을 뿐이지 현실을 변경하여 모순을 해결하려고 하지 않았다. 이러한 상황에서는 저항이 발생하지 않으며 자신의 실패를 실패로 인지하지 못하고 끊임없이 새로운 관념을 수혈하는 행위를 현실에 적응한 새로운 성공으로 인식하는 것이다. 중국은 현실에 저항하면서 현실 그 자체를 변혁시키려고 하였으나 일본은 저항하지 않고 서구를 그대로 받아들이면서 전통에 기초한 변혁을 이루지 못하였기 때문에 주체적인 자아 혹은 일본적인 근대의 내용이 존재하지 않는다.

다케우치는 “한 번도 현실을 변혁한 경험이 없는 자에게는 현실을 변혁할 수 있다는 관념조차”[46] 일어나지 않는다고 한다. 그는 여기서 서로 다른 것임에도 불구하고 “‘새로운’ 것과 ‘올바른’ 것이 중첩되”[47]는 일본인의 심리경향이 발생한다고 주장한다. 다케우치는 이러한 일본

---

46) 상게서, 149쪽. 다케우치가 보기에 메이지유신 이후 일본에서 자신의 내재적 모순에서 발행한 갈등을 해결하고 현실을 변혁하기 위하여 일으킨 최초의 운동은 60년 안보투쟁이었다. 다케우치는 “만약 전쟁체험이 좀 더 정확하게 정리되었더라면 60년” 투쟁에서 민중들은 정부와 국가를 대상으로 “좀 더 나은 투쟁을 할 수 있었을 것”이라고 판단하면서 권력과 권위에 대한 저항을 일반화 하는 방법으로써 “전쟁체험과 전후체험을 겹쳐서 처리하”고 있다(「戦争体験の一般化について」(1961.12), 『竹内好全集』 第八巻, 筑摩書房, 1980, 225~231쪽).

47) 상게서, 148쪽.

문화의 특징을 우등생문화라고 칭한다.[48] 다케우치는 이러한 우등생 문화를 특징으로 하는 일본의 근대는 "양이론(攘夷論)자가 그대로 개국론(開國論)자가"[49] 되어 버린 전향에서 시작하였다고 판단한다. 그에 의하면 전향은 저항이 없는 곳에서 발생하는 현상으로 자신을 포기함으로써 실현된다. 즉 일본의 근대에는 주체성이 없다는 것이다. 주체성을 결여한 일본적 근대의 모습은 다음과 같다.

> 일본은 근대로의 전환점에서 유럽에 대하여 결정적인 열등의식을 가지고 있었다. (이것은 일본문화의 우수성 때문에 일어난 것이다) 그리고 맹렬하게 유럽을 따라잡기 시작하였다. 자신이 유럽이 되는 것, 보다 더 유럽처럼 되는 것이 탈각의 길이라고 생각하였다. 즉 자신이 노예의 주인이 됨으로써 노예에서 벗어나려고 하였다.[50]

다케우치는 주체적인 자각이 없는 근대화 과정에서는 주체성이 발현되지 않는다고 주장한 것이다. 다케우치에 의하면 "이러한 주체성의 결여는 자신이 자기 자신이 아니라는 것에 기인하"는 것으로 "스스로를 포기했기 때문에" "즉 저항을 포기했기 때문에"[51] 발생하는 것이다. 이러한 무저항은 외부의 권위에 의지하여 현실에 적합한 새로운 관념을

---

48) 우등생 문화를 자신의 내면에 새긴 일본의 지도자들은 "뒤쳐진 동양제국(諸國)을 지도하는 것이 자신들의 사명"이라고 인식한다. 그리고 여기서 동양제국은 자신들의 지도를 받아들이는 것이 지당하다는 독단적인 사고가 발생한다. 이러한 지도자 의식은 일본의 군인과 정치가뿐만 아니라 노동운동과 진보운동 진영에도 존재한다고 판단한다. 다케우치는 구체적인 예로 "일본에서는 제국대학이 사상적으로는 가장 급진적이었다는 점, 학생운동의 투사가 사상검사로 성공한 사실, 우익단체의 중견간부 가운데 좌익출신자가 다수 참가하여 전쟁 중에 작전에 협력한 사실" 등을 제시하고 있다(상게서, 150~151쪽).

49) 상게서, 162쪽.

50) 상게서, 158쪽.

51) 상게서, 159쪽.

수입해온 우등생 문화인 "일본문화의 구조적인 성질에서 유래하는 것"[52] 이라고 다케우치는 판단한다. 다케우치가 언급한 우등생 문화라는 일본문화의 구조적 특질은 먼 옛날부터 모든 문화를 외부에서 수입해오던 그리고 "항상 외부를 향해 새로운 것을 기다리고 있는" "무한한 문화수용의 구조 위에 일본의 근대가 자리하고"[53] 있는 현상이었다. 이러한 일본의 근대화 과정이 도달한 최종적인 도착점이 1945년 8월 15일의 패전임은 "의심할 바 없다"[54]고 다케우치는 판단한다. 다케우치는 자신만의 고유한 것에 기초하여 서구의 침략에 대한 저항 과정에서 발생하는 모순과 갈등을 자신의 것으로 소화할 때 자기변혁과 혁신이 가능하다고 생각한 것이다.

4. 다케우치와 식민지문제

패전 이후 다케우치는 일본의 근대를 비판적으로 고찰하면서 전후를 시작하였다. 이러한 첫 작업이 근대란 무엇인가란 물음이었다. 다케우치는 근대란 서구에서 시작한 것으로 자기보전이란 부정적인 요소와 자기갱신이란 긍정적인 요소를 동시에 포함하고 있는 것으로 파악하였다. 근대의 자기보전이란 서양이 비서양의 각 지역으로 자신을 확장시킨 행위로 식민지 개척이란 행태로 나타났다. 이러한 서양의 침략 때문에 동양에서 근대가 시작되었으며 타율적으로 근대를 시작할 수밖에 없었던 중국은 자신의 내부를 응시하는 자기혁신과 저항을 통

52) 상게서, 167~168쪽.
53) 상게서, 168쪽.
54) 상게서, 166쪽.

해 주체적인 근대를 이룰 수 있었다고 다케우치는 파악하였다. 한편 그는 주체적인 자기혁신과 저항 없이 서양의 근대를 그대로 수입한 일본은 결국 근대화에 실패하고 1945년의 패전을 초래하였다고 파악한다. 특히 다케우치의 이러한 문제의식에는 일본의 근대화 과정에 대한 비판적 고찰이란 자기성찰적인 성격이 매우 강하다. 따라서 다케우치가 전후에 근대란 무엇인가란 물음을 통해 새로운 전후를 시작하기 위해서는 일본이 이룩한 근대의 구체적인 실체인 식민지문제에 대한 논의를 자신의 사상과제 속에 포함했어야 했다. 그러나 다케우치는 전후에 식민지문제를 주제로 한 글을 거의 남기지 않았다.

다케우치는 1932년의 조선만주견학여행 과정에서 약 1주일 정도 조선에 체류하였다. 1974년 10월에 작성한 「잊을 수 없는 사람(おもかげの消えぬ人)」에서 견학여행 기간 동안 다케우치는 과거 오사카(大阪) 고등학교를 같이 다니던 조선인 친구 A를 만나기 위하여 여행단과는 별도의 행동을 하였다. 다케우치는 고등학교를 졸업하고 조선으로 돌아가는 친구 A의 송별회 자리를 다음과 같이 기억한다.

> 그 자리에서 그는 처음으로 자신은 독립운동을 한다고 속마음을 밝혔습니다.
> 당시 얼만 간 좌익문학에 심취하여 나카노 시게하루(中野重治) 등을 읽었기 때문에 조선에서 독립운동의 전통이 끊어지지 않고 있었다고 예상은 하고 있었지만 내 인생에서 최초로 만난 조선인이 서슴지 않고 말하는 것을 보고는 너무 무거운 분위기에 잠시 그의 손을 잡은 채로 아무 말도 할 수 없었습니다.[55]

다케우치는 1974년에도 일본에서 고등학교를 졸업하고 조선으로 독립

---

55) 「おもかげの消えぬ人」(1974.10), 『全集』 第五巻, 筑摩書房, 1981, 246쪽.

운동을 하러 간다는 과거의 조선인 친구를 기억하고 있었다. 즉 한국은 과거 일본의 식민지였으며 조선인들은 일본에 저항하기 위하여 다양한 형태로 자신들의 내부를 응시하고 있었던 사실을 다케우치는 자신의 친구 A를 통해 잘 알고 있었다. 따라서 조선의 저항과 관련된 문제는 다케우치가 일본의 근대를 비판적으로 고찰하는 경우 반드시 언급할 수밖에 없는 주제라고 할 수 있다. 전전 중국에 대한 일본의 지배는 전면적이고 완벽하지 못했던 만큼 중국은 일본의 반식민지 상태에 놓여있었다. 한편 일본은 타이완과 조선을 완전한 식민지로 지배하였다. 백번 양보하여 이러한 역사적 상황이 중국 연구자인 다케우치가 식민지문제를 직접 다루지 않은 배경이 될 수도 있다고 생각하지만 그럼에도 불구하고 전후의 다케우치는 근대에 대한 본질적인 물음을 심화시키는 과정에서 식민지 문제를 논해야하는 중요한 과제를 놓쳐버렸다고 할 수밖에 없다.

그러나 다케우치의 또 다른 저작을 통해 그가 식민지문제를 어떻게 인식하고 있었는지를 간접적으로 유추할 수는 있다. 다케우치는 1963년 7월에 「아시아주의의 전망(アジア主義の展望)」(이후 「일본의 아시아주의(日本のアジア主義)」로 제목을 변경)을 발표하였다. 이 글은 다케우치 자신이 편집을 담당한 『현대일본사상대계(現代日本思想大系)』 제9권에 게재된 근대 일본의 아시아주의자들의 저작에 대한 해설의 형태로 작성되었다.[56] 일본의 식민지 침략을 비판하는 한국인의 시각이

56) 강해수, 「다케우치 요시미의 '방법으로서의 아시아'와 '조선'이라는 토포스」, 『일본공간』 18, 국민대학교 일본학연구소, 2015, 170쪽. 이 논문에서 강해수는 다케우치의 글에 대한 일본 내 조선사 연구자들의 비판을 소개하고 있다. 나아가 강해수는 다케우치의 저작을 인용하면서 다케우치가 타자로서의 한국의 존재를 강조하였으며 한국인은 자신들의 역사를 식민지와 해방이라는 연속성으로 파악하고 있지만 일본인들은 그러지 못했다고 일본의 역사인식을 비판적으로 파악하고 있는 점을 강조한다. 강해수는 다케우치의 위와 같은 주장을 한일회담이 한창이던 당시의 시대적 상황 속에서 한일민중 간의 연대를 염두에 두고 한

아니라 다케우치가 전후에 확립한 근대란 무엇인가에 대한 다케우치 자신의 논리 속에서 이글을 독해하자. 필자는 이러한 방법론에 입각할 때 다케우치 자신의 식민지 인식이 어떠한 것이었던가를 분석할 수 있다고 본다. 즉 다케우치의 중국연구와 일본 근대비판이 서구의 침략에 대한 동양의 저항에 대하여 논한 것이라면 일본의 아시아주의는 일본이 조선으로 '진출' 혹은 침략하는 과정에 대한 논의이다.[57] 달리 말한다면 다케우치는 서구의 자기보전 과정이 동양에 대한 침략으로 나타났다고 했는데 다케우치가 말하는 아시아주의란 일본의 자기보전 과정이 조선으로의 '진출' 혹은 조선에 대한 침략으로 나타난 것으로 보는지 아니면 서구에 대한 대응방식의 하나로 동양을 아우르기(≒연대) 위한 목적으로 파악하는지를 분석할 필요가 있다. 즉 동양의 근대화 과정에서 서양 대 동양을 바라보는 논리와 일본 대 조선을 바라보는 논리가 일관되고 있는지 아닌지를 분석하자는 것이다.

다케우치는 『아시아역사사전(アジア歴史事典)』의 '대아시아주의'란 항목에 대한 설명에 공감하지만 동의하기 어려운 부분도 있다고 하면서 "자신이 생각하는 아시아주의는 어떤 실질적인 내용을 갖춘 객관적

발언이라고 평가한다(169쪽). 만약 다케우치가 당시의 한일협약 반대운동을 추진한 한일 민중 간의 연대를 이루어내기 위한 의도로 연대론적 아시아주의를 주장한 이 논문을 작성하였다면, 우선 우리들은 정말로 일본의 아시아주의 특히 1880년대의 아시아주의는 연대론적 성격이 보다 강했는지를 검정해야한다. 만약, 그렇지 않다고 한다면 다케우치의 이 논문은 다케우치 본인의 의사와는 반대로 역사적인 사실을 아전인수 격으로 해석하여 한일민중 간의 연대를 이루어 내려고 한 정치 지향적 논문이 될 수도 있다. 다케우치 자신이 그토록 강하게 비판한 정치우선주의자들의 행위를 본인 스스로 행한 것이 된다.

57) 여기에서 침략이란 용어와 더불어 '진출'이란 용어도 함께 사용하는 것은 다케우치의 논리 구체적으로는 '연대론'적 아시아주의에 입각하여 다케우치를 독해하기 위해서이다. 다케우치의 주장대로 서구에 대한 아시아의 '연대'론의 입장에서 본다면 침략이란 개념은 성립하기 어렵기 때문이다.

으로 규정할 수 있는 사상이 아니라 하나의 경향성이라고 할 수 있는 것"[58]이라고 정의하고 다음과 같이 보다 상세하게 설명한다.

> 아시아주의는 앞에서도 잠정적으로 규정한 것처럼 각각의 개성을 가진 '사상'에 경향성으로 부착된 것이기 때문에 독립해서 존재하는 것은 아니지만 그러나 최소한 아시아 여러 나라의 **연대**(침략을 수단으로 하는지 아닌지는 별도로)의 지향을 내포하고 있다는 점만은 인정하지 않을 수 없다. 이것이 최소한으로 규정한 아시아주의의 속성이다. 그렇게 본다면 '동아공영권'은 분명히 아시아주의의 한 형태이다.[59] (강조: 인용자)

다케우치는 자신이 논하는 아시아주의가 구체적인 실체를 동반하는 것이 아닌 만큼 아시아주의를 정의하기는 매우 곤란하지만 그럼에도 불구하고 논의의 전개를 위해서 아시아주의에 대한 최소한의 공통분모로 '아시아 여러 나라의 연대를 지향'하고 있는 점을 강조한다. 다케우치는 천황제국가의 자립 이후 아시아주의가 침략의 논리를 은폐하는 도구로 사용되었다는 사실을 부정하지는 않지만 초창기의 아시아주의 즉 아시아 연대론에 방점을 두고 있음을 알 수 있다. 다케우치가 아시아주의를 정의하면서 서구에 대한 아시아 각국의 연대를 강조한 것은 그가 1941년 12월 8일에 '의미'(≒대동아공영권)를 전후에도 파기하지 않고 있던 사실과 궤를 같이한다. 다케우치는 아시아 각국의 연

---

58) 전게서, 「日本のアジア主義」, 99쪽. 다케우치는 『아시아역사사전』의 '대아시아주의' 항목을 대체적으로 다음과 같이 요약하고 있다. '서구의 침략에 저항하기 위하여 아시아의 여러 민족은 일본을 중심으로 연대하자는 주장으로 초기에는 서구의 침략에서 일본의 독립을 지키기 위한 방법으로써 자유민권론자들의 아시아 연대론에서 출발하였으나 점차 메이지국가의 완성과 식민지화의 가능성이 희박해지면서 민권론을 유지하던 현양사(玄洋社)가 국권론으로 전향하고 아시아주의를 침략을 은폐하는 논리로 사용하였으며 이후 아시아주의는 천황주의와 연동하여 우익의 표어가 되었다'(전게서, 「日本のアジア主義」, 96~97쪽).

59) 상게서, 100~101쪽.

대를 강조한 만큼 침략의 결과인 식민지문제는 부차적일 수밖에 없었다. 따라서 다케우치는 조선의 식민지화 문제에 대해서도 침략을 강조한 전후 진보적 지식인들이 표방한 입장과는 미묘하게 다른 연대론의 관점을 강조한다. 다음의 인용문을 보자.

> 조선 문제의 경우 결론은 분명히 '일한합병'이라는 완전침략으로 끝났지만 그 과정은 복잡하였으며 러시아나 청국의 '침략'을 공동으로 방어한다는 하나의 측면도 '사상'으로서 없었던 것은 아니다.[60]

여기서 다케우치가 말한 복잡한 과정이란 두 가지 측면으로 볼 수 있다. 하나는 사상적인 측면으로 메이지유신 이후 천황제국가가 서양에 대하여 완전한 독립을 보장받지 못한 초기에 현양사(玄洋社)가 일본의 독립을 확보하기 위하여 민권론에 입각하여 아시아 각국의 연대를 주장하다가 이후 일본의 식민지화 가능성이 거의 사라진 단계에서 국권론으로 입장을 바꾸어 침략 용인주의로 이행하는 과정 속에서 표출된 현양사의 복잡한 입장변화를 의미한다. 또 하나는 당시의 동아시아 국제 정치관계의 측면으로 청일전쟁과 러일전쟁을 거쳐 조선을 완전한 식민지로 만드는 과정을 의미한다.

앞에서 전후에 다케우치가 전개한 '근대론'에 입각하여 분석한다고 한 만큼 위의 인용문이 일본의 침략을 암묵적으로 인정하는 주장이라 하더라도 이것은 넘어가자. 문제는 '청국의 조선침략을 공동으로 방어한다는 측면'도 있었다는 다케우치의 주장이다. 인용문에 적시된 '러시아나 청국의 침략'이란 아마도 러일전쟁과 청일전쟁을 지칭하는 듯하다. 러일전쟁은 만주의 지배권을 두고 일본이 먼저 러시아의 뤼순항을

---

60) 상계서, 98쪽.

공격하면서 시작되었으며, 청일전쟁은 조선에서 일어난 동학농민운동을 진압해달라는 조선 정부의 요청으로 청국과 일본이 조선에 군사를 파병하였고 이후 일본이 조선에 대한 지배권을 확보하기 위하여 아산만에 주둔하고 있던 청나라 군대를 먼저 공격하여 발생한 전쟁이었다. 이러한 구체적인 역사과정을 다케우치가 몰랐을 리는 없다. 여기서 이러한 사실관계는 논하지 않는다. 다케우치에 의하면 동양의 근대란 서구의 자기 보전적 침략의 결과 아시아 각국에서 일어난 저항 주체의 형성 과정이었다. 그렇다면 서구세력의 일부분인 러시아가 아시아로 진출하는 것을 조선과 공동으로 방어하자는 일본의 연대론은 동양에서 주체적으로 제시한 자기변혁의 과정으로 다케우치가 말한 연대론적 아시아주의에 포함될 수 있다. 그러나 청국이 조선을 침략하려고 하자[61] 이를 일본과 조선이 공동으로 방어하자는 내용은 다케우치가 말한 동양의 저항과는 일치하지 않는다. 즉 청국은 동양의 일부이고 당시 청국은 영국과 아편전쟁에서 패하여 홍콩을 할양할 수밖에 없는 상황에 처하는 등 서구의 침략을 직접 당하고 있었기 때문에 다케우치의 시각에서 본다면 청국은 일본이 적극적으로 연대하여 서양에 대항해야할 '동반자'였다. 따라서 다케우치는 자신의 연대론적 아시아주의에 입각하여 청일전쟁을 이해한다면 청일전쟁은 동양의 내부에서 연대에 실패하여 일어난 분열로 파악해야 한다. 아니면 일본의 진보적

---

61) 동학농민운동에 대한 조선정부의 진압과정이 청일전쟁으로 이어진 과정을 살펴보면 이를 청나라가 침략하려고 했다고 하기는 어렵다. 즉 조선정부가 일본에 동학농민운동을 진압해달라고 요청하자 일본은 당시 청나라와 맺고 있던 텐진(天津)조약을 근거로 조선파병 사실을 청나라에 알렸다. 그러자 이에 대하여 청나라 역시 조선에 군대를 파견하였다. 그리고 이후 조선에서 양자의 주도권 싸움이 청일전쟁으로 이어졌다. 아무튼 구체적인 사실관계에 대한 확인과 분석은 접어둔다.

학자들의 통설적인 주장과 같이 한중일 3국의 관계 속에서 일본의 자기 보전적 침략행위의 결과로 일으킨 전쟁으로 파악하여야 한다.[62)]

다케우치는 현양사가 청일전쟁에 개입한 것은 이권을 챙기기 위해서가 아니라 연대를 이루기 위해서였다고 평가한다. 우선 다음의 인용문을 보자.

> 현양사는 천우협(天佑俠)[63)]이란 조직을 만들어 조선에 보내어 동학당과 연락을 취하고 전쟁을 도발하였다. ……이 농민전쟁을 도와서 일본의 편으로 만들겠다는 것이 천우협의 자랑거리였으며…… 동학당은 연락이 불충분했기 때문에 일본군의 공격을 받고 지도자 전봉준과 이용구는 부상을 당하였다. ……천우협도 일본 관헌에게 쫒기는 신세가 되었다. 그러나 이 때문에 농민운동의 지도자와 일본의 '지사' 사이에는 의지의 소통이 가능했다. 이러한 인연으로 이후의 러일전쟁 시기에 일본군에게 수송 협력을 하

---

62) 다케우치는 일본이 서구의 식민지화 가능성이 없어지자 현양사는 민권론에서 국권론으로 전향하면서 침략적 아시아주의로 이행하였다고 판단하고 있다. 초기의 연대론적 아시아주의에서 침략적인 아시아주의로 이행한 것에 대한 다케우치의 평가를 세밀하게 분석하는 작업은 별도의 원고를 통해 진행하겠다. 이 작업이야말로 식민지를 경험한 한국에서 다케우치의 동아시아 담론을 논하는 핵심이 될 수 있다고 판단한다. 만약 다케우치가 일본이 조선을 식민지화 한 것을 일본의 자기 보전적 침략과정의 결과라고 본다면, 조선은 어떻게 자신들의 내부를 응시하고 주체적으로 저항하였는지 아니면 저항하지 못했는지를 언급해야한다. 물론 다케우치가 한국 전문가가 아닌 만큼 구체적으로 이러한 논의로까지 내용을 확대하지는 않았다고 하더라도 어디선가 이러한 과제가 남아 있다는 점을 밝혔어야 했다고 본다. 다케우치에게 이러한 점이 부족했던 것은 아마도 전후의 다케우치는 일본의 근대화 과정에 대한 비판적 고찰이란 문제의식은 강하게 가지고 있었지만 일본의 근대화 과정의 결과인 식민지문제에 대한 고민은 그리 크지 않았기 때문이라고 본다. 이러한 점은 패전 직후의 다른 진보적 지식인들도 크게 다르지 않았다고 필자는 생각한다.

63) 일본어로는 텐유쿄(てんゆうきょう)라고 읽는다. 동학농민운동이 발생하자 동학군을 지원하기 위하여 부산에 거주하던 일본인들이 결성한 단체이다. 단체가 결성되자 현양사는 동학군과의 합류를 위해 부산으로 출발하였으며 전북 순창에서 동학군과 회합을 가졌다. 이후 청일 양군의 동학군 진압이 조선에서 청일전쟁으로 변화하자 이들은 일본군과 합류하여 일본의 전쟁 승리를 위한 역할을 수행하였다.

였고 그리고 한일병합의 복선이 되었다. ……어쨌든 이 시점에서는 농민과의 결합을 생각하고 있었으며 역시 일종의 아시아주의의 발현형태라고 볼 수밖에 없다. 적어도 주관적으로는 도발만이 목적이 아니라 연대의식이 움직이고 있었다. 그리고 이익을 챙기려는 욕망은 전혀 없었다. 만약 이익을 챙기려는 욕망이 목적이라면 생명의 위험을 감수할 이유가 없다. 그리고 전봉준이나 이용구와 같은 배외주의자의 신뢰를 획득할 이유도 없다.[64]

청나라를 적으로 간주하고 조선과 일본의 연합을 논하는 것이 다케우치의 '근대' 개념과는 배치된다는 점은 앞에서 논하였다. 다케우치는 동학군을 도와 청국에 대한 전쟁을 도발하려는 현양사의 행동을 조선과 일본의 연대로 파악한다. 즉 현양사의 목적은 동학군을 도와서 조선 내부의 혼란을 가중시킨 다음에 이를 이용하여 청나라와 전쟁을 준비하는 것이었다. 이러한 목적 하에서 이루어진 '농민운동의 지도자와 일본의 지사' 사이의 '의지의 소통'을 다케우치는 연대의식에서 발현된 아시아주의라고 본다. 다케우치는 민권론에서 국권론으로 이행하고 있던 시기의 현양사의 아사아주의에도 연대가 주요한 목적이었으며 이권획득의 의도는 없었다고 주장한다. 그리고 조선과 일본의 이러한 연대의 경험은 러일전쟁에서 조선이 일본의 군수물자 수송에 협력하는 것으로 이어졌으며 그 결과 한일합병이 성립하였다고 파악한다.

여기서는 다케우치의 근대에 대한 이해방식에 입각하여 내부를 응시하는 주체형성과 그들이 중심이 된 저항에 대하여 살펴보자. 앞에서 살펴본 강해수의 논문은 다케우치의 「아시아주의의 전망」에 대한 당시 조선사 연구자들의 비판을 잘 소개하고 있다. 이러한 논쟁을 보면 1960년대 일본에서 동학농민운동에 대한 연구수준이 일천하였다고 하더라도 동학농민운동은 지배계층의 착취와 외세에 대항하여 조선의 민

---

64) 상게서, 116쪽.

중들이 일으킨 자기변혁과 저항운동이었다는 사실 정도는 파악하고 있었다고 할 수 있다. 따라서 다케우치 역시 구한말 조선의 부패한 정치가들의 가렴주구에 저항하여 일어난 동학농민운동은 운동뿐만이 아니라 동학이라는 새로운 이념체계와 평등한 세상을 지향한 사상 혹은 종교운동까지도 포함한다는 사실 정도는 알고 있었을 것이다. 다케우치가 중국의 근대화 과정에서 높이 평가하는 5·4운동 이상으로 동학농민운동은 조선의 피지배계층이 조선의 내부를 응시하면서 스스로 자각적인 주체로 변신하여 사회변혁과 외부세력에 저항한 운동이었다. 그리고 그 에너지는 매우 강력하였다.

다케우치는 동학농민운동을 배경으로 하여 현양사가 동학군과 추진한 연대의 경험은 러일전쟁에서 조선이 일본의 군수물자 수송에 협력하는 것으로 이어졌으며 그 결과 한일합병이 성립하였다고 파악한다. 우선 여기에는 주체의 문제가 있다. 즉 동학농민운동에서 이루어진 연대의 주체는 동학군과 현양사라는 민간이었으나 러일전쟁에서 이루어진 주체는 조선정부와 일본정부였다. 동학군은 자신들의 내부를 응시하면서 조선의 구조적인 병폐와 서구세력에 저항하는 주체였다. 그리고 다케우치의 설명에 의하면 이 단계의 현양사 역시 민권론에 입각하여 국권론을 주장하는 일본정부에게 일정한 개혁을 요구하면서 서구에 대항하고 있던 저항 주체였다. 그러나 러일전쟁 당시의 조선정부와 일본정부는 서양에 대항하는 주체일 수는 있으나 자신의 내부를 응시하면서 자신들의 내부를 개혁할 수 있는 주체는 아니었다.

다케우치가 말하는 이러한 연대는 조선에서 주체적인 자아형성에 어떠한 역할을 하였을까. 다케우치의 주장대로 현양사의 연대론적 아시아주의가 의미를 가지기 위해서는 현양사가 추진한 연대가 조선의 내부를 응시하고 스스로 자각하여 외세에 저항한 동학농민운동을 지원하는 형태가 되어야 한다. 그리고 이러한 연대는 비록 조선이 식민지가 될 수밖에 없었다고 하더라도 조선의 내부를 응시하는 조선의 저항주체를 형성하고 결국은 조선적인 근대로 이어져야만 한다. 그러나 현양사와의 연대의 결과 동학농민군이란 조선의 주체적인 저항은 일본(군)에 의해 사라져버렸다.

나아가 다케우치는 전봉준을 루쉰과 유사한 내부를 응시하는 저항의 주체로 본 것이 아니라 배외주의자로 보고 있다. 이러한 다케우치의 시각에 의하면 동학농민운동에 참가한 민중들 역시 '배외주의자'가 되는 것이다. 그렇다면 현양사가 '배외주의' 운동의 지도자와 연대하려고 한 것은 무의미하거나 잘못된 선택이 되어버린다. 나아가 동학농민운동에 참가한 민중을 '배외주의자'로 취급하는 시각은 전후에 다케우치가 저항주체인 민중을 발견하고 재출발한 자신의 사상적 고뇌가 가지는 의미와 모순되어버린다.

다케우치가 중국의 근대에서 무엇보다 중요하게 파악한 것은 내부를 응시하는 자각한 주체들에 의한 저항이었다. 그러나 다케우치는 전후에 아시아주의를 논하는 과정에서 연대에 방점을 찍은 탓으로 일본의 침략에 대하여 내부를 응시하면서 치열하게 자각한 조선의 저항을 놓쳐버렸다. 그 결과 다케우치에게 있어 식민지에 대한 논의는 일천할 수밖에 없었다고 판단된다.

5. 맺음말

한중일 동아시아 3국의 관계를 미래지향적으로 설계하고 인류 보편적 가치에 기초하여 화해와 공존의 가능성을 넓히기 위하여 전후에 다케우치가 일본적 근대화에 대한 비판적 고찰을 통해 제시한 아시아주의에 입각하여 다케우치의 식민지문제에 대한 인식을 살펴보았다.

다케우치는 서구에서 시작한 근대란 자기보전이란 부정적인 요소와 자기갱신이란 긍정적인 요소를 동시에 포함하고 있는 것으로 파악하였다. 근대의 자기보전이란 서양이 비서양의 각 지역으로 자신을 확장시킨 행위로 식민지개척이란 행태로 나타났다. 다케우치는 타율적으로 근대를 시작할 수밖에 없었던 중국은 자신의 내부를 응시하는 자기혁신과 저항을 통해 주체적인 근대를 이룰 수 있었으나 주체적인 자기혁신과 저항 없이 서양의 근대를 그대로 수입한 일본은 결국 근대화에 실패하고 1945년의 패전을 초래하였다고 파악한다.

다케우치는 근대란 자기 보전적인 침략행위라고 정의한 만큼 일본적 근대를 비판적으로 고찰하기 위해서는 식민지문제를 자신의 사상과제 속에 포함했어야 했다. 그러나 다케우치는 그러한 작업을 거의 진행하지 않았다. 이유가 무엇일까.

다케우치는 일본의 아시아주의란 서구의 침략에 대한 아시아 각국의 연대를 강조한 것이라고 이해한다. 이러한 이해 방식은 그가 1941년 12월 8일의 '의미'를 전후에도 파기하지 않은 사실과 궤를 같이 한다. 다케우치는 자신의 연대론적 아시아주의에 입각하여 청일전쟁을 이해한다면, 청일전쟁은 동양의 내부에서 연대에 실패하여 일어난 분열로 파악해야만 자신의 논리적인 일관성을 유지할 수 있다. 그리고 다케우치의 주장대로 현양사의 연대론적 아시아주의가 의미를 가지기 위해서는 현양사가 추진한 연대가 조선의 내부를 응시하고 스스로 자각하여 외세에 저항한 동학농민운동을 지원하는 형태가 되어야 한다. 그리고 이러한 연대는 비록 조선이 식민지가 될 수밖에 없었다고 하더라도 결국은 조선적인 근대로 이어져야만 한다. 그러나 현양사와의 연대의 결과 동학농민군이란 조선의 주체적인 저항은 일본(군)에 의해 사라져 버렸다. 다케우치는 전후에 아시아주의를 논하는 과정에서 연대를 강조했기 때문에 일본의 침략에 대하여 주체적으로 자각한 조선의 저항을 놓쳐버렸다. 그 결과 다케우치는 식민지문제에 대한 논의를 진척시킬 수 없었다.

필자 역시 현재의 동아시아 국제정세 속에서 다양한 형태의 연대를 부정하지는 않는다. 다만 화해와 공존의 가능성을 넓히기 위한 동아시아 담론은 식민지문제를 직시하고 식민지 지배의 결과 발생한 피해에 대한 해원(解冤)의 기능을 할 수 있어야 한다고 필자는 생각한다. 동아시아 담론이 이러한 기능을 수행하기 위해서는 한국과 일본의 연대가 아니라 개개인의 국적과 관계없이 식민지 지배의 피해자들이 가해자들에게 저항할 수 있는 연대가 되어야 한다. 이러한 측면에서 본다면 다케우치와 같은 연대에 중점을 둔 동아시아 담론은 침략이란 형태로 나타난 식민지문제를 놓쳐버릴 뿐만 아니라 결국 저항을 통한 자기 혁신을 이룰 수도 없다.[65]

---

65) 이러한 측면에서 최근 한일간에 일본군 '위안부'문제를 둘러싸고 양국의 진보적 지식인들 사이에 발생한 연대와 균열은 식민지문제에 대한 재고를 필요로 한다. 예를 들면, 박유하에 대한 일본의 진보적 지식인들의 지지에는 자신들이 강조해 온 탈민족주의 혹은 탈국가주의 주장이 한국에서 한국 내부를 향해 나타났다는 사실에 대한 일방적인 기대감이 혼재되어 있다고 보인다. 필자는 아사히신문(朝日新聞)이 2007년 12월 16일 박유하의 저서 『화해를 위해서』에 일본의 오사라기 지로(大佛次郎) 논단상을 수여한 것이 하나의 예라고 본다. 필자는 이러한 일본의 상황에서는 '식민지 지배 책임'에 대한 보다 진전된 논의가 나오기 어렵다고 본다. 한일간에 저항을 위한 연대가 실현되기 위해서는 한국과 일본의 진보적 지식인들은 자신들의 주장과 의견을 달리하는 상대방에 대해 더 많이 알기 위하여 열린 마음을 가지고 묵묵하게 노력할 필요가 있다.

냉전의 지정학과 동아시아 '지역'(region)의 구성

칼 슈미트의 '광역질서'(Grossraumordnung) 이론을 중심으로

이 진 일

1. 머리말

1904년, 그러니까 러일전쟁이 발발하기 직전, 지정학 이론의 개척자였던 맥킨더(Halford Mackinder)는 자신의 논문 〈역사의 지리적 중심축〉을 마무리하며, 중국에는 서구 해양세력의 지배가 종말을 맞게 될 것이라고 예측했다. 유라시아 대륙의 심장지역(Heartland), 혹은 축지역(the Pivot Area)을 포함하는 육상세력의 시대가 다시 올 것이며, 이들 지역이 세계지배의 열쇠를 쥐게 될 것이라는 것이다. 글의 말미에서 그는 유라시아 내륙이 어째서 지정학적 세계권력의 지렛대인지를 설명한 뒤, 축지역인 러시아가 갖는 지정학적 이점을 중국이 이어받는다면, 앞으로 중국은 "세계의 자유에 황화(yellow peril)를 초래할 수도 있다"고 지적한다.

"결론적으로, 현재 러시아의 지배를 대신해 새로운 세력이 내륙지역(inland area)을 지배한다 하더라도, 이 지역 내의 축의 위치가 갖는 지리적 중요성이 줄어들지 않을 것임을 지적하는 것은 자명한 일이다. 예를 들어 중국이 일본에 의해 조직되어 러시아 제국을 전복하고 그 영토를 정복했다고 가정한다면, 그것은 곧 세계의 자유에 대해 황화라는 위협을 가져오게 될 것이다. 왜냐하면 그것은 방대한 대륙이라는 자원에 해양이라는 측면까지 덧붙이는 결과를 초래하게 될 것이며, 이는 축지역의 거주자인 러시아가 아직 누려보지 못한 이점이기 때문이다."[1)]

유럽문명을 아시아인의 침략에 맞선 투쟁의 산물로 보았던 제국주의자 맥킨더는 중국의 부흥을 두려워했고, 이를 가능성 있는 미래의 세계질서로 예측했던 것이다.

사실 미소 냉전체제가 지속되던 한에서는 맥킨더류의 지정학 이론이 세계정치에서 특별히 새로운 것을 제공하기는 어려웠다. 냉전은 세계를 동서로 고정시켰고, 양극 체제 하에서 제3의 세력이나 새로운 공간의 생성 가능성은 그리 크지 않았다. 냉전체제의 붕괴로 기존의 정치, 경제, 문화질서가 해체되면서 전 지구화로 불리는 현상이 그 빈자리를 메우기 시작했으며, 지금까지 세계를 지탱해왔던 국민국가 체제의 자명함이 흔들리는 계기가 만들어지게 된다. 오늘날 지정학은 갈등과 전쟁의 지정학에서 평화의 지정학으로 중심을 이동하거나, 지경학(Geoeconomy)적 시각을 강조하기도 하고, 지리결정론적 사고로부터 벗어나고자 하는 '비판 지정학'을 내세우기도 하면서 '지정학의 르네상스'

---

1) Halford Mackinder, "The Geographical Pivot of History", *Geographical Journal*, Vol. 23 (1904), p. 437. 맥킨더가 비록 1904년 이 글을 발표하기는 했지만 이때는 아직 러일 전쟁이 발발하기 전이었고, 그래서 그는 일본과 러시아가 직접 충돌하리라는 것을 미처 예상하지 못하고 있었다. 1차 세계대전 이전 독일의 대 중국 정책에 대해서는 황기우, 「티르피츠-계획 (Tirpitz-Plan)에서 동아시아의 의미」, 『사림』 67호, 01 (2019), 89~118쪽 참조.

를 예고하고 있다.[2] 양극체제의 몰락 이후 제국화 되어 가는 미국에 대한 대항세력을 찾아 유럽이나 중앙 유라시아, 라틴아메리카에서는 지역 결사체 구성을 강화하거나 새롭게 조직하고자 하는 움직임이 일고 있으며, 동아시아 내에서도 지역 결사체의 가능성을 탐지하게 한다. 커져가는 동아시아 경제권에 비해 국제적으로 그만한 대접을 받지 못하고 있다는 불만은 ASEAN, 환태평양경제동반자협정(TPP) 등을 넘어, 동아시아를 하나의 단일 '지역'으로 하는 국가집단을 조직해 글로벌화의 확산에 대응하자는 시도들로 이어진다.[3] 하지만 다른 한편, 중국의 경제와 군사력이 강해지면서 이에 자극받은 타이완, 일본, 인도, 베트남 등 주변 국가들에서의 군비확장 경쟁과 영토 갈등 또한 심화되고 있다. 이러한 변동의 중심에는 중국의 '제국화'가 자리하고 있다.

독일의 법학자 칼 슈미트(Carl Schmitt, 1888~1985)는 1930년대 말 주권국가의 영토를 넘어선, 새로운 국제법적 단위로서 '광역'(Grossraum) 개념을 제안한 바 있다. 광역이란 개별 국가가 갖는 공간적 제한이나 지나친 확장력을 극복하고자 제안한 개념으로서, 1차 세계대전 이후 등장한 "새로운 지구적 지역주의의 영토적 단위"이며, 세계의 분할을 전 지구적 차원에서 논하고자 하는 시각의 확대를 드러내는 용어이다.[4]

---

2) Nils Hoffmann, *Renaissance der Geopolitik? Die deutsche Sicherheitspolitik nach dem Kalten Krieg*, Wiesbaden, 2012. 로버트 카플란, 『지리의 복수. 지리는 세계 각국에 어떤 운명을 부여하는가?』, 미지북스, 2017; 팀 마샬, 『지리의 힘』, 사이, 2016.

3) 이미 유라시아 대륙에는 ASEAN 외에도, CIS(Commonwealth of Independent States), SCO (The Shanghai Cooperation Organisation), SAARC(South Asian Association for Regional Cooperation), Eurasian Union, GMS(Greater Mekong Subregion) 등 다양한 지역공동체들이 존재한다.

4) Carl Schmitt, "Raum und Grossraum im Völkerrecht", *Staat, Grossraum, Nomos* (Berlin 1995), p. 145. Grossraum을 '대공간'으로 번역하기도 하지만 이 개념이 막연히 큰 공간이 아니라 분명한 경계를 갖고 있는 역(域)의 의미를 지닌다고 보며, 따라서 본 글에서는 '광역'이라는 단어로 통일하였다.

슈미트는 상호 공존하는 복수의 광역들로 구성된 다원적 세계를 구상했으며, 이를 통해 앵글로-색슨 주도의 보편화되고 자유주의적 자본주의 세력의 지배를 막기 위한 독일적 비전을 추구한 것이다. 기본적으로 슈미트는 국제법 전문가였다.[5] 잘 알려져 있다시피 그의 법이론은 히틀러 집권과 2차 세계대전 발발을 법적으로 뒷받침하고 정당화했다는 태생적 한계를 갖고 있다. 비록 슈미트의 광역이론 자체가 나치의 새로운 국제질서 구상에서 중심 역할을 한 것은 아니지만, 지정학(Geopolitk), 동유럽확장정책(Ostpolitik), 생존공간(Lebensraum) 등 나치의 지리적 용어와 공간이 처음부터 광역이론과 밀접한 연관성을 맺으며 함께 생성되고 발전했음을 감안한다면, 그의 공간이론이 현대의 정치 상황에 적용될 수 있기에는 넘어야 할 장애가 큰 것이 사실이다. 그럼에도 오늘날 슈미트의 제안을 재조명할 수 있는 배경에는 무엇보다 사회주의권의 몰락과 냉전의 종식 이후 동아시아를 둘러싼 국제환경의 격변에 있다. 전 지구화의 확산은 자족적 독립체로서의 근대 국민국가 체제의 쇠퇴로 이어지고 있고, 이를 계기로 국제관계를 지역 집단이 중심이 되는 다극적 세계질서로 만듦으로써 미국이 지배하는 일방주의적 헤게모니에 대한 대안이 열리고 있다. 슈미트의 공간이론은 전 지구를 하나의 이념과 가치 아래 획일화시키고자 하는 보편주의에 대한 저항이라는 의도에 바탕하고 있으며, 그의 의식의 저변에는 전통적 서구세계의 쇠퇴에 대한 우려가 깔려있었다.

물론 슈미트의 이론은 그 자신의 삶의 행적과 함께 지속적으로 국제

---

5) 슈미트가 1933년 이전까지 주로 헌법학과 관련된 글들을 작성한 것은 사실이나, 그럼에도 그가 1차 세계대전의 패배 이후 지속적으로 드러낸 관심은 전후 독일이 국제법적 속박으로부터 벗어날 수 있는 새로운 국제관계의 구성과 국제법 질서의 수립이었다고 할 수 있다. 그의 새로운 국제법적 질서에 대한 관심은 1945년 이후에도 지속된다.

적 비판의 대상이 되어 왔으며, 그 점에 있어서는 그가 살아 있을 때나 지금이나 달라진 바는 없다.[6] 본 글이 슈미트 이론의 정당성을 강조하기 위해 작성된 것도 아니며, 또한 슈미트에 기대어 새롭게 동아시아 '광역'을 구축할 방법론을 제안할 역량이 필자에게 있는 것도 아니다. 그보다는 그의 이론이 세계 정치질서 사이에서 갈등의 중재 역할을 할 가능성은 없는지, 미국이라는 단극적 세계체제를 넘어 복수의 중심들을 갖는 다원적 세계를 구성할 가능성 여부를 확인해보고자 한다. 국가들이 모여 연합체를 구성하고 지역적 파워블록을 형성해 국제관계에서 적극적 행위자 역할을 할 수 있다면, 그의 광역 개념을 아시아에 적용시켜볼 가능성도 있지 않겠는가라는 문제의식인 것이다.

본 글에서는 우선 슈미트가 명확하게 의미를 밝힌바 있는 지역주의적 공간이론의 구체적 내용과 구성 및 이론의 성립배경을 확인하고, 이론이 갖는 의미를 역사적으로 측정해볼 것이다. 슈미트가 제안했던 당시의 역사적 배경을 무시하고 오늘의 상황에 그의 이론을 대입하고자 한다면 맥락에 맞지 않을 수밖에 없을 것이다. 따라서 먼저 슈미트의 문제제기를 당대의 역사적 배경에서 확인하는 작업에서 시작할 것이며, 이를 바탕으로 그의 이론이 오늘날 동아시아 지역에 적용 가능한 틀로 작동될 수 있는지에 대해 비판적으로 점검하고자 한다.

---

6) 샹탈 무페나 하버마스 등 좌파 지식인의 슈미트에 대한 (부분적) 인정에 대해서는 J. Habermas, "Hat die Konstitutionaliserung des Völkerrechts noch eine Chance?", *Der gespaltene Westen,* Ff/M, 2004, pp. 113~193. 하버마스는 슈미트 광역이론의 현대화된 버전이 칸트적 코스모폴리탄 질서의 중재자적 단계를 구성할 수 있다고 보면서, 다양한 지역으로 구성된 광역들이 바람직한 세계질서로 나아가는 기회를 제공할 수 있다고 본다. 그밖에도 샹탈 무페, 『민주주의의 역설』, 인간사랑, 2006; 샹탈 무페, 『정치적인 것의 귀환』, 후마니타스, 2007; Slavoj Zizek, "Carl Schmitt in the Age of Post-Politics", Chantal Mouffe (ed.), *The Challenge of Carl Schmitt,* London, 1999 참조.

동기야 어디에 있던 1940년대 나치에 협력했던 한 법학자가 제기했던 문제제기가 오늘날 새롭게 해석하고 적용할 여지가 있다면 굳이 그 삶의 기회주의적 행적을 이유로 그가 구상했던 이론 자체를 배제시킬 필요는 없을 것이다.[7] 현재를 이해하고 새롭게 나아갈 방법에 대한 방향을 얻기 위해 우리는 지나간 사건들 속에서 새로운 인식의 가능성을 탐지한다. 지나놓고 보면 역사에는 언제나 다른 대안이 있었다. 다만 당대에 이를 놓쳤을 뿐이다. 역사에 새로운 물음을 던지고 이를 통해 지금과는 다른 지향의 계기를 찾을 수 있다면, 반세기가 넘게 지난 지금에도 여전히 슈미트의 이론을 탐지해 볼 가치는 있을 것이다.

2. 칼 슈미트의 '광역질서' 개념

1. 광역(Grossraum)

광역이란 문자적으로는 개별국가의 국경을 넘어서는 넓은 공간(large

---

7) 1933년 이전까지 그는, 당대 대다수의 법학자들이 그랬듯이, 슐라이허(Schleicher) 내각을 지지하는 정통 보수주의 진영에 속했을지언정 나치는 아니었다. 그는 1933년 5월 나치에 입당한 후, 1934년에는 히틀러의 '지도자원칙'과 룀(Ernst Röhm) 암살사건을 정당화하는 일련의 글들을 통해 당(NSDAP)에 자신의 존재를 지속적으로 알린다. 그러나 당 관료들의 견제로 호응을 얻지 못했으며 1936년이면 나치 주류의 이론가들로부터 완전히 축출되어 당직 또한 박탈되고 다른 대외활동 없이 오직 대학에서 학문적 작업에만 집중한다. 히틀러 노선에 대한 초기의 절대적 추종은 그의 기회주의적 면모를 분명하게 보여준다. 그의 국제법이론 및 공간이론은 베르너 베스트(Werner Best) 등 당의 공식적 법학자들에 의해 거부되었지만, 그는 1945년까지 당에서 탈퇴하지 않았다. 베스트나 라인하르트 횐(Reinhard Höhn) 등 NSDAP 주류 이론가들의 슈미트 광역이론에 대한 비판은 Ulrich Herbert, *Best. Biographische Studien über Radikalismus, Weltanschauung und Vernunft 1903-1989*, Bonn, 1996, pp. 271~298 참조.

/greater space)을 의미하지만, 1차 세계대전 이후 일반적으로 통용되면서, 단일국가의 영토 경계를 넘어, 훨씬 큰 단위에서 공간 질서에 영향력을 미칠 수 있는 지정학적 공간을 의미하게 된다.[8] 1939년 4월 1일, 독일이 체코의 프라하를 향한 진격을 시작한 두 주일 후, 슈미트는 킬 대학의 〈정치 및 국제법 연구소〉가 주최하는 한 학술회의에서 "국제법상의 광역원칙들: 역외 세력의 개입금지"라는 글을 통해 자신의 광역질서 개념을 처음으로 상세하게 제시한다.[9]

먼저 슈미트는 'Jus Publicum Europaeum'(유럽공법) 체제, 즉 공간적으로는 1492년 아메리카 대륙의 발견 이후, 국제법상으로는 1648년 베스트팔렌 조약의 체결 이후 형성되고 1차 세계대전까지 유지되어 왔던 세계가 이제 사라지려 함을 지적한다. 그에 따르면 유럽중심주의적 의식과 함께 'Jus Publicum Europaeum'은 1890년경부터 쇄락하기 시작하는데, 이에 따라 국제법 또한 구체적 공간으로부터 격리된 보편주의로 화하기 시작한다는 것이다.[10] 슈미트의 유럽 비전은 지정학적 개념일 뿐 아니라 국가 중심의 경계개념이 유지해 온 독점적 지위를 극복해내

8) 광역이라는 단어가 역사적으로 구체적 의미를 획득한 것은 1차 세계대전 이후로서, Weltgebiete(세계지역), Kontinentalblöcke(대륙블록), Einflusssphären(영향권), Interessensphären(이익권)과 같이 1920년대 이후 지구적 차원을 갖는 다양한 지정학적 주체에 의해 변환되면서 표현되었다. Carl Schmitt, "Völkerrechtliche Grossraumordnung mit Interventionsverbot für raumfremde Mächte", *Staat, Grossraum, Nomos*, Berlin, 1995, pp. 270~271. Carl Schmitt, *Nomos der Erde im Völkerrecht des Jus Publicum Europaeum*, Berlin, 1950, p. 207.

9) Carl Schmitt, "Völkerrechtliche Grossraumordnung mit Interventionsverbot für raumfremde Mächte." 1939년 4월 1일 강연. 이 논문은 1939년 4월, 즉 히틀러의 폴란드 침공을 바로 앞둔 시점에서 처음 출간되었고, 1942년까지 조금씩 판을 달리하며 4판이 발간된다.

10) Carl Schmitt, "Die Auflösung der europäischen Ordnung im International Law 1890-1939"(1940), *Staat, Grossraum, Nomos*, p. 372.

고, 법리나 국제법상 제국(Reich)을 법적 사고의 중심에 놓음으로써 국제법 개념의 혁신을 꾀하고자 하는 시도였다. 즉 당대의 앵글로-색슨 중심적이고 제국주의적(imperialistic) 국제법적 질서를 개조해 전통적 국가 중심의 국제질서가 아닌 다극적 국제질서를 구성하는 것이 슈미트가 그리는 새로운 세계질서의 전망이었다. 그가 상실을 아쉬워했던 유럽공법체제 하에서의 세계는 지정학적 다중심 체계였으며, 독립적 주권을 갖는 유럽 내 국가들 간의 동등한 권리를 바탕으로 한 법적 규범체제였고, 근대적 국제법의 준칙과 적용을 통해 국가 상호간의 무정부주의적 충돌의 위험으로부터 벗어날 수 있었던 체계였다. 이들 합법적 국가들 사이에서 벌어지는 합의된 법적 규약에 따라 수행되는 모든 전쟁은 합법이었고 그것이야 말로 '정치적인 것'의 본질이었다. 국제사회에서 악을 응징하는 정의로운 전쟁이란 존재하지 않는다. 이러한 슈미트의 사고와 달리 1919년 이후의 세계는 전쟁책임과 전쟁범죄 같은 개념을 국제법으로 정식화했고, 국가 간에 벌어지는 정치를 도덕화하고 법률화한 것이다. 이는 정치적인 것의 본질, 즉 적에 맞서 전쟁을 선포할 수 있는 국가의 주권적 결정을 부인하고 거세하는 것이었다. 이에 반해 유럽공법체제가 지배하던 세계는 슈미트로서는 되돌아가고 싶은 이상적 시대였지만, 자신의 외부에 식민지적 공간을 가짐으로써만 가능했던 세계였고, 식민지배의 유지를 통해서만 지속 가능한 세계였다. 그것은 유럽 속에서, 유럽만을 위한 전쟁 억제 시스템에 지나지 않았다. 그가 보기에 이제 세계는 패권국가들 간의 무제한적 각축으로 향하는 국제법상의 전개를 예고하고 있었다.

이러한 공간질서의 세계사적 변화라는 환경 속에서도 1920년대 이후 전개되는 독일의 현실은 여전히 베르사이유 체제와 제네바 국제연맹의 틀에 묶여 있었으며, 변화하는 세계의 새로운 공간질서를 따라가지 못하고 있었다. 즉 독일의 자율성을 넓힐 지정학적 질서를 모색하던 슈미트에게 광역은 기존의 국제법적 질서를 흔들 수 있는 새로운 공간질서(Raumordnung)였다. 그의 공간질서란 분명 유럽중심적 사고의 결정물이지만, 동시에 유럽 근대가 제공했던 민족주의적 모순에 대한 저항의 성격을 띠고 있으며, 영미 세력, 나아가 소련과 같이 기꺼이 전지구적 헤게몬이 되고자 하는 세력이 이룩한 근대적 시공간 구조의 자명성에 대한 저항의 성격을 갖고 있다. 여기에서 새로운 공간질서가 생겨날 여지가 만들어지게 된다. 즉 광역이란 "새로운 지구적 지역주의의 영토적 단위이자, 나치의 '새로운 국제질서'의 중심적인 법적 범주로서 … 서로 공존하는 다수의 광역들을 기반으로 하는 넓은 범위의 영토적 공간 내지 거대 지역"이라고 슈미트는 설명한다.[11] 또 그는 "광역이란 오늘날의 포괄적인 발전경향으로부터 생겨난 인간의 계획, 조직, 행위의 영역이다. 우리에게 광역은 무엇보다 서로 연관을 맺고 있는 활동공간이다"[12]라고 설명한다.

그의 광역 개념의 핵심적 원칙은 역외세력의 개입 금지다. 광역의 영토상의 경계는 분명히 그어지지만, 내적으로 통합된 지역적 공간을 지니며, 단지 형식적이고 추상적인 법적 개념이 아닌, 역사 · 정치 · 현실적 이념에 기반해 자발적으로 형성된 개별 국가들의 연합이다. 광역 안에서 작은 국가들은 그들 자신의 고유한 영토적 경계를 갖고, 주권을 보장받으며 외부지역의 개입으로부터 자유로운 것을 목표로 한다. 획정된 경계 안에서 지도적 세력에 의해 지역안전이 보장되도록 작동하는 체제인 것이다. 슈미트는 서구적 자유주의와 이에 기반한 코스모폴

---

11) Carl Schmitt, "Völkerrechtliche Grossraumordnung mit Interventionsverbot für raumfremde Mächte", pp. 270~271.

12) 앞의 책, p. 272.

리탄이즘을 가짜 보편주의로 간주하면서, 지역주의에 바탕한 지리적인 영토-기반을 옹호하는 배타주의적 입장을 취한다. "각 광역은 특별한 정치적 이념을 공유하는 지도세력과 이 광역 안에서 외부권력의 간섭을 배제시키려 하는 세력"으로 구성되어 있다.[13] 모든 광역은 지역의 지도적 세력(Protektorat/superpower)의 리더십을 받아들이는 한에서 작동되며, 이 지도적 세력은 전체 지역의 안정과 발전에 보다 일반적 책임을 갖는다. 하지만 '광역'은 필연적으로 경계가 확대되고 다른 광역과 균형이 이루어져야만 한다. 즉 20세기의 새로운 공간질서는 "자기와 병존하는 다른 광역들을 승인하는, 한정 가능한 광역들로 이행할 것이냐 아니면 기존 국제법의 전쟁을 전 지구적인 세계적 내전으로 바꿀 것이냐 하는 양자택일의 강제를 포함한다."[14]

슈미트가 광역과 함께 제시하는 개념은 'Reich'(제국)이다. 그에 따르면 Reich란 정치적 이념을 갖고 특정 광역을 포괄하는 지배적 세력으로서, 주도적이면서 지속적 권력이다. Reich는 국가와 같은 몸체를 갖고 있으며, 높은 수준에서의 지역적 행정집행권을 제공할 수 있는, 어느 면에서는 거버넌스나 행정부에 해당한다. 이는 Imperium과는 다른 개념으로써, 그는 Reich를 단일 국가와 광역 사이에 있는 중재적 정권으로 설명한다. 슈미트는, "광역 개념이 Reich 개념에 속하기는 하지만, 이 둘은 동일한 것이 아닌데, 왜냐하면 광역 안에 있는 모든 나라나 국민들이 Reich의 일부는 아니기 때문"이라는 것이다. 그에 따르면 서구 국가들이 주장하는 인종적 동화나 볼셰비키가 주장하는 혁명 모두 보편주의적 주장으로서 독일 제국이 막아내야 할 대상인데, 왜냐하면 이

---

13) Carl Schmitt, "Grossraum gegen Universalism" (1939), *Positionen und Begriffe im Kampf mit Weimar - Genf - Versailles: 1923-1939*, Berlin, 1988.

14) Carl Schmitt, *Nomos der Erde*, p. 271.

둘이 모두 민족 존중의 원칙을 기반으로 한 종족적 생활양식을 말살하고자 하기 때문이다. 슈미트는 자신의 Reich 개념이 Imperium과 무엇이 다르냐는 물음을 의식한듯 다음과 같이 Reich와 Imperium의 차이, 독일 Reich만의 특성을 설명한다.

> "Reich와 Imperium은 같은 의미가 아니며, 내면적으로는 서로 비교할 수 없다. Imperium이 종종 보편적이고 세계와 인간을 포괄하는, 즉 초민족적 구조의 의미라면, 우리 독일 Reich는 핵심에서 민족적으로 규정되면서 이런 민족성에 대한 존중을 바탕으로 한 비보편적 법적 질서이다."[15)]

즉 제국주의가 식민화와 팽창주의에 물든 개념이라면, Reich는 이런 특징들로부터 자유롭다는 것이다. 슈미트의 의도는 중부유럽에서의 독일의 절대적 권한을 확보해야만 하는 것이었고, 이는 히틀러가 의도하는 동부유럽에서의 생존공간(Lebensraum) 확보를 위한 침공 의도와 일치했다. 하지만 슈미트의 광역개념과 히틀러의 생존공간 개념 사이에는 차이가 있다. 생존공간 개념은 이미 히틀러의 1933년 집권 이전부터, 즉 전통적 독일 지정학 속에 존재해왔던 독일적 팽창정책의 일환으로 만들어진 개념이며, 그 구조 속에서 유럽은 전적으로 지배세력으로서의 독일민족과 타 민족에 대한 배제와 복종이라는 명확한 위계질서로 구성된 유럽이었다.[16)]

---

15) Carl Schmitt, "Völkerrechtliche Grossraumordnung mit Interventionsverbot für raumfremde Mächte", p. 296f.

16) 신종훈, 「나치정부의 유럽 프로파간다, 1939~1945」, 『독일연구』 41호, 08, 2019, 75~100쪽. 생존공간과 관련해서는 이진일, 「생존공간(Lebensraum)과 대동아공영권 담론의 상호전이: 칼 하우스호퍼의 지정학적 일본관을 중심으로」, 『독일연구』 29호, 06, 2015, 199~240쪽 참조.

3. 지구의 노모스(Nomos der Erde)

바이마르 시대 슈미트의 주된 관심사가 주권개념과 법치국가 이론이었다면, 1930년대 후반부터 그는 자신의 광역이론을 보다 구체화시켜 나간다. 전쟁과 전후 재판이 모두 끝나고 대학에서도 물러나 고향인 플레텐베르크(Plettenberg)에 칩거하면서, 그는 이미 1942년부터 작성했던 공간이론의 결정판이라고도 할 〈유럽공법에서 국제법상의 지구의 노모스〉를 출간한다.[17] 노모스(Nomos)란 슈미트가 명명한 공간설정에 관한 기본적인 질서체계를 의미한다. 그는 이 책에서 노모스라는 단어는 "모든 규준의 기초가 되는 최초의 측량, 최초의 공간분할과 분배로서의 최초의 육지취득, 원초적 분할과 원초적 분배에 해당하는 그리스어"에서 시작했지만, 세계사가 아직 종료되거나 고착되지 않고 여전히 열려 움직이는 한, 항상 세계사적 사건 속에서 새로운 노모스가 생겨나게 된다면서, 자신은 노모스를 "모든 역사적 시기에 가장 중요한, 공간을 분할하는 기본과정을 의미하며, 오늘날까지 과학적으로 측정된 지구라는 행성에서 여러 민족들이 함께 살 수 있게끔 구조를 결정할 질서와 위상(Ordnung und Ortung)이 같이 만나는 것"이라는 의미로 사용하고 있다고 정리한다.[18] 왜냐하면 새로운 공간상의 분할, 지구

---

17) 1945년 그는 나치 전범재판에서 '기소 가능자'로 분류되어 한 달 반 정도 구금된 채 심문을 받았으나 무혐의로 풀려난다. 그는 자신이 현실과 무관한 학문적 작업을 했을 뿐임을 거듭 주장했다. 조사 과정에서 유일하게 전해지는 나치 과거와 관련된 슈미트 자신의 언급은 다음과 같다. 켐프너(Kempner, 심문관): "당신은 1933/34년 〈지도자가 법을 보호한다〉("Der Führer schützt das Recht!", Deutsche Juristen-Zeitung 1934.8.1.)와 같은 글을 당신이 쓴 것에 대해 부끄러운가?" 슈미트: "오늘날은 물론이다. 나는 우리가 당시 겪었던 수치를 다시 휘저어 흔드는 것은 옳지 않다고 생각한다." 켐프너: "내가 휘저어 흔들려는 것이 아니다." 슈미트: "이건 분명히 역겨운(schauerlich) 행동이다. 그 일에 대해 어떤 할 말도 없다." Paul Noack, *Carl Schmitt, Eine Biographie,* Berlin, 1993, p. 209 재인용.

에 대한 새로운 보호와 공간질서들이 모든 새 시대, 새로운 전환기에는 제 국가와 국민들에게 기본이 되기 때문이라는 것이다. 이처럼 노모스는 지구라는 공간적 질서, 그중에서도 영토획득을 구성하는 행위에 토대를 둔 용어로서, 그 본래적 의미에서 "법률(Gesetze)에 매개되지 않으면서 법적 효력을 갖는 온전한 직접성(Unmittelbarkeit)"을 갖는다고 설명한다.[19]

대항해 시대 이후 19세기 말까지 지구의 노모스는 유럽공법이라는 국제법(Völkerrecht)의 범위 안에 있었다.[20] 이는 중세적 세계와도 달랐고, 오늘날의 자유주의적 자본주의 세계와도 달랐다. 근대적 국제법 개념은 16세기 유럽에 주권국가들이 등장하면서 처음 나타나는 사고로서, 'Nomos der Ede'와 'jus publicum Europaeum'가 상호 결합된 개념이다. 즉 노모스는 중세적 만민법과 무제약적 국가주권을 극복하고서야 비로서 국제법과 결합할 수 있었다. 유럽인들의 개념에 드러나는 국제법상의 공간적 특징은 영토개념 안에 있는 유럽 국가와, 탐험과 정복이 자유로운 비유럽 국가라는 이분법적 사고에 바탕하고 있었다. 즉 전혀 국제법 논의에서 동등한 대상이 아니었던 아시아까지 끼어들면서 유럽 국제법이 보편적 국제법으로 화하게 되었다는 것이다.

"새로운 문제의 핵심은 공간적 개념을 가지고 있지 않는 보편적인 하나

---

18) Carl Schmitt, *Der Nomos der Erde im Völkerrecht des Jus Publicum Europaeum,* p. 36, p. 48.

19) 앞의 글, p. 42.

20) 일반적으로 'Völkerrecht'를 'International law'와 동일시하고, 우리말로도 양자를 모두 '국제법'으로 옮기지만, 슈미트가 'Völkerrecht'를 쓸 때에는 반듯이 'International law'와 동일한 의미로 쓰지는 않았고, 글자 그대로 '여러 국민들 간에 통용되는 법'과 같은 의미로 사용하였다. 그런 의미에서 'Völkerrecht'와 'International law'는 단어의 뉘앙스에서 차이가 난다고 할 수 있다.

의 국제법 대신 여러 광역들에 따른 다양한 국제법들이 등장했다는데 있다. 이와 더불어 새로운 공간질서라는 커다란 문제가 서방과 아메리카 대륙으로부터 예고되었다. … 물론 1880년대와 1890년대부터 국제법의 공동체 안에 아시아 국가들도 등장하기 시작하기는 하였지만, 그때만 하더라도 아시아적 국제법(Asiatische Völkerrecht)이라는 말의 성립 가능성은 아직 말도 안되는 얘기였다. 그러나 적어도 라틴아메리카 국가들 사이에서 광역적이며, 자신들 대륙에만 특별히 적용되는 국제법에 대한 사고가 생겨나기 시작하면서, 그리고 1910년 위에서 언급했던 알레한드로 알바레츠가 국제아메리카대륙법(Le droit international Americain)을 저술하면서 저들 아시아 국가들도 덩달아 그 어떤 문제의식 없이 모든 면에서 전적으로 유럽중심주의적인 국제법 안으로 미끄러져 들어왔다. 이러한 방식으로 (유럽의) 국제법은 (대륙 간의) 아무런 차이가 없는 보편적 국제법으로 구성되게 된 것이다."[21]

보편적 국제법으로 기능했던 유럽공법이 어느 순간 더 이상 유럽 내에서 작동하지 않게 되었고, 특히 신세계나 유럽외부지역에서 적용되지 못하게 되자 그는 '노모스'라는 개념을 만들어 공간의 소유, 분할 그리고 통치에 관한 일종의 공간혁명을 시도한 것이다.

4. 먼로독트린(Monroe-Doctrine)

유럽을 중심으로 한 지구적 공간질서가 19세기 말 그 역할을 상실하면서 세계는 새로운 공간질서 속으로 들어가게 되는데, 이러한 공간적 차원을 이끌어낸 결정적 요인을 슈미트는 미국의 먼로독트린과, 이와 결합된 서반구라는 공간의 탄생에서 찾는다. 즉 독일과 일본이 시도하

---

21) Carl Schmitt, *Nomos der Erde*, pp. 203~204.

는 이 새로운 질서의 공식적 국제법상의 역사는 1823년 12월 소위 먼로 독트린의 공표로 시작되었다는 것이다.

> "1823년 먼로독트린의 의미는 일반적으로 외부세력의 개입금지에 따른 광역의 창출에 기반하고 있으며, 또한 이것은 넓은 유럽 식민지 영역들 중 첫 번째 폐쇄에 해당하는 것이다. 이를 통해 비유럽 지역 첫 번째 제국이 생겨났다."[22]

미국은 지구를 동서로 나누는 경계선(hemisphere)과 함께 지구상에서 더 이상 유럽중심적이 아닌, 반대로 옛 유럽에 문제를 제기하는 지구적 경계를 대립시켰다. "자유롭고 독립적인 아메리카 대륙이 이제부터는 유럽권력에 의한 미래의 식민화를 위한 신민들로 간주될 수 없다"는 의미의 먼로독트린은 유럽식민주의에 반대하는 방어적 조치로서 제기되었지만 동시에 유럽의 침공에 대항해 남북아메리카 모두를 자신의 지배권 아래 두고자 하는 반제국주의적 제국주의 선언이기도 하다. 슈미트는 미국의 권한을 인정함으로써 유럽 내 주권 국가의 영토를 넘어선 새로운 광역질서의 탄생을 정당화한 것이다.

> "반구(hemisphere)라는 표현은, 의도적이건 의도적이지 않건 자유체제로서의 서반구 정치 시스템과 관련 있는 것으로서, 이는 당시 유럽의 절대왕정이라는 정치 체제에 대한 대립물로 세운 것이며, 이후 먼로독트린과 서반구는 한 짝을 이루게 된다. 이 양자는 미국이 특별한 이해를 갖는 영역을 표현하다. 이를 통해 국경을 훨씬 뛰어넘는 공간, 즉 단어의 국제법적 의미에서 광역을 나타낸다. 전통적인 미국의 국제법 이론에서는 이를 자기방어 지역이라고 법률적으로 설정하고 있다. 세계적으로 모든 진정한 제국은, 그처럼 국가의 경계를 뛰어넘는 범위를 자신의 공간주권(Raumhoheit)

---

[22] Carl Schmitt, *Völkerrechtliche Grossraum*, p. 313.

이 적용되는 자신의 권리로 주장해왔다."[23]

그러나 슈미트가 보기에 이러한 먼로주의 원칙은 먼로의 미국 후계자들과 여타 제국주의자들에 의해 점점 이상한 방식으로 왜곡되어 받아들여졌고, 그럼으로써 먼로주의를 둘러싼 격렬한 정신적 투쟁이 시작된 것이다.

> "테오도르 루즈벨트, 우드로우 윌슨과 현재 대통령 프랭클린 루즈벨트는 아메리카만의 특별한 공간사고로부터 초국가적이고, 국민들 위에 존재하는 세계이데올로기를 만들어 냄으로써 먼로주의를 앵글로색슨 자본이 세계시장을 지배하게끔 하나의 도구로 이용하도록 시도했다."[24]

슈미트는, 한편으로는 민족자결과 외부의 불간섭 원칙을 옹호하면서 남북아메리카 대륙 전체를 외부 세력이 간섭할 수 없는 온전한 자신들의 배타적 공간으로 선포하는 미국의 이중적 잣대를 비판하지만, 다른 한편으로는 국제법상 그들의 시도가 그렇게 틀린 구상이 아니라고 옹호한다. 슈미트가 보기에 먼로독트린이 금지하고자 하는 것은 타국의 사안에 대한 제3국의 개입금지라는 일반적 성격이 아니라, 단지 아메리카 대륙에 대한 유럽의 개입금지를 의미하는 것일 뿐이었다. 슈미트의 이런 해석은 미국이 유럽 내 독일의 행위에 대해 간섭하는 것을 막기 위한 의도에서였다. 즉 히틀러가 선포한 '동유럽확장정책'(Ostpolitik)의 옹호를 통해 이제 막 시작된 2차 세계대전의 선포와 히틀러 제국의 공간 확대 계획에 정당성을 부여하고자 한 것이다.

---

23) Carl Schmitt, *Nomos der Erde*, p. 256.

24) Carl Schmitt, "Grossraum gegen Universalismus. Der völkerrechtliche Kampf um die Monroedoktrin", p. 337.

슈미트는 자신의 의도가 광역원칙들을 통해 "하나의 '독일판 먼로독트린'을 제안하는 것이 아니며, 단지 원래 먼로가 의도했던 메시지의 핵심적 사고는 하나의 질서가 지배하는 광역 내에서 역외 세력의 개입이 갖는 국제법상의 부적절성이라는, 근거 있는 사고였음을 분명히 밝히고자 하는 것"이라고 해명한다.[25] 오히려 히틀러는 직접적으로 광역들 간의 평화로운 경계짓기(Abgrenzung)에 대한 생각을 제기하였으며, 혼돈을 제거하였고, 이를 통해 먼로독트린을 둘러싼 경제적 제국주의 또한 제거했다는 것이다.[26] 그러면서 슈미트는 소위 호스바흐(Hossbach) 프로토콜(1937년 11월 5일)로 불리는, 히틀러의 무력을 동원한 동유럽 점령의 필요성에 관한 선포에 대해 다음과 같이 변호한다.

> "종족이 서로 다르지 않은 여러 민족과 민족집단들이—유대인을 제외한다면— 살고 있는 중부유럽과 동부유럽 공간을 위해 생겨난 정치적 이념은 국제법상의 광역원칙이라는 특별한 의미를 갖는다. 이는 전혀 '독일판 먼로독트린'이 아닌, 오늘날 독일 제국과 동유럽 공간의 정치적, 역사적 상황에 해당하는 국제법상의 공간질서사고의 적용을 의미한다. 바로 이러한 사고 위에 1823년 미국의 먼로 대통령이 선포했던 교훈의 정당한 성과도 기반했던 것이며, 보편적-제국주의적 왜곡들로부터 보호되고, 역외 세력의 개입으로부터 실질적 방어역할을 하는 국제법상의 광역원칙으로 남게 되는 것도 바로 이 공간질서 사고에 기반한 것이다."[27]

요컨데 슈미트의 광역이론 구상은 1차 세계대전을 통한 독일의 패전

---

25) Carl Schmitt, *Völkerrechtliche Grossraum*, p. 283.

26) Carl Schmitt, "Grossraum gegen Universalismus. Der völkerrechtliche Kampf um die Monroedoktrin"; Carl Schmitt, "Der völkerrechtliche Kampf um die Monroedoktrin", *Positionen und Begriff im Kampf mit Weimar, Genf, Versailles 1923-1939*, Hamburg, 1940.

27) Carl Schmitt, *Völkerrechtliche Grossraum*, pp. 294~295.

상황이 맞은 위기에 기원하는 것으로서, 베르사이유 조약과 국제연맹 등을 통한 세계질서의 변동에 맞서 독일의 영향력을 유럽 내에서 부활시키고, 2차 세계대전이 끝난 이후의 유럽을 미국의 간섭으로부터 절연시키고자 하는 현실적 과제와 직접 관련되어 있다. 이 싸움은 그가 보기에는 전 지구라는 전쟁터에서 보편적 이데올로기에 대항해 역외 세력의 개입을 금지하는 기본법으로 맞서면서 공간질서를 세우고자 하는 싸움이었다. 그리고 그 끝에는 역 내 여러 민족의 복속이 요구되는 독일민족의 지도가 있었다.[28)]

슈미트는 동아시아에서 일본에 의해 진행되고 있는 대동아공영권에 대해서도 '동아시아의 새 질서'라고 표현한다. 제1차 세계대전이 끝나고 난 이후 중국에서는 먼로주의가 무엇보다 '문호개방'의 원칙과 일본의 정치적 요구에 대항하는 자유로운 자본주의적 경쟁을 그 내용으로 해야 한다는 방식으로 적용되었음을 지적하는 것이다. 즉 미국의 먼로 독트린은 현대적인 자유-자본주의적 제국주의의 기본원칙이나 방법론과는 처음부터 어떤 관계도 없었으며, 경제적 제국주의가 먼로주의의 합리적인 공간한정사상(Raumabgrenzungsgedanken)을 이데올로기에 기반한 세계개입추구(Welteinmischungsanspruch)로 왜곡함으로써 먼로주의의 진의를 모호하게 만들었다는 것이다.[29)] 그렇다고 슈미트가 서유럽의 지배 종속구조에 대한 부정이나 극복, 제3세계와의 연대와 같은 문제의식을 갖고 있었던 것은 아니었다. 그에게서 목표는 앵글로색슨으로 대표되는, 혹은 전후 미국으로 대표되는 지배와 그들 문화의 보편주의적 성격에 대한 거부, 이에 대한 극복의 의지가 있었을 뿐이다.

---

28) Carl Schmitt, "Grossraum gegen Universalismus. Der völkerrechtliche Kampf um die Monroedoktrin", p. 343.

29) 같은 쪽.

그럼에도 우리는 광역이라는 개념에서 자본주의적 전 지구화를 통해 만들어지는 공간축소와 단일문화화의 경향에 대한 억제의 계기들을 발견할 수 있다.

5. 동질성(Homogenität)의 문제

그렇다면 하나의 정치공동체를 묶어내는 구성원 간에 필요한 유대의 기반은 무엇이며, 내적 결속력은 어디에서 생겨나는가? 슈미트에게서 광역을 이룬 국가들이 모여 연방을 이루기 위한 최소한의 조건은 동질성이다. 이는 다른 국가들과 유사한 문화적 전통이나 자유주의, 민주주의, 사회민주주의 같은 유사한 정치적 이념지향을 갖는 동질성이며, 역내 구성원들의 평등을 보장하는 동질성이지만, 동시에 공동체 밖의 타자에 대한 배제의 동질성이기도 하다. 이는 법 이전에 존재하는 질서이다. 광역끼리는 상호 비개입원칙에 의해 지배되지만, 광역 내 관계망은 구성 국가와 민족들 간의 상호 존중에 기반한 구조이다.[30] 하지만 이러한 관계가 현실에서는 전적으로 평화적으로 진행될 수는 없었으며, 현실정치에서의 힘의 불균형을 반영할 수밖에 없었다.

그는 이미 1928년 헌법론(Verfassungslehre)에서 모든 연방은 하나의 중대한 전제 위에 서 있는데, 즉 모든 연방구성원의 동질싱을 전제로 함을 분명히 밝힌 바 있다.[31] 그에 따르면 동질성이란 "원천적으로 동

30) Carl Schmitt, "Völkerrechtliche Grossraumprinzipien." 전 후 그는 자신의 광역이론에 대해 다시 언급하거나 새로운 글을 발표하지는 않았다. 하지만 그는 1950년 국제법과 관련된 자신의 글들을 모아 〈*Nomos der Erde*〉 를 출간하며, 이 작업을 통해 자신의 사고가 전후에도 바뀜이 없었음을 분명히 하였다.

31) Carl Schmitt, *Verfassungslehre*, Berlin, 1928, pp. 375~376.

일한 종(substanzielle Gleichartigkeit)의 상태"를 의미하는 것으로서, 이것이야말로 구성 국가들의 존재론적 동의에 바탕이 되는 구체적 조건이며 전제라는 것이다.[32] 그렇다면 그 동질성은 무엇으로 구성되는가? 그는 "종교, 인종, 문화, 언어와 민족적 유산의 살아있는 힘을 바탕으로" 생겨난다고 설명한다.[33] 이러한 민족적 동질성을 위협하는 것은 바로 의회민주주의이다. 슈미트에게 지난 1920년대 바이마르 공화국에 대한 경험은 지극히 부정적이었다. 그는 바이마르 공화국의 의회주의를 통일을 만들기에 실패한 "잡다하게 합쳐진 구성체"로 표현한 바 있다.[34] 이러한 이질적 혼성물들이 민주주의와 평등을 위협하는 요소들인 것이다. 개인을 중심으로 하는 도덕적 담론으로서의 자유주의적 개인주의와 본질적으로 정치적이며 동질성에 기초한 정체성을 창조하는 것을 목표로 삼는 민주주의적 이상 사이에는 극복할 수 없는 대립이 존재한다고 슈미트는 지적한다. 자유주의는 민주주의를 부정하고, 민주주의는 자유주의를 부정하며, 의회민주주의는 민주주의와 자유주의 양자의 표출로 만들어져 있기 때문에 결국 살아남을 수 없는 체제라는 것이다.[35]

그에게서 의회란 민주주의와는 별 상관없는 자유주의적 기관으로서, 의회주의가 상징하는 다원주의는 동질성에 바탕하고 있지 않기 때문에 진정한 민주주의를 이룰 수 없다. 그래서 필요하다면 공동체 내 이질적 요소들은 배제 또는 제거해야 할 대상이며 이를 통해 민주주의가

---

32) 앞의 글, p. 376.

33) Carl Schmitt, "Die Ordnung der Welt nach dem 2. Weltkrieg", *Staat, Grossraum, Nomos,* Berlin 1995, p. 608.

34) Carl Schmitt, "Der Gegensatz von Parlamentarismus und moderner Massendemokratie", 1926, *Positionen und Begriffe.*

35) 샹탈 무페, 『민주주의의 역설』, 66쪽. 슈미트의 의회민주주의 비판에서 오늘날 서구의 비판적 지식인들은 민주주의 체제 자체의 한계를 확인한다.

강화된다는 것이 그의 논리이다.[36] 슈미트의 생각이 반민주주의적 배제의 논리를 포함하는 것은 바로 이 부분이다. 그에게서 동질성은 오직 정체성의 양태로만 존재하기 때문에 민주적 정치공동체의 정체성이 '우리'와 '그들'을 가로지르는 경계를 형성할 때, 민주주의는 언제나 포괄-배제의 관계를 수반하게 된다. 이러한 사고에 따르자면 민주적 공동체 안에서 다원주의가 존재할 여지는 없다. 민주주의가 동질적 인민의 존재만을 요구한다면, 이것은 다원주의의 여하한 가능성도 배제하기 때문이다. 슈미트의 견해에 따르자면, 이것이 자유주의적 다원주의와 민주주의 사이에 극복할 수 없는 모순이 존재하는 이유이다. 그에게 유일하게 가능하고 정당한 다원주의는 국가들 사이의 다원주의이다.[37]

6. 동아시아 '지역'

앞에서 지적했던 대로 슈미트의 광역질서이론은, 멀리는 16세기 유럽의 해양세력이 이룬 공간혁명과 함께 시작된 해양세력과 대륙세력

36) Carl Schmitt, *Die geistesgeschichtliche Lage des heutigen Parlamentarismus,* Berlin, 1923, 2판 서문, p. 9. 이처럼 한 정치적 공동체 내에서의 동질성의 중요성에 대한 주장은 당대 독일의 헌법학자 켈젠(Hans Kelsen, 1881~1973)도 주장한바 있지만 뉘앙스는 다르다. 슈미트에게서는 그것이 절대적 조건이었음에 반해 켈젠에게서는 민주주의를 구성하는 여러 조건들 중 하나일 뿐이다. Volker Neumann, *Carl Schmitt als Jurist,* Tübingen, 2015, pp. 66~67.

37) 샹탈 무페, 『민주주의의 역설』, 84쪽. 이에 대해 아리프 딜릭은 특정지역에 기반해 제국적 체제의 대안을 추구하는 것 자체가 지구화의 일환이라고 비판하고 있으며, 네그리와 하트는 〈제국〉에서 제국이 강조하는 다원성과 혼종성이 지구적 권력 네트워크로 편성됨으로써 오히려 차이의 정치를 확립한다고 슈미트를 비판한다. 한편으로는 자유주의적 다원주의를 비판하면서, 다른 한편으로는 광역들로 구성될 다원주의를 제안하는 슈미트 이론 안에서의 상충은 이 부분에서 분명하다.

사이의 주도권 다툼을 전 지구적 시각에서 포괄하고 공동의 공간질서를 마련하기 위한 구상이었고, 가깝게는 1차 세계대전 이후 한 독일 헌법학자가 "세계와 어떻게 마주해야 하는지에 대해" 지극히 현실적 문제의식을 갖고 해결하고자 했던 고민의 산물이었다. "모든 거대한 역사적 변화에는 대부분 공간상의 변화와 연결되어 있다. 이것이 정치, 경제, 문화상의 총체적 변화들이 수행하는 사실상의 핵심이다."[38]

1962년 슈미트는 마드리드의 한 강연에서 냉전이 전개되는 세 단계를 제시한다. 첫 단계는 전쟁의 직후, 그러니까 스탈린과 루즈벨트가 힘을 합쳐 공동으로 히틀러를 물리치기 위해 만들어진 단일(monistisch) 냉전적 세계질서였고, 이 단계에서 보여준 단일성은 그저 환영에 불과한 단일성이었다. 두 번째 단계는 이후 전개되는 미/소 양강에 의해 만들어진 이원적(dualistisch) 질서로서 이들의 전략 하에 세계는 두 진영으로 양분된다. 슈미트가 보고 경험한 것은 거기까지였다. 그는 다음과 같은 세 번째 단계를 예상한다.

> "이원주의는 주변적 현상이거나 별 의미 없는 예외로서 미미한 정도에서 어느 블록에도 속하지 않을 자유를 허락할 수 있을 것이다. 그럼에도 이들 블록 바깥의 국가들이 자신들의 수와 의미를 바탕으로 제3의 전선을 형성한다면, 독립적 정치세력을 구성할 수 있고, 그렇게 되면 냉전은 그 세 번째 단계로 들어가게 될 것이다."[39]

슈미트는 2단계에서 3단계로의 변화의 역할을 UN이 해 줄 수 있을

---

38) Carl Schmitt, *Land und Meer,* Stuttgart, 2016, p. 57. 이진일, "해양과 '공간혁명': 칼 슈미트(Carl Schmitt)의 〈땅과 바다〉를 중심으로", 『사림』, 63호, 1 , 2018, 69~103쪽.

39) Carl Schmitt, "Die Ordnung der Welt nach dem 2. Weltkrieg", *Staat, Grossraum, Nomos,* Berlin, 1995, pp. 592~618, p. 602.

지도 모른다고 기대했다. 즉 수많은 아프리카와 아시아의 작은 국가들이 UN에 가입하고 그들이 UN 총회에서 단합하면 미국이나 소련이 용인할 수 있고, 이를 통해 UN의 성격을 바꿀 수 있을 가능성이 있다는 것이다. 그러면서 그는 이 연설의 결론에서 다음과 같이 물음을 제기한다.

> "어떠한 방식으로 냉전의 이원주의가 갖고 있는 대립을 광역들의 다원주의로 풀어낼 것인가? 냉전의 이원주의는 더욱 첨예화 될 것인가, 아니면 일련의 광역들을 구성해 세상에 균형을 만들고 이러한 방식으로 안정적 평화질서를 위한 전제를 만들게 될 것인가? 양 가능성이 모두 열려있다."[40]

그는 전후 냉전의 구조 하에서도 자신의 전전의 광역질서 구상을 변함없이 유지하고 있었다. 그렇다면 오늘날 우리는 EU를 통해 슈미트의 광역질서에 대한 비전의 흔적들을 발견할 수 있는가? 슈미트가 생전에 경험했던 유럽은 아직 EU가 성립되기 전이었고, 하나의 정치적 결사체로서의 모습을 띄기 전이기는 했지만, 그가 보기에 유럽공동체는 그저 종이호랑이에 불과했다. 그는 기술적 발전이 가져다 줄 통합의 가능성에 주목하기는 했지만, 유럽이 미국, 소련, 중국 등에 이어 광역으로서의 기회를 갖게 될 것에 대해 회의적이었고, 이는 기술적 발전이라는 이해관계를 훨씬 넘어서는 일이라고 보았다.[41] 그는 전후 한 인터뷰에서 다음과 같이 전한다.

---

[40] 앞의 글, p. 607.

[41] Andreas Anter, "Die europäische Union als Grossraum. Carl Schmitt und die Aktualität seiner Theorie", Rüdiger Voigt (ed.), *Grossraum-Denken. Carl Schmitts Kategorie der Grossraumordnung*, Stuttgart, 2008, pp. 57~70. 전후 광역체제에 대한 그의 입장의 변화에 대해서는 Carl Schmitt, *Der neue Nomos der Erde*, Carl Schmitt, *Staat, Grossraum, Nomos*, pp. 518ff. 및 Volker Neumann, *Carl Schmitt als Jurist*, pp. 508~509 참조.

"유럽은 하나의 광역이다. 광역의 새로운 개념이다. … 우리는 지금 전환기에 있다. 공업화는 새로운 광역들을 만들었지만, 기계화라는 사고만이 마치 세계의 정치적 통일을 자동적으로 가져다 줄 수 있으리라는 생각은 반드시 막는 것이 필요하다."[42)]

오늘날의 EU는 슈미트가 상정했던 독일 제국 중심의 광역질서와는 그 근본이념에서부터 현저히 다르다. EU가 하나의 제국처럼 위계가 있는 것도 아니며, 지속적인 영역확대를 목표로 하고 있지도 않다. 슈미트의 광역질서가 오늘날 EU를 통해 현실화되었다고 얘기하기는 어려울 것이지만, 유럽문화라는 동질성을 강조하고 지역 공통의 정치적 이상을 공유한다는 의미에서, 또 미국이라는 단일한 자유주의적 보편주의의 지배에 맞서는 대항세력의 한 축을 이루고 있다는 의미에서 슈미트적 다원주의의 부분적 실현으로 받아들일 수는 있을 것이다.

슈미트가 유럽과 북미를 제외한 대륙들이 서구가 만든 국제법적 질서로부터 벗어나고자 하는 움직임을 포착하고 새로운 세계질서를 구상했을 때, 아시아의 새로운 권력으로 지목한 국가는 일본이었다. 동시에 이런 슈미트의 인정을 가장 적극적으로 받아들이고 활용한 국가도 일본이었다. 슈미트는 일본을 새로운 세계질서를 이끄는 권력국가로 평가한다.

"일본이 열강으로 인정받게 된 것은 1894년뿐만 아니라 러-일전쟁이 발발한 1904/05년이 계기가 되었다. 그 이후 두 번의 전쟁을 일본은 승리로 이끌었고, 상호 밀접하고 국제법을 이끄는 권력국가들 속에 일원으로 받아들여졌다. … (일본이) 동아시아의 열강이 됨으로써 아시아로부터 새롭고 더 이상 유럽중심적이지 않은 세계질서로의 전환이 시작되었다."[43)]

---

42) Carl Schmitt, "Die Ordnung der Welt nach dem 2. Weltkrieg", p. 608.

아시아에서 가장 먼저 서구적 국제법을 받아들인 일본은 독일의 지정학, 특히 하우스호퍼(Karl Haushofer)의 'Geopolitk'과 슈미트의 '광역이론'에 기반해 '범 아시아주의'(Pan-Asianism), 혹은 '대동아공영권'으로 표현되는 '지역' 공간 구축을 시도한바 있다. 사카이 데쓰야는 그 '이론적 지주'로 슈미트와 그의 광역국제법을 지목한다.[44] 일본은 자신들의 지배력 아래 아시아권 국가들의 평화와 안전을 보장하고 책임지는 공동체를 구성할 것을 슬로건으로 내세웠다. 하지만 이는 소속 국가들 간의 동등한 권리와 법률을 바탕으로 한 것도, 국제법적 원칙에 바탕한 것도 아닌, 지정학적 책략에 의한 일본판 먼로독트린이었다. 그 과정에서 자신들의 침략과 식민지화를 합리화하기 위해 일본은 아시아의 지역적 동질성을 날조했고, 아시아를 유럽열강으로부터 지킨다는 이념으로서 '동아'(東亞)를 만들어 냈다. '동아'라는 지역이념은 유럽근대를 매개로 삼는 일본제국주의의 부산물이다. 이때 중요한 문제는 그렇게 설정된 지역성 안에서 자신의 위치를 결정해야 하는 곤란함이었다.[45]

오늘날 중국은 100년 전 일본이 그러했던 것처럼, 자신을 전략적으로 재정의해야 하는 곤란한 문제에 부닥치고 있다. 중국의 부흥에 대한 저항은 세계 도처에 있다. 하버드 대학의 역사학자 니얼 퍼거슨(Niall Ferguson)은 이러한 중국의 대두가 도덕적이지 않다는 우려를 표명한다.

> "아프리카의 주요 투자자로 중국이 새롭게 부상한 것 또한 이 문제를 해

---

43) Carl Schmitt, *Der neue Nomos der Erde*, p. 163.

44) 물론 '대동아공영권'을 구성하는 기본사상에 서구에서 수입한 지정학적 담론만 있는 것은 아니다. 그중에서도 슈미트의 역할에 대해서는 사카이 데쓰야, 『근대 일본의 국제질서론』, 연암서가, 2007, 특히 74쪽 이하. 일반적으로는 고바야시 히데오(小林英夫), 『大東亞共榮圈の形成と崩壞』, 御茶の水書房, 2006 참조.

45) 마루카와 데쓰시, 『리저널리즘』, 그린비, 2008, 52쪽 이하.

> 결하는데는 거의 도움이 되지 않는다. 아프리카의 풍부한 광물 자원에 접근할 권리를 대가로 사회기반 시설에 투자하고 있는 중국은 상대가 군사독재이든, 국고에 손대는 부패한 통치자든, … 상관하지 않는다. 이제 겨우 서양 정부와 비정부 기구들이 원조조건으로 통치체제 개선을 요구하기 시작한 판국에 이제 와 제국노릇을 하려드는 중국의 방해를 받게 된 것이다."[46]

(동)아시아적 '지역'을 구상한다는 것은 곧 중국을 어떻게 포함시킬 것인가의 문제이기도 하다. 동아시아를 넘어 아프리카나 남아메리카 등에서의 기반사업 투자 등, 지역 공동체를 넘어 G2로서의 입지를 굳혀가고 있는 중국이 '지역'을 구성하기 위해서는 중화주의를 넘어서는 지역성의 재편과 지역을 바라보는 타자인식의 변화를 주변 국가들에게 설득해야 한다. 왕후이는 다음과 같이 새로운 아시아를 상상한다.

> "새로운 아시아 담론은 전 지구 일체화과정이 만들어 낸 일극 지배와 불안에 대한 보호적이고 건설적인 지역 네트워크를 지향한다. 이 아시아주의의 특징은 아시아라는 지역범주를 이용하여 민족국가를 모두 합하고 초월하여, 전 지구적 자본주의가 확장되는 형세에서 민족국가에 기반한 새로운 지역관계로 구미 신자유주의의 전 지구적 계획을 대체하는 또 다른 방안으로 삼는 것임은 명확한 사실이다."[47]

제국의 패권에 맞서 지역을 기반으로 한 정치공동체에 대한 기획이 필요하다. 슈미트가 그 이론적 버팀목이 되어 줄 수 있는가? 맥킨더와 하우스호퍼를 거쳐 퍼거슨에 이르기까지 중국의 대두에 대한 지정학적 우려의 시각과는 달리, 슈미트는 마오주의로 대표되는 중국의 흥기

---

46) 니얼 퍼거슨, 『시빌라이제이션. 서양과 나머지 세계』, 21세기북스 2011, 248쪽
47) 왕후이, 「아시아 상상의 계보」, 『새로운 아시아를 상상한다』, 창작과 비평 2003, 193쪽.

에서 새로운 공간적 지역이 열릴 가능성을 본다. 마오주의 안에는 마르크스주의적 계급의 적과 자본주의적 식민주의 이데올로기를 내부적으로 극복하고 전후 세계지배를 대체할 '중국적-아시아적 방어'를 포함하고 있다는 것이다. 그는 '지구의 새로운 노모스'로 상징되는 마오쩌둥의 파르티잔주의를 "그 자체 내부에, 그리고 상호간에 이성적으로 균형을 이룬 다수의 광역에 대해서 하나의 세계, 지구와 그 인류의 정치적 통일체가 가지고 있는 대립"으로 보았다.[48] 오늘날의 EU는 오래된 역사진행과정의 산물임에 비해 아시아에서는 이 과정이 부재했다. 아시아에서의 시작은 우선 민족국가의 한계와 충돌에 대한 성찰에서부터 나와야 할 것이다.

7. 맺음말

오늘날 우리는 전 지구적으로 새로운 지정학적 변화의 시대에 들어섰다. 단단해보이던 단극체제, 혹은 G2체제가 흔들리고 있다. 오늘날 슈미트가 우리에게 주는 지정학적 교훈은 무엇인가?

---

[48] Carl Schmitt, *Theorie des Partisanen. Zwischenbemerkung zum Begriff des Politischen*, Berlin, 1963, pp. 62~63. 흥미롭게도 이러한 슈미트의 테제를 받아들여 오늘날 중국의 부상을 일종의 광역의 구성이라는 시각에서 보고자 하는 연구들이 이어지고 있다. Michael Salter, "Law, Power and International Politics with Special Reference to East Asia: Carl Schmitt's Grossraum Analysis", *Chinese Journal of International Law*, 11, 3 (2012), pp. 393~427; Michael Salter, Yinan Yin, "Analysing Regionalism within International Law and Relations: The Shanghai Coopeation Organisation as a Grossraum?", *Chinese Journal of International Law* 13, 4 (2014), pp. 819~977 등 참조. 특히 Salter와 Yin은 이 글에서 중국의 지도적 지휘 아래 진행되는 SCO의 지역공동체로서의 조직 구성, 문화적 기반, 공동 안보, 공통의 정치적 이념, 경제 협력, 공동의 외교정책 등을 슈미트의 광역개념을 바탕으로 점검하고 있다.

무엇보다 그는 지역적인 것을 통해 사고한다는 것이 어떤 의미인가를 우리에게 일깨워준다. 민족국가의 좁은 사고틀을 극복할 수 있는 가능성을 보여준다. 그는 영토 중심의 전통적 국가체제로는 이루기 어려운 다극적 체제구성의 가능성을 시사한다. 이는 현재 미국 단일 지배 헤게모니 체제 하의 통제 시스템, 국제관계에서 미국의 일방주의에 대한 대안일 수 있다.

슈미트는 광역이론 모델과 지역주의(Regionalism)를 연결시킬 단서를 제공하지만, 동시에 그것이 갖는 한계도 보여준다. 동아시아인이 갖고 있는 지역감각은 무엇보다 종족귀속적이다. 수많은 전 지구적 변화의 과정들을 겪으면서도 동아시아인의 영토적 충성심이 감소되지 않았다. '동아시아공동체'건 '일대일로'(一帶一路)건, 그 모든 평화적 의미부여도 영토분쟁과 맞부딪히면 일순 모두 헛구호가 되고 만다. 슈미트는 이러한 현실적 상황을 고려해 Reich(제국)의 부상을 설계했다. 그의 이론이 현 중국의 부상을 설명할 수 있는 유용한 도구가 될 수도 있지만, 또한 광역 내 만들어지는 위계와 불평등의 합리화로 이어질 수 있다. 광역은 이질적이고 다양한 인종집단들로 구성되어 있고, 제국의 중심에 동질성에 기반하는 Reich가 존재하는 한 그 권력이 유지되기 위해서는 인종주의적 배타성을 갖게 될 수밖에 없다.

오늘날 제국으로서의 중국의 대두는 무엇을 우리에게 의미하는가? 만일 그것이 네그리(Antonio Negrie)적 의미에서의 제국, 즉 다원성과 혼종성을 포함한 제국이라면 오히려 긍정적으로 판단해야 하는가? 100여년 전 있었던 '지역'(region)으로서의 동아시아에 대한 청산되지 못한 과거를 갖고 있는 동아시아인에게 다시금 '동아시아'라는 '지역'을 하나의 '광역'(Grossraum)으로 구성하는 작업은 바람직한가? 가능한 작업인가? 이를 이루기 위해서는 무엇이 달라져야 하는가? 비록 광역적 공간질서의 창출이라는 목표는 동일하다 하더라도, 그에 다다르기 위한 슈미트의 고민과 21세기 한반도 지식인의 고민은 다를 수밖에 없다. 역사적이고 현재의 맥락이 고려된 동아시아 공간질서 담론이 만들어져야 할 것이지만, 오늘날 동아시아 담론은 한계에 달한 듯 더 이상 진전되지 못하고 있다.[49] 지금까지 지역 내 국민국가들이 만들고 지켜왔던 주권적 질서를 상호 어떻게 결합시킬 것인가? 민족, 국민, 전통의 전통적 범주를 뛰어넘어 지역의 혼종성, 유동성, 다양성 등을 포괄하는 것이 중요한 과제일 것이다. 지금까지 한·중·일의 동아시아 담론들이 보여준 것은, 자국만의 문제의식에서 형성된 담론만으로는 다른 구성원들을 만족시킬 수 없다는 것이며, 이는 곧 민족-국가를 중심적인 틀로 삼는 사유체계의 한계이기도 하다.

슈미트는 사회적 동질성의 중요성에 대해 지적했지만 현대의 역사학은 최근까지도 민족이 중심이 된 정체성과 동질성이 얼마나 허구적인 근대의 소산에 불과했으며, 이러한 의식들이 사실은 역사학자들에 의한 '전통의 발명'(invention of tradition)에 불과했던 것이었음을 밝히는 작업에 진력해 왔다. 즉 슈미트가 공동체 구성의 전제로서 제시했던, "종교, 인종, 문화, 언어와 민족적 유산의 살아있는 힘"을 통해 구성되는 동질성이란 민족의 본원적인 어떤 것도 아닌, 역사 속 구성원들이 전적으로 필요해 의해 만들어 낸 조형물에 불과한 것이다.

슈미트는 광역을 구성할 틀은 제시했지만, 광역에 포함되는 여러 국가 내 구성원들이 공유할 수 있는 기반, 즉 정체성과 동질성의 원천을 구성할 방식에 대해서는 생각하지 않았다. 그로서는 이들 요소들은 원

---

49) 윤여일은 한국에서 동아시아 담론이 1990년대 초반에 출현했으며, 2000년대 중반이 되면 쇠퇴하는 것으로 판단한다. 윤여일, 『동아시아 담론, 1990~2000년대 한국사상계의 한 단면』, 돌베개, 2016, 86~98쪽.

천적으로 주어지거나 아니면 처음부터 없었거나 이질적 특성을 지닌 것이지, 노력해 후천적으로 만들어 질 수 있는 성격이 아니었다. 따라서 그에게는 구성한다는 명제만 있었을 뿐, 무엇으로 구성원 간의 공동체적 유대를 채울 것인가에 대한 고민은 없었다. 하지만 그렇게 만들어진 틀이 그것을 구성하는 사람들로부터 동의를 얻지 못한다면, 무엇을 위해 그 틀이 존재하겠는가? 이러한 문제는 국가 구성원을 동질적으로 구성하는 다양한 방식들에 대해 고민하게 만들며, 나아가 무엇을 공동의 바탕으로 동아시아 공동체를 구성할 것인가에 대한 고민으로 이어진다. 동아시아적 가치? 동아시아 경제권? 조공무역권? 한자문화권? 유교적 질서? 지역 시스템론? 해양 아시아? 이들 주권국가들 간의 구성질서는 어떻게 될 것이며, 만일 그들이 이미 양도한 주권을 주장하거나 광역질서에 순응하지 않을 경우 개입은 어떻게 이루어져야 하는가? 이러한 문제들은 궁극적으로 중국을 어떻게 동아시아라는 공간 속에 끌어들이고 위치시킬 것인가라는 문제와 연결된다. 그렇지만 아직 동아시아에서 지역주의, 혹은 동아시아 공동체라 할 만한 지정학적 공간이 만들어지지 않은 상황에서 우리는 그저 동아시아적 지역주의의 형성에 대한 조건과 가능성을 타진하는 정도에 그칠 수밖에 없다. 왕후이의 지적처럼 아시아에는 결코 유럽 같은 그런 상대적으로 통일된 정치문화와 상대적으로 평등한 경제발전 수준이 존재하지 않으며, 그러한 가운데 "새로운 아시아 시각은 각자의 사회에 대한 새로운 자기인식 속에 뿌리내려야" 할 것이다.[50] 이성시는 다음과 같이 동아시아 공동체 구성의 전제로서 역사적 과정들에 대한 검토를 요구하면서, 아울러 동아시아 각국이 공통으로 처한 탈식민적 상황의 극복이라는 문제

50) 왕후이, 『아시아는 세계다』, 글항아리, 2011, 182쪽.

에서 출발해야 할 것이라고 제언한다.

> "동아시아 세계의 역사를 근대 일본이 동아시아세계의 전통적 질서를 해체한 20세기 초두에 멈추지 말고 종전의 질서를 대신하여 일본 중심의 질서를 만들어 내고자 한 대동아공영권까지 그 역사적 과정을 밝히고 나서야, 그 질서세계가 1945년에 파국을 맞이하게 되었고, 또 이러한 동아시아 지역에 개입하여 새로운 지역질서를 전략적으로 개편한 것이 미국이었음을 시인하게 될 것이다. 그러한 위에서 1950년대, 60년대의 모순을 공유하는 지역세계로서의 동아시아의 공통성이나 일체성에 대한 이해 또한 공감될 수 있을 것이다."[51]

거버넌스와 같이, 궁극적으로 동아시아 국가들을 '지역'으로 한데 묶을 수 있는 대안적 카테고리가 필요하다. 슈미트는 개별 국가들이 어떠한 방식으로 통합을 이룰 수 있는지에 대한 구체적 처방을 제시하지 못했다. 그의 광역질서론에서는 구성될 광역 내의 권력구조가 연방적인지, 제국적인지, 종속적인지에 대한 언급이 없다. 또한 광역들 간의 상호관계에 대해서도 언급하지 않았다. 아시아, 아프리카 등 제 3세계 국가들과 비유럽 국가들 간의 연대적 대응에 대한 구상도 없으며, 막연히 이들이 중심이 된 지역 공동체 구성과 광역들 간의 힘의 균형에 대한 구상을 제시했을 뿐이다. 아프리카가 자신들 지역을 바탕으로 광역을 구성한다면, 그것이 아시아나 유럽이라는 광역과 힘의 균형을 맞출 수 있을까? 또한 아메리카 대륙이라는 광역 안에서의 힘의 불균형은 어찌할 것인가?

그의 역사에 대한 노모스적 해석, 국제법과 국제질서에 대한 재구성,

---

51) 이성시, 「일본 역사학계의 동아시아 세계론에 대한 재검토」, 『역사학보』 216호, 12, 2012, 71쪽; 이성시, 「왜 지금 동아시아인가?: 공통의 과제와 문제해결의 장으로서의 동아시아」, 『일본공간』 Vol. 1, 2007.

자신이 처한 정치적 상황에서 나온 통찰 등, 지정학적 인식을 근간으로 하는 슈미트의 세계질서 구상은 우리에게 오늘날의 상황에 대해 더 잘 이해할 수 있게끔 한다. 그는 지정학적 조율을 통해 현실적으로 지구라는 공간과 국제관계 사이의 권력의 균형을 추구해 나가는 작업을 제시했다. 그의 광역 이론은 소수의 지역적이고 문화적으로 서로 구분되는 권력블록들 간의, 전 지구적이며 평화적으로 형성될 균형의 가능성을 제공하며, 미국에 의해 주도되는 단극적 세계질서에 대한 다원적, 현실적 대안을 제안한 것이다. 민주주의 체제가 갖는 자유주의적 개인주의의의 문제에 대한 그의 지적은 옳았지만, 자유주의적 다원주의를 거부함으로써 전체주의로의 길을 넓혔다. 슈미트가 가능치 않다고 부정했던 의회 민주주의와 자유주의의 병존은 오늘날까지 지속되고 있지만, 이 둘 사이의 모순 혹은 부조화의 근저에는 여전히 슈미트가 지적했던 바, 개별국가를 구성하는 국민들의 동질성의 문제가 자리한다. 하지만 결정적으로 그의 국가는 시민사회의 충돌을 중재하거나 조정할 수 없고 지도자의 '결정주의'(Dezisionismus)와 '비상사태'(Ausnahmezustand), '독재'(Diktatur)를 통해 해결되는 국가였다. 슈미트의 한계를 지적하는 것은 어려운 일이 아니다. 그러나 발라크리시난도 언급했듯이, 그의 논리를 변호하거나, 그를 파시스트로 낙인찍지 않으면서 균형 잡힌 판단을 내리는 작업은 결코 쉬운 일이 아니다.[52)]그의 광역이론이 구체적 광

52) 베노 테슈케, 「결정과 미결정. 카를 슈미트의 정치적, 지적 수용」, 『뉴레프트리뷰』 Vol. 4, 2013, 241쪽. 『뉴레프트리뷰』 Vol. 4에 게재된 베노 테슈케의 글과 그에 대한 고팔 발라크리시난의 비판, 그리고 테슈케의 반론은 복잡한 슈미트 사상을 이해하는 좋은 길잡이 역할을 한다. 고팔 발라크리시난, 「분리의 지정학. 테슈케의 〈결정과 미결정〉에 대한 응답」, 『뉴레프트리뷰』 Vol. 4, 2013, 250~274쪽; 베노 테슈케, 「지정학의 물신. 고팔 발라크리시난에 대한 답변」, 『뉴레프트리뷰』 Vol. 4, 2013, 275~302쪽.

역 구성을 위한 실천안이 아니라 이를 기초하기 위한 이론적 구성물임을 생각할 때 그 함의는 지속적이라고 할 수 있다. "우리는 그가 내리는 결론을 받아들이지 않으면서도 그의 통찰력을 완벽히 인정할 수 있다."[53] 슈미트는 자신의 저서 〈파르티잔 이론〉을 다음의 문장으로 마무리한다. "이론가는 개념을 유지시키고 사물에 이름을 붙이는 것 이상은 하지 못한다."[54] 나머지는 당사자들의 몫이라는 의미이리라.

53) 샹탈 무페, 「칼 슈미트와 자유민주주의의 역설」, 『민주주의의 역설』, 74쪽.

54) Carl Schmitt, *Theorie des Partisanen,* p. 96.

지구화시대의 문화 담론과 독일의 동아시아 인식

나 혜 심

1. 머리말

2차 대전이 끝나고 세계는 두 가지 유형의 거대한 체제로 나뉜 것처럼 보였다. 하나는 정치 이데올로기에 의해 이분화된, 냉전체제이다. 다른 하나는 경제적인 것에 더 가깝기는 하지만 냉전과도 분리되지는 않고 오히려 그것을 유지하는 수단이기도 한 체제이다. 즉 개발 지원 국가와 그 지원을 받는 국가로의 이분화이다. 그리고 후자의 방식으로 분화된 두 지역 간의 물자와 인적왕래는 이 시점 이후 국민국가 단위만으로 작동하는 경제 활동이 더 이상 가능치 않은 시대를 본격화 시켰다.

일정 시간 경과 후, 개발지원 대상 국가 중 일부에서 예상하지 못했던 상황이 발생했고 그것은 서구세계 시선을 끌었다. 바로 아시아 국가의 경제성장이다. 다른 무엇보다 그 속도에 시선이 모아졌는데, 단순한 흥미 수준을 넘어 이 현상이 주목의 대상이 된 것은 다음의 두 가지 때문이었다. 경제발전을 이룬 국가 대다수가 식민, 내지는 반식민 상태에서 벗어난 지 오래되지 않은 개발지원 대상국이었다는 점이 하나이다. 다른 이유는 그 대상을 바라보는 국가의 상태에서 비롯되었는데, 1970년대 초 시작된 오일쇼크로, 그 이전 약 30여 년간 유지되던 서유럽의 경제 호황이 마감되는 상황이 그것이다. 상대적으로 아시아 국가의 경제 성장은 그들의 위기상황을 극적으로 대비시키는 효과까지 있었던 것이다. 에릭 홉스봄(Eric Hobsbawm)이 황금시대라 명명했던, 서유럽 자본주의권의 유례없는 풍요는 서구인들에게 자본주의의 지속발전에 대한 환상을 갖게 했지만, 그 시기가 이제 막 끝에 이른 것 같은 경제적 어려움에 직면해 이의 극복과 자본주의 발전 방향에 대한 재검토의 필요가 논의되던 시점이었다. 따라서 예상치 못한 아시아의 경제 급성장은 서구인에게 담론의 주제가 되었으며 아시아는 서구나 지구의 다른 지역들과 구분되는 새로운 지역으로서 중요성을 갖게 되었다. 아시아 중에서도 동아시아가 그 중심에 있었다.

동아시아에 대한 관심은 경제적 급성장 현상과 관련해 "아시아적 가치", "동아시아 발전 모델", "유교자본주의" 등의 용어로 표현되며 통칭 동아시아론의 유행으로 이어졌다. 아시아 내에서도 주로 싱가포르, 타이완, 홍콩, 그리고 남한이 속한 북동아시아 지역이 주 대상이었지만 시간이 경과 되면서 중국, 말레이시아, 베트남 등도 포함된다. 지구화 과정에서 세계 제조업의 공장이 된 중국의 경제성장과 그것을 바탕으로 진행된 세계 정치지형에서의 위상 강화는 이 현상을 더 진전시켰다. 이런 담론의 유행과정에서 동아시아는 하나의 정체성을 지닌 지역으로 상상되었다.

서구적 근대화 과정 없이 성공적인 경제발전을 이루었다는 사실은 그 이유에 대한 궁금증을 낳았으며 그들 나름의 경제적 성공은 이 지역을 하나의 정체성으로 묶었다. 서구자본주의를 가능하게 한 자유경쟁의 가치 대신 동양적 전통을 그 배경으로 이해하는 이들이 늘어났고 그런 이유에서 동아시아 자본주의적 성공은 전통의 공통분모인, 유교주의와 연관해서 해석되었다.

1970~1980년대 동아시아 경제성장만 유교적 배경과 연관 지어졌던 것이 아니라 1997~1999년 금융위기도 역시 유교적 전통의 결과로 여겨졌다. 한 때 경제성장에 긍정적 영향을 준 것으로 해석되었던 유교는 상황이 변화되며 위기 원인으로 지목되기도 했던 것이다. 이런 방식으로 동아시아의 경제 상황 변화는 계속 유교주의와 연관 지어지며 오늘날까지도 이르고 있다. 이런 류의 해석은 1960년대 일본이 경제 발전을 이룬 시기에도 계속 있어왔지만 일본의 경우에는 메이지 유신으로 인한 적극적인 서구화가 경제성공의 계기인 것으로 이해되었었다. 하지만 유교자본주의론이 확산되면서 일본의 근대화 과정 안에 있던 유교적 전통이 다시 탐색되고 동아시아적 정체성 안으로 역시 한데 묶이게 되었다.

1970~1980년대 초 맹위를 떨친 종속이론, 1970년대 초 이후의 신자유주의와 그 시기의 경제적 변화 상황은 또 이 담론과 밀접하게 연관되어 있다. 더 나아가 1990년대 초, 아시아 일부 국가 정치인들에 의해 당시 곧 사망을 고하는 것처럼 보이는 사회주의 체제를 대신할 수 있는 대안으로 동아시아 모델이 강조되기도 했다. 사실 유교자본주의론은 단순히 경제 발전을 설명하기 위한 목적으로만 활용되지는 않았다. 하지만 담론이 발전되면서 동아시아가 이 지역 공통 전통을 기반으로 경제 성장을 경험한 고유한 지역 정체성을 통해 상상되었다는 사실은 "'공동의 집'으로써 동아시아 만들기"를 추구해가는 오늘날 매우 중요한 의미를 갖는다.[1] 그런 의미에서 유교자본주의론은 이 정체성 이해를

위해 살펴볼 만한 가치가 있다.

동아시아를 하나의 지리적 공간이자 동시에 하나의 정체성을 가진 지역으로 상상하는 일이 유교자본주의론에서 만의 전유 행위는 아니며 오늘날 다른 이유에 의해 동아시아 내에서 지속되고 있다. 19세기 말, 이 지역은 서구제국주의에 대한 반감과 세력 팽창에 대한 저항을 목적으로 공동의 몸짓을 보인 바 있었지만 각기 다른 세계관과 역사의식을 갖고 있는 국가군이었기 때문에 서구가 1970년대 이후 상상했었던 방식과 같은 공동체가 된 적은 한 번도 없었다. 하지만 신자유주의 이후, 아시아-태평양 지역 내에 강력해져 가고 있는 중국과 미국의 힘을 견제할 목적으로, 그리고 마치 유럽 내에 미국의 세계전략으로부터 상대적 자율성을 갖기 위해 유럽연합이라는 테두리가 만들어졌던 것과 마찬가지의 공동체적 대안을 희망하는 하나의 틀, 동아시아 "발견"이 시도되고 있다.[2)]

본 고의 목적은 다양한 학문 분과에서 시도하고 있는 동아시아 공동체 "발견" 작업에 일조하는 데에 있다. 발견의 노력이 동아시아에 소속된 학자들에 의해 주로 진행되고 있지만 하나의 정체성으로서 동아시아가 상상되는 방식의 예를 서구세계의 담론 속에서 찾아보려 한다. 구체적으로는 유교자본주의를 통해서 동아시아가 어떻게 하나의 지역으로 상상되었는지, 상상의 근거는 무엇인지, 그 상상의 목적은 어디에 있는지 등이다. 하지만 구체적으로 유교를 통해 동아시아 경제발전을 설명하는 것 자체가 역사적으로 적당한지 여부를 따지지는 않을 것이

---

1) '공동의 집'은 동아시아 공동체를 희망하는 강상중의 표현에서 인용한 것이다. 이에 대해서는 강상중 저, 이경덕 역, 『동북아시아 공동의 집을 향하여』, 서울, 뿌리와이파리, 2002.

2) 김기봉, 『역사를 통한 동아시아 공동체 만들기』, 서울, 푸른역사, 2006, 10~11쪽.

다. 유교와 자본주의 발전 간의 관계에 대한 관심이기 보다는 그 논리를 가능하게 한 시대 인식을 살펴보는 것이 궁극적 목적에 가깝다. 그런 이유에서 서구세계 중에서 독일의 경우를 살펴보려고 한다. 하필 그 대상이 독일인 이유는 역사적으로 동아시아와 직접적인 이해관계가 거의 없었던 독일에서 어떤 이유에서 동아시아라는 정체성을 파악하게 되었고 그 정체를 어떻게 상상하는지를 봄으로써 지역이 하나의 공동체로 상상되는 과정을 살펴볼 수 있기 때문이다. 어차피 지역을 하나의 정체성으로 상상하는 데에는 그 대상을 상상하게 하는 시대적 필요와 이해가 전제된다. 이 과정에서 독일 내 동아시아 담론 발전과 관계해서 막스 베버의 학문적 기여와 위치가 갖는 의미도 살펴보게 될 것이다.

이를 위해서 우선 학문 내에서 하나의 지역을 설정하는 이유와 의미 그리고 유교자본주의 인식 일반에 대해 살펴볼 것이다. 이 과정에서 최근 동아시아 지역에서 동아시아를 하나의 정체성으로 규정하려는 시도들도 점검될 것이다. 그리고 동아시아론 발상을 이해하는데 핵심적이라고 할 수 있는 '문화' 담론의 의미를 언급하고 이를 기반으로 독일의 동아시아에 대한 관심의 함의를 추적할 것이다.

2. 동아시아론, 유교자본주의의 인식론적 기반

1) 하나의 지역을 규정한다는 것의 의미

역사상 어떤 곳에 '속함'을 설명하려는 시도는 늘 있었다. 자신이 속한 범주를 스스로 정하는 경우도 그 한 가지다. 예를 들면 고대 그리스 시대, 수많은 폴리스 구성원들은 스스로를 헬레네스로 규정, 인류 최초

조상 데우칼리온의 후손 공동체에 '속함'을 과시했다. 중세 이래의 기독교 공동체 성격이 약화된 16세기에 등장한 유럽 지도 중에는 한 여성 모습이 형상화된 것도 있었다. 그 여성은 당시 유럽이 재현하고자 했던 그리스 신화 속 인물이었고 그런 이유에서 기독교 공동체를 대신하려는 대상을 표현하기에 적당한 모습이기도 했다. 근대 국민국가 형성시기에 지역에 속하는 기준은 하나의 민족에 두어졌고 언어나 인종, 혈통이거나 또는 문화적 유대감 그리고 공민으로서의 의식 등이 '속함'의 기준이 되었다.

'어떤 대상에 속함'은 속하지 않은 이들에 의해서도 규정되었다. 아시아가 그 대표적인 경우이다. 지리적, 공간적 특성을 기준으로 해가 뜨는 곳으로 그리스인에게 명명되었다.[3] 서구인이 아시아인을 주로 전쟁이나 침략 상황에서 경험했기에 아시아는 그들에게 잔인하고 비이성적인 적이 사는 곳으로 인식되었다. 근대 초까지도 이는 달라지지 않았고 그런 이유로 인해 라이프니츠(Leibniz)가 문화와 철학이 뛰어난 나라라고 찬탄했던 17세기 말 중국은 당시 유럽인에게는 아시아에 속하지 않았다. 하지만 18세기, 몽테스키외에 의해 전제정(Despotie) 통치하의 중국이 묘사되면서 라이프니츠의 중국 이미지는 흐릿해졌고 이후 아시아는 유럽인들에게 "정체", "인간적 문명화의 어린이 단계"에 있는 지역으로 인식되었다.[4] 아시아에 대한 이러한 근대서구의 인식은 오늘날 아시아와 연관된 개념들을 상상하는 데 기반이 된다.

지구화 시대에 들어서도 아시아에 대한 이 이미지는 크게 달라지지 않은 것으로 보인다. 1993년 독일 연방정부의 아시아 컨셉(Asien-Konzept)이

---

3) Patrick Ziltener, *Regionale Integration in Ostasien,* Wiesbaden, Springer VS, 2013, p. 22.

4) Lee Eun-Jeung, ""Asien" als Projekt" in *Leviathan* 31, 2003, p. 1.

발표된 이후에 상황 변화에 따라 아시아 컨셉은 여러 번에 걸쳐서 재발표되었다. 변화하는 시대적 상황에 따라서 아시아 지역이 갖는 위험과 독일이 가질 수 있는 기회 모두에 대처하는 것에 목적이 있었다.[5] 냉전이 종식되고 지구 차원의 교류와 이동이 증가하면서 종교가 새로이 나타나는 세계 갈등의 중요한 요인 중 하나가 되고 있는 오늘날, 많은 위험과 분쟁이 아시아 지역과 관련되어 있다는 인식을 반영하고 있는데 그 인식 안에서 위에서 언급되었던 아시아 이미지는 크게 변화하지 않는 듯이 보인다. 동아시아에 대한 인식 역시 다르지 않다.[6]

최근 십 수 년간 동아시아 내부에서는 그런 인식으로부터 벗어나 새로이 동아시아상을 규정하려는 시도가 있어왔다.[7] 동아시아를 주체적으로 규정하고 공동체로 존재함을 입증하려는 노력이다. 주로 한중일 학자들이 중심을 이루고 있는데 그 노력 자체가 일종의 "발견"을 위한 시도라고 묘사된다.[8] 물론 19세기 말 이래로 아시아 내에서 국가 간의 유대나 연대 모색이 없지 않았다. 하지만 역사적으로 서로 간에 얽힌

---

5) 예를 들면 "Bundesministerium für Bildung und Forschung", *Asienkonzept* 2002, Auswärtigenamt Asienkonzept.

6) 독일 연방외무부의 아시아컨셉에서는 부패, 경제범죄성, 법집행의 불안정성, 이주문제, 마약매매, 테러와 관련된 움직임, 급격한 인구증가, 극단적인 소득 불균형 그리고 독일에게 다가오는 경쟁자로서의 모습과 외국인에 대한 우익 급진주의적 공격 등이 담겨있다.

7) 김경일에 의하면, 동아시아를 하나의 지역으로 묶는 관점은 이미 19세기 후반에서부터 시작되었다. 서구에 의해 타자로 규정된 아시아가 배타성, 수동성, 정체성을 속성으로 하는 인종주의와 식민주의 내용을 담고 있었다면 이와는 달리 스스로 타자성을 해소시켜가며 개방성, 능동성 등을 지향하는 아시아를 목적으로 하는 관점이다. 이에 대해서는 김경일, 『제국의 시대와 동아시아연대』, 파주, 창비, 2011, 8~9쪽.

8) "발견"이라는 단어는 동아시아 정체성 재규정 노력의 일환으로 진행된 한 학술대회의 결과물에서 가져왔다. 그 결과물이란 정문길 외 편, 『발견으로서의 동아시아』, 서울, 문학과 지성사, 2000 참조.

전사들이 있기 때문에 이 시도의 성공이 쉽지 않았다. 이 새로운 모색에서 중요한 것은 그 어떤 국민국가도 지배적 권력을 행사하지 않게 되는, 수평적 통합이 되어야 한다는 것이다.[9)]

또한 김기봉의 표현에 의하면 이 "만드는 동아시아"는 "주어진 동아시아"의 대칭 개념이어야 한다. 서구 중심주의에 의해 타자화된 아시아성 극복을 위한 노력의 하나이기 때문이다. 하지만 이는 또한 현재 진행되고 있는 세계시장의 논리에 대한 대안 찾기이기도 하다. 그 현재적 필요성이 이 시도를 주체적인 노력이자 동시에 하나의 "지적 실험"이 되도록 하고 있다.[10)] 세계 권력 지형 변화 속에서 이 지역에 대한 미국의 권력 행사를 견제하고 급성장 중인 중국과의 관계를 조정함으로써 동아시아 내의 세력균형과 평화를 유지하려는 목적과 닿아있다. 강상중이 "공동의 집"으로 명명하며 제안한 동아시아 만들기의 목적 역시 세계화의 과정과 함께 변화해가는 상황에 대응하려는 현실적인 이유가 있다.[11)] 이런 시도를 "발견"으로 명명하는 것은 그 만큼 존재의 흔적을 찾기 어려운 일이기 때문이다. 특히 "주어진" 정체성이 이미 오랜 동안 확산되고 받아들여졌던 만큼 이 시도는 발견 작업에 가까운 일일 수밖에 없다.

기존 이미지로부터의 탈피가 쉬운 일이 아님은 동아시아 학자의 노력에도 불구하고 차츰 만들어지는 동아시아 형상이 '주어진 동아시아'의 그것과 그리 큰 차이가 있지 않다는 점을 각성시킨 아리프 딜릭(Arif Dirlik)의 주장을 통해서도 드러난다. 미국에서 활동하는 터키 출신 중국

9) 이에 대해서는 김기봉, 앞의 책, 2006, 12쪽.

10) 동아시아를 기존의 경우에 있었던 것과 마찬가지로 문명으로서나 지역 연대의 그것으로서가 아니라 일종의 지적 실험으로 다루어야 한다는 주장에 대해서는 백영서, 「중국에 '아시아'가 있는가?: 한국인의 시각」, 정문길 외, 앞의 책, 2000, 57~58쪽.

11) 이에 대해서는 강상중 저, 이경덕 역, 앞의 책, 2002, 23쪽.

학자인 그는 동아시아 학자에 의해서 만들어지는 동아시아는 탈 오리엔탈리즘을 지향함에도 불구하고 여전히 오리엔탈리즘에 머물고 있다고 지적했다.[12)]

그가 이야기하는 '주어진 동아시아'는 유교자본주의론을 통해 확인할 수 있는 서구적 시각에 의한 것이다.[13)] 서구의 전통적 관점에서 경제발전은 사회적 변화가 함께 설명되어왔다. 그런데 이런 관행과 달리 그들이 동아시아의 경제발전을 설명하는 방식은 유교자본주의 속에 있는 문화적 요소를 통한다. 딜릭은 그런 설명방식 자체가 정치적 의도를 전제로 하고 있다고 지적한다. 이를 설명하는 과정에서 그는 동아시아론 확산에 새뮤얼 헌팅턴(Samuel P. Huntington)처럼 문화를 토대로 현대 세계의 충돌 양상을 설명하는 미 정책 이론가의 역할이 중요한 기여를 했다는 점을 강조한다.[14)] 그 이론가들의 글은 1990년대 집중적으로 쓰였는데, 그 때는 냉전이 끝나 정치적 갈등 축이 사라지는 시점이었고 그들에 의해 문화의 요소가 새로운 갈등의 요소로 대체되고 있었다.[15)] 헌팅턴은 갈등관계로 대적하고 있는 문화를 서구 문명과

---

12) 아리프 딜릭, 「역사와 대립되는 문화인가?」, 정문길 외, 위의 책, 2002, 82~94쪽.

13) 동아시아의 지리적 범주는 동남아시아와 동북아시아를 아우르지만 한국에서 진행하는 동아시아 공동체에 대한 담론에서는 주로 한, 중, 일 삼국을 대상으로 한다. 이에 대해서는 정문길 외, 앞의 책, 43쪽 참조. 서구세계에서 동아시아라는 범주를 상상하게 한 나라는 네 마리의 작은 용 또는 호랑이라고 칭해진 싱가포르, 대만, 홍콩, 그리고 한국이다. 이런 경우는 또 구성원들이 달라지는데, 이런 이유에서 동아시아라는 범주는 모두 일치되어 있는 것은 아니다. 하지만 경제발전과 관련된 담론이기 때문에 서유럽이나 미국 내에서의 유교자본주의에 대한 논의에서는 네 마리의 호랑이 국가이거나 또는 한, 중, 일이라는 범주가 주로 그 대상이 된다.

14) 아리프 딜릭, 「역사와 대립되는 문화인가?」, 정문길 외, 앞의 책, 2002, 93쪽.

15) 사실상 이들에 의하면 공산주의는 이데올로기적으로 몰락했다. 그리고 자유민주주의가 최종적 승리를 거둔 것으로 이 정치적 대립은 종식되었다(새뮤얼 헌팅턴 저, 이희재 역, 『문명의 충돌』, 파주, 김영사, 1997, 244쪽).

아시아 또는 이슬람 문명이라고 규정한다. 인권과 민주주의 발전상황 역시 이들 대비되는 문화들 사이에서 비교된다. 경제발전으로 아시아나 제3세계 일부에 민주주의와 인권이 발전하기도 했지만 경제발전 자체가 권위적 정부체제와 국민 복종의 결과이고 그 토대로 유교등 문화적 요소가 존재한다는 점을 상기시킨다.[16] 즉 경제발전과 민주주의의 발전에도 불구하고 그 연결의 진정성을 그는 의문시한다. 또한 그런 왜곡된 방식의 민주주의나 인권의 발전은 유교주의의 문화적 토대에서야 가능하다는 점을 이야기하고 있다. 결국 문화는 동양적 자본주의와 서양적 자본주의를 구분하는 새로운 요소가 될 뿐만 아니라 더 나아가 갈등의 이유가 된다.

유교자본주의에 대한 한국학자의 연구에서도 그 연구에 미친 헌팅턴이나 후쿠야마 등의 영향이 읽혀진다. 동아시아 경제에 대한 국제사회의 관심 증가, 냉전체제를 기반으로 한 자본주의 시장경제와 사회주의 계획 경제 간의 갈등 축이 문화를 기반으로 한 "동양 대 서양"이라는 축으로 변동되는 과정에 대한 인식 면에서 그러하다.[17] 사실상 서구 근대화 과정을 토대로 서구자본주의를 설명하면서 문화적 요소를 중심으로 설명되는 동양의 경제 성과를 설명하는 것과 같은 차별적 설명 태도가 동양과 서양의 이분화를 재연하고 있는 것처럼 보인다. 그러나 그보다 더 중요한 것은 신자유주의와 더불어 시작된 유교자본주의론에서는 경제발전을 목적으로 하는 강력한 통치 권력의 작동이 문화적 고유성으로 '인정'된다는 점이다. 사실상 유교자본주의와 연관돼 주목받는 나라들은 대부분 냉전 시기에 미국을 비롯한 자본주의권과의 정

---

16) 새뮤얼 헌팅턴 저, 이희재 역, 위의 책, 1997, 256~258쪽.

17) 유교자본주의 등장과 관련한 동양과 서양의 대립구도에 대한 설명은 함재봉, 『유교, 자본주의, 민주주의』 서울, 전통과현대, 2000, 66쪽.

치적, 경제적 연대 관계에 있었다. 그 지역 경제성장을 가능하게 한 고유 문화강조와 냉전을 대체하는 새로운 갈등의 기준이 되는 문화에 대한 언급이 모두 냉전 시기 패권국인 미국 정부의 정책제안자들에 의해서 나왔음을 감안 하면 문화를 강조하는 담론이 단순한 학문적 호기심과만 연결되어 있는 것은 아니라는 것은 분명하다.[18] 사실상 냉전 종식 이후 미국 주도의 문화담론에서 이질적 타자를 규정하고 특히 문명을 누리는 문화와 야만적 문화로 나누려는 의도가 존재한다는 점을 강조한 강상중의 의견은 이런 상황을 전제로 할 때, 수용할 만하다.[19]

2) 주어진 동아시아: 유교자본주의의 나라

1970~1980년대 이룬 경제적 급성장을 계기로 서구사회에 동아시아가 하나의 지역으로 인지되기 시작했던 때는 서유럽 경제호황의 끝 지점과 이어져 있었다. 그 지역의 정체성은 경제적 상황의 전환으로 인해 상대적으로 두드러졌다. 앞서 경제성장을 이룬 일본까지도 동아시아적 고유 문화와의 연관성 속에서 논의되기 시작했다.[20] 벨라(Robert

---

18) 동아시아 자본주의의 고유성과 유교자본주의의 이데올로기적 성격에 대해 딜릭이 강조한 부분도 바로 이것이다.

19) 강상중 저, 이경덕 역, 앞의 책, 2002, 16쪽.

20) 일본의 발전과 관계해서도 서구 개인주의 경향과는 다른 그들의 문화적 전통과의 연관성이 탐색되었다. 예를 들면 비록 2차 대전 이후 그들의 가족적 공동체성은 약화되어졌지만 도시나 지방의 지역 공동체성은 강고했던 것으로 주목되었다. 물론 일본의 경우는 반드시 유교적인 것만이 아니라 신도전통 등이 막스 베버가 주목했던 종교적 윤리와 비교되곤 했다. 이에 대해서는 Helmut Loiskandl, "Ethik und wirtschaftliche Entwicklung in Japan: Argumente und Diskussionen, In: Clausen, Lars(Hg.), Deutsche Gesellschaft für Soziololgie(ed.), *Gesellschaften im Umbruch:Verhandlung des 27. Kongresses der Deutschen Gesellschaft für Soziologie in Halle an der Saale 1995,* Frankfurt a. M., Campus, 1996. pp. 278~279.

Bellah)의 경우, 유교적 윤리를 퓨리탄적 경제윤리와 기능적으로 유사하다고 규정했고 베르거(Peter Berger)는 자본주의적 근대성의 '비개인주의적(nicht-individualistische)' 버전으로써 유교에서 중시되는 공동체의 집단적 덕목을 언급하고 그것이 그 나름의 노동원칙과 결합했음을 이야기함으로써 논의의 본격화를 이끌었다.[21]

그러다 소위 동아시아적 가치, 동아시아적 모델을 강조하는 동아시아 국가 정치인의 목소리와 함께 유교자본주의와 경제 성과와의 연관성은 더 부각된다. 1970년 중반 시작된 서구 경제 불황과 사회주의 붕괴로까지 이어지는 일련의 상황 속에서 싱가포르와 말레이시아 정치 권력자들은 그 두 발전 모델이 더 이상 유효하지 않을 것, 대신 동아시아 모델이 일종의 대안이 될 수 있음을 주장하면서부터이다.[22] 강조된 아시아적 가치로는 충성심(Loyalität), 검소함, 부지런함, 교육열, 평화지향성(Friedfertigkeit), 그리고 조화 등이 있다.[23] 그중 핵심은 서구 근대화 과정을 통해 이루어진 개인주의, 민주주의 등과 대비되는 권위적 정치이다. 동아시아 경제발전이 강력한 국가 주도로 이루어졌음을 인정하는 것이며 그것을 긍정적으로 평가하는 모양새다. 이런 이유로 인해 "아시아의 길"을 내세우는 행위 자체가 단지 개인적 정치 목표를 위해 문화를 도구화하고 자의적으로 조정하려는 것이며 결국 문화를 빌미로 해서 일종의 권위주의적 야망을 정당화시키는 것에 불과하다는 비

---

21) Lee Eun-Jeung, "Asien" und seine "asiatischen Werte", Bundeszentrale für politischesbildung, *Politik und Zeitgeschichte* B.35-36, 2003, p. 1.

22) Mark R. Thompson, "Nach der Wirtschaftskrise und den Terroranschlägen: Was bleibt vom "AsiatischeWerte"-Diskurs?", in Petra Bendel eds., *Menschen-und Bürgerrechte: Perspektiven der Regionen*, Erlangen: Friedrich-Alexander-Universität Erlangen, 2004, p. 387.

23) Eun-Jeung Lee, "Asien" und seine "asiatischen Werte", pp. 1~2.

판의 목소리도 나온다.[24)]

동아시아가 성취한 경제 성과의 충격은 곧 역전되었다. 즉 1997년 금융 위기의 시작으로 그동안 경제성장에 긍정적 영향을 준 것으로 평가되던 유교는 위기상황 도래의 책임소재가 되었다. 유교문화 속의 가족주의나 정의주의가 권위주의와 결합하여 정경유착, 정실인사, 연고주의, 의사결정과정의 불투명성을 낳았다는 것이다. 그 요소들이 부정, 부패 등 도덕적 해이 발생 근원이 되고 결국 유교자본주의는 이런 이유에서 정실자본주의(crony capitalism)가 되었다.[25)] 하지만 이런 상황은 곧 전환 된다. 금융위기를 한국과 대만이 대체로 잘 극복하면서 그 저력이 다시금 유교문화에서 찾아졌고 유교문화는 또 다시 긍정적 의미가 된다.[26)]

1994년 11월 독일 슈피겔(Der Spiegel)은 홍콩 레스토랑에서 일하는 유럽 출신 백인 남성, 말레이시아 쿠알라룸푸르(Kuala Lumpur) 지역에서 손님 노동자로 고용된 영국 출신 건축가, 디자이너 등에 대해 보도한다. 백인 노동자 고용 상황을 알리는데 그치지 않고 이 보도에서는 그들이 유럽 대학에서 고등교육을 받은 "백인"이라는 점이 강조된다. 약 30여 년 전에 아시아인들 중 일부가 유럽에서 저임금, 저숙련 노동자로 고용되기도 했던 상황과 대비해서 이 그림이 독일 독자에게 충격

---

24) 이에 대해서는 Mark. R Thompson, op. cit., p. 390

25) 한 때 경제 성장을 구가하던 동아시아가 1997년 금융위기를 맞으면서 경제성장을 가능하게 한 요인으로 이해되던 여러 요소들이 새삼 부정적 영향을 준 것으로 재평가되었다. 그런 가운데 다시 자유시장경제에 대한 긍정적 논의가 부상했다. 이 담론 속에서 국가주도 개발에 대한 자유주의적 비판이 심화되고 유교자본주의는 정실자본주의라는 별명을 갖게 되었다. 이에 대해서는 함재봉, 앞의 책, 2000, 42쪽.

26) 이 과정에 대한 설명은 한영환, 「유교문화와 동아시아 발전체제」, 『중앙행정논집』 제13권 제2호, 1999, 20쪽.

적이었을 것은 너무나 명확하다. 하지만 그 충격은 그림의 생경함에서만 발생하지는 않았다. 더 나아가 서구적 가치의 부정적 묘사가 이어지는데, 보도에서는 "한계를 모르는" 개인주의 때문에 도덕성이 타락하고 원칙이 상실되는 바람에 파산의 위협에 처했다고 서술된다. 유럽에서 온 이들의 불법적인 모습도 묘사되었다. 마약 복용 혐의나 헤로인 밀수로 인해 법정에 선 이들에 대한 것이다. 많은 중국인[여기서는 중국에 살고 있는 이라는 뜻이 아니라, 이 동아시아 지역의 인종적, 문화적 근원이 중국에서 연원한다는 의미에서 이렇게 표현한 것으로 보인다]들 내에는 "권위적이고 유교적인 사회가 서구의 자유로운 사회보다 실속이 더 있을 것이라는 생각이 퍼져있다."라고 보도한다.[27]

이 보도에 묘사된 동아시아는 비단 경제 급성장에 의해서만 하나의 지역이 되진 않았다. 이제까지 세계역사에 거의 볼 수 없었던 "'백인'을 고용한 아시아인종"이 살고 있는, 그리고 그동안 서구 발전의 토대라고 믿었던 근대성 중에서도 핵심인 개인주의가 존재하지 않은 지역이었다. 개인주의만이 부작용으로 그리고 있었던 것이 아니다. 서구 근대성의 또 하나의 핵심이자 자부심이었던 이성성은 마약과 헤로인 매매를 통해 마비되고 있었다. 리관유 등이 강조하려고 했던 '강력한 위계'와 '통치권'이라는 측면보다는 유럽에서 온 이들이 보여준 윤리적 타락이 이 언론 보도에서는 더 충격적이다. 유럽의 나빠진 경제적 상황이 이 보도를 통해 윤리적 타락이라는 요소와 결합되고 또 동시에 동아시아 국가 복지 상황의 기반이 되어준 아시아적 윤리와 비교된다. 그 윤리는 바로 유교였다.

27) "Dünne Haut: Weisse Gastarbeiter suchen in Fern Osten Ihr Glück- und bestärken viele Asiaten in Gefühle kultureller Überlegenheit", *Der Spiegel,* 11. 04. 1994.

3) 문화, 전통 그리고 자본주의

동아시아의 급속한 경제성장이 유교와 자본주의의 관계에 대한 관심을 불러일으키고 확산시키는 계기였기는 하나 그 관련성에 대한 논의가 1990년대 비로소 시작된 것은 아니다. 동아시아 지역 전체나 또는 그 일부 지역을 대상으로 그 관계를 언급한 예는 그 전부터 이미 있었다. 1960년대 하나의 지역으로서 동아시아(East Asia)라는 표현이 나타났는데 페어뱅크(J.K. Fairbank)를 비롯한 하버드 학파에 의해서였다. 당시 생각으로는 정체된 사회 상태로 서구와 마주하고 있다고 생각했던 중국에서도 명－청 이행기 경제발전에 영향을 미칠 중요 변화가 있었다는 사실이 새삼 주목되었고 이어서 왜 그것이 자본주의로 진행되지 않았는지에 대한 관심이 증가했다. 서양의 근대와 중국의 전통(Moderne versus Tradition)이 대비되기 시작한 것이다.[28] 그 연장선상에서 1970년대 이후 동아시아의 경제성장이 중국에서 출발한 문화적 전통, 즉 유교주의와 결합해 해석되기 시작했다. 물론 중국 자체가 대상이 된 것은 아니었으나 동아시아 국가들의 경제성공이 그 문화적 근원이라고 평가되는 유교를 통해 중국적 기원과 연결된 것이다.

사실 서구자본주의 발전에 대한 연구에서 문화는 이미 중요한 기준의 하나로 다루어져왔다. 베버나 좀바르트에 의해 프로테스탄티즘이나 유대주의와 같은 문화적 요소 연구는 기원과 연관되어졌다. 흥미로운 점은 베버의 경우, 논리의 증빙을 위해 유교주의를 동양 자본주의 발전에 방해되는 예로 활용했다는 것이다. 그러나 1970~80년대 들어서 유교는 그와는 상반된 평가를 받기 시작했는데 사실상 유교주의에서 경제발

---

28) Bettina Gransow, "Chinesische Modernisierung und kultureller Eigensinn", *Zeitschrift für Soziologie*, Jg. 24, Heft 3, Juni 1995, p. 185.

전에 미치는 긍정적 영향을 발견한 셈이라고 볼 수 있다. 하지만 사실상 유교주의의 다른 부분을 주목한 것으로 볼 수도 있는데, 예를 들면 베르거(Berger)의 경우, 자본주의 발달을 저해하는 지적인 유교와 대비되는 "민중적이고 통속적인(vulgarisierte) 유교주의"를 자본주의와 관련이 있는 것으로 파악했기 때문이다.[29] 자본주의를 훼방한 지적이고 철학적 유교가 아닌, 민중들의 일상과 문화에 있는 유교적 요소가 경제발전에 기여하게 되었다는 것이다. 이른바 신유교주의로 명명되는 부분이다. 신유교주의 명명자 중 또 다른 한 사람인 허먼 칸(Hermann Kahn)에 이르면 유교주의와 같은 동양의 '위대한 전통'은 자본주의 발전과 더 밀접하게 연결된다. 미국의 중국학자이나 미래학자인 그는 동아시아 경제발전과 그 지역 고유 문화 전통 결합의 중요성을 강조해왔었다.[30]

특히 그의 눈에 들었던 것은 권위주의적 정부와 그에 순응하는 국민이라는 조합이었다. 그는 박정희의 경제개발 계획 과정에서 한국을 자주 방문하여 경제발전 방안에 대한 의견을 제시한 사람으로 알려져 있다.[31] 강력한 국가 주도 하의 봉건적 위계와 복종 구조, 국가를 위한

---

29) Ibid, p. 186.

30) 미국의 동양학 학자인 허먼 칸, 피터 버거 등은 동아사이 경제 성공에 대한 궁금증에 대한 대답을 동아시아의 고유한 문화, 그중 유교에서 찾으려고 했다.(박용태, 「유교자본주의론의 베버이론에 대한 오해」, 『동양철학연구』 50, 2007, 395쪽)

31) 허먼 칸은 허드슨 연구소 장의 자격으로 1978년 10일 청와대로 박정희를 방문한다. 이에 대해서는 「박대통령, 미 허든슨 연 허먼 칸 소장 접견」, 『경향신문』, 1978. 10. 10. 또한 허먼 칸은 한국의 경제 상황에 대한 핑크빛 전망을 1970~80년대 제시한 바 있다. 예를 들면 1979년에 그는 서울에서 개최된 PATA 총회에 참석해 한국 관광산업 전망의 밝음을 역설했다. 이에 대해서는 「80년대의 태평양 지역 관광전망」, 『매일 경제』, 1979. 04. 17. 그 외에 그는 냉전 상황에 대한 이야기와 더불어 일본이나 한국의 경제적 미래를 낙관적으로 전망하기도 했다. 특히 한국의 경우, 관광자원의 개발과 그로 인한 발전 가능성에 대한 강조하였는데 이는 바로 유교적 전통문화에 대한 관심과 연결되는 것으로 이해될 수 있다. 이에 대해서는 「순조로울 〈안정〉」, 『매일경제』, 1969. 5. 1.

희생 이데올로기, 그리고 국가발전의 기수론 등을 통해 경제발전을 추진했던 박정희 정권과 허먼 칸의 조언은 실제적으로도 연관이 없어보이지는 않는다. 그는 또한 당시 박정희에게 전통문화의 국제 경쟁력을 조언하였고 문화적 자산 살리는 방안을 다양한 경로로 제시한 바 있다. 냉전 유지를 위한 핵무기 전략 전문가이기도 했고 미국정부의 정책 브레인으로 활동했던 그의 활동과 그가 강조한 동아시아적 전통과 문화를 통한 경제발전이라는 사고의 연계성은 단순한 학문적 연구에 의한 결론이거나 과학적 사고에 입각한 미래학자로서의 소신으로만 보기는 어려울 것 같다.

이런 면을 감안 하면, 유교자본주의론이라는 것이 어떤 면에서는 동아시아 지역의 경제적 성과에 의해서 결과론적으로 나타난 담론이기보다는 냉전의 유대를 같이하는, 그리고 사회주의권과 마주하고 있는 동아시아 지역의 경제적 성공을 촉진하려는 일종의 기획된 사고일 가능성도 매우 높다. 사실상 서구 자본주의를 유교자본주의와 비교할 때 가장 강조되는 부분은 국가의 개입이 없는 자유경쟁자본주의로서의 그것이다. 자연히 국가 주도의 개발경제는 동아시아적 성격으로 상대화되며 강조된다. 또한 권위주의적 국가에 순응하는 국민이라는 조합은 유교자본주의 내의 중요한 논리가 된다. 결국 전통은 적어도 유교자본주의 내에서는 강압적 국가와 국가주도의 경제발전을 옹호하기 위한 담론을 위해 필요한 내용이 된다.

유교자본주의에 대한 논의는 유교를 자본주의 방해 요소로 이야기한 막스 베버의 생각과 상반되는 것으로 비추어질 만하다. 사실상 베버는 자본주의 발전을 위해서는 전통적인 생활방식과 노동윤리의 신속한 단절이 필요함을 이야기했었다.[32] 그러니까 전통의 강조는 그의 논리에 대한 정면 반대로 보일 수 있다. 그러나 문화를 자본주의 사회의 분석을 위해 활용했었다는 점에서는 베버적 분석 방식은 그대로 재연되고 있는 셈이다. 그리고 더 나아가 자본주의에 대한 맑스주의적 이해방식을 대체할 수단으로서의 의미도 갖고 있다. 이런 의미에서도 베버의 방식은 다시 활용된다.

문화라는 요소를 사회경제 체제 설명에 활용한 것은 미국에서 문화가 새로운 사회와 문명해석의 코드로 등장하는 과정 속에서 이다. '문화를 통한 인류학 연구' 풍토가 그것이다. 1990년대 프린스턴 대학의 문화에 대한 논의, 그리고 같은 시기, 문명의 충돌을 이야기한 새뮤얼 해밍턴에 이르기까지 이데올로기를 대체하는 또 하나의 요소로서 문화를 활용한 전략이 읽힌다.[33] 1980년대에 유교자본주의 논의는 동아시아권으로 이전되는데 이 시기 중국에 막스 베버 열풍이 일었던 것이 이 관계 이해에 도움이 된다.[34] 동아시아 사회발전과정에 유교적 "가치"가 의미 있는 영향을 끼친다고 주장하는 것과 미국 내에서 문화적 토대를 기반으로 갈등의 요소를 설명하고자 하는 논의는 이렇게 연결되어 있다. 이렇게 보면 유교 자본주의에 대한 담론의 등장과 확산은 상당정도 학문적 관심보다는 정치 지형적 판단에 의한 결과일 가능성이 높다.

실제로 유교자본주의는 다른 한편으로는 종속이론과 세계체제론에 기초해서 동아시아 자본주의를 해석하는 일이나 개발이론(Development Theory) 자체를 비판하는 이들에 대응하기 위한 목적에서도 사용되었

32) Wolfgang Schwentker und Kimae Toshiaki, "Max Webers Die Protestantische Ethik und Der Geist des Kapitalismus nach 100 Jahre-Perspektiven der Sozialwissenschaften in Ostasien", *Japanstudien*, 17(1), 2006, p. 272.

33) Mark. R Thompson, op. cit., p. 389.

34) 1980년대 중국은 소위 "베버의 황금시기(golden time for Weber in China)"를 경험했다. 이는 1945년 이후 부르주아 사회학이라고 해서 베버를 백안시되던 상황이 급변했음을 보여준다. 이에 대해서는 Wolfgang Schwentker und Kimae Toshiaki, op. cit., p. 274 참조.

다. 즉 일본이나 미국의 중심부 자본주의에 종속된 주변부 자본주의 현상으로 동아시아 몇몇 국가의 경제성장이 의미를 갖는다는 주장에 대해 미국에서 활동하고 있던 중국학자인 채의웬이(Tsai Wenhui)는 타이완의 경우를 들어 반대의견을 내세운다. 즉 경제성장에도 불구하고 사회 빈부 격차가 급격하게 증가하는, 소위 반주변부 자본주의에서 나타나는 현상들이 보이지 않았다는 것이 이유이다.[35] 제국주의이론이나 종속이론 등의 설명방식이 동아시아 경제발전 설명에 부적절하다는 생각도 그 하나에 속한다.[36]

한국에서는 IMF 시기가 지나면서 급격하게 이 담론이 확산되었다. 경제 위기가 도래하면서 유교로 인해 건강하지 못한 자본주의가 형성되었다는 주장이 득세했지만 결과적으로 한국에서 이를 극복했다는 인식 때문에 결국 유교와 경제발전을 긍정적 영향관계로 판단하게 되었던 것이다. 담론의 확산 속에 일부에서는 한국사회의 전통 복구의 필요성을 강조하는 양상이 나타나기도 했다. 예를 들면 자본주의와 민주주의가 일정 정도 발전했다는 인식 속에서 이런 현상을 가져온 유교의 현재적 의미를 재평가하는 기회가 되었다고 판단하는 경우들이다.[37] 유교와 동아시아 경제발전 사이의 긍정적 영향 관계에 대한 생각을 넘어 유교적 유산이 동아시아 발전에 불가결한 요소라는 더 적극적인 의견들도 드물지 않게 발견된다.[38]

그러나 이에 대한 비판도 적지 않다. 아시아의 다양한 문화적 특징

---

35) Tsai, W.H., "In Making China Modernized: Comparative Modernization Between Mainland China and Taiwan", *Occasional Papers* Nr. 4 1993(117), School of Law. University of Maryland, Baltimore, p. 127.

36) 이런 방식의 이해에 대해서는 함재봉, 앞의 책, 2000, 43쪽.

37) 이런 입장을 토대로 한 유교자본주의 담론에 대해서는 함재봉, 위의 책, 2000 참조.

38) 박용태, 앞의 글, 2007, 399쪽.

에도 불구하고 문화적 근원 속에서 그 공통성을 찾는 것이나 경제적 근대화의 기반으로 가족경영이 긍정적으로 평가되는 것에 대한 거부감 등이 그것이다. 또한 동아시아 전체로 논의가 확산되면서 사실상 유교와 거리가 있는 나라들까지 이 대열에 가담시키는 것은 가당치 않다는 주장 등도 있다.[39] 또한 경제적 성장을 유교자본주의에서 느껴지는 것처럼 서구의 그것과는 상이한 특별한 기원을 갖는 것으로 보는 데에는 문제가 있다고 보며 실상 근대화로 인해 상실되어가는 인간공동체에 대한 성찰의 계기로까지 의미를 확장시키는 기회로서 의미를 강조하는 논자들도 있다.[40] 그러면 한국과 직접적 관련이 없는 독일에서 유교자본주의는 어떤 방식으로 논의되었을까?

독일에서는 1980년대경, 동아시아에 대한 관심이 본격적으로 시작되었다. 물론 이미 1960년대 말에 중국학이나 일본학 등 개별 국가에 대한 학문적 관심이 있었고 문화영역으로서의 동아시아에 대한 관심도 있었다. 하지만 당시의 산적한 문제들 속에 유교자본주의는 좀 더 지난 시기에 관심의 대상이 되었다. 1980년대 들어 학문적 분위기 변화와 더불어 냉전 연대인 미국과의 관계 완화, 동아시아와 태평양 지역의 변화하는 환경 속에서 자국의 이해관계를 모색할 필요가 그것을 가능하게 했다. 즉 지역(Region)에 대한 관심은 그 지역 자체에 대한 관심보다는 관심 주제의 상황 변화로 인해 시작되었고 그 전형적인 예가 독일의 유교자본주의에 대한 관심이다.

---

39) 이런 비판적 입장과 비판의 대상이 되는 논의에 대해서는 이수훈, 「동아시아 자본주의와 유교」, 『동아시아비평』 1, 1998, 88쪽.

40) 이수훈, 위의 글, 1998, 82쪽.

3. 독일의 동아시아론과 유교자본주의론

1) 독일의 유교자본주의에 대한 이해

앞에서 언급했듯이 경제적 성과를 통해 동아시아는 독일에 1980년대 말 경 새롭게 다가갔다.[41] 사실 역사적으로 동아시아와 독일은 거의 직접적인 관련성을 갖고 있지 않다. 19세기 말, 서구제국주의의 아시아 팽창에 참여했던 독일의 관심은 주로 중국이나 메이지 유신 이후 일본을 향하고 있었다. 하지만 유교자본주의와 관련짓지 않는다면 독일의 이 지역에 대한 관심은 좀더 일찍 시작되었다.

학문 영역 내에서 동아시아를 하나의 공간적 개념으로 접근한 이는 1960년대 초에 있었다. 1963년 콜프(A. Kolb)는 지구상에 존재하는 하나의 문화영역(Kulturerdteil) 개념으로 동아시아(Ostasien)을 사용했다.[42] 그리고 1967년, 본(Bonn)에 아시아학독일협회도 만들어졌다. 여기서는 특정 국가에 대한 연구보다는 전통이라는 요소를 통해 공간으로서의 아시아를 파악하는 일에 관심을 두었다. 동아시아를 학문적 방법에 입각해서 해석하기 위한 노력이 진행되었고 그런 점에서 지역으로서의 동아시아라는 정체에 대한 관심이 시작되었던 것으로 보인다. 하지만 1960년대의 이 관심 속에서는 '동아시아 문명의 물결'이라는 것으로 지칭되는 중국적 기원이 해당 지역을 파악하는 기준이었다. 인도

---

41) 1980년이라는 시점은 아세안(ASEAN)에 대한 유럽 차원에서의 적극적인 대화 시도를 기준으로 한 것이다. 대화의 필요성은 독일에 의해서 제기되었다. 이에 대해서는 Bundeszentrale für politische Bildung, "Deutsche Asienpolitik im Rückblick" 2. September 2002.

42) 이에 대해서는 Peter Schoeller, Heiner Duerr, Eckart Dege(Hg.) *Ostasien*, Frankfurt a. M., Fischer Taschenbuch Verlag, 1978, p. 17.

및 서방국가 영향 하에 있는 국가들과 구분해서 중국 농업문명(Chinese agriculrual civilization)지역이라고 인지되었다. 물론 그 내부에 우열을 가리기 어려운 다양성이 존재한다는 것도 무시되지 않는다. 식민지나 반식민지에서 독립한 이후 전반적 경제발전의 속도가 빨랐다는 공통점을 갖고 있기는 하나 국가마다의 정치적 질이나 민주발달의 정도에도 차이가 있기 때문이다. 그럼에도 불구하고 식민 이후의 사회, 경제, 사회발전의 구조적 유사성이 이들 안에 존재한다고 판단한다.[43)]

1970년대 "태평양의 세기(Pazifischen Jahrhundert)"라는 표현이 등장했는데 이는 그 지역의 정치, 경제적 중요성이 급격한 상승과 관계있다.[44)] 4마리의 작은 호랑이인 타이완, 한국, 홍콩, 그리고 싱가포르가 그 관심의 중심에 있었다. 1967년에 결성된 ASEAN과, 여기에 포함되지는 않지만 중국, 일본, 한국 등도 같은 지역으로 통합(Reintegration)해서 인식하는 경향이 있었다.[45)] 자본주의와 유교주의의 결합이 바로 이 지역을 하나로 묶는 기준이 되었다.[46)]

독일 학자들의 유교자본주의나 동아시아론에 대한 관심 역시 벨라와 베르거 등의 영향으로부터 시작되었다. 경제에 미친 프로테스탄트의 윤리와 유사한 것으로 유교 윤리를 논하는 것이나 동아시아의 자본

---

43) Patrick Ziltener, op. cit., p. 17.

44) Bundeszentrale für politische Bildung, *Deutsche Asienpolitik im Rückblick,* 2002. September. 2, p. 1.

45) 1970년대 이래로 약 30여 년간 경제적 성장이 이곳을 하나의 지역으로 인식되게 했다. 이에 대해서는 Patrick Ziltener, op. cit., p. 152.
한 때 이 지역이 하나가 되는 기준으로 '중국의 이웃국가이면서 일본의 식민시기를 경험했다'는 사유가 언급되기도 했다. 그런 식의 동아시아 이해에 대해서는 Jürgen Kleiner, *Korea, Auf steinigem Pfad*, Berlin, Vistas Verlag, 1992.

46) 이에 대해서는 Markus Pohlmann, "Max Weber und der "konfuzianische Kapitalismus" *PORKLA, Zeitschrift für kritische Sozialwissenschaft,* Heft 119, 30 Jg.. 2000, Nr. 2, p. 281.

주의 발달 요소에서 서양 자본주의를 가능케 했던 개인주의와 대비되는 특징을 찾아내고 연결시켜 이해하는 방식 등이 그들에서도 나타난다.[47] 따라서 동아시아 지역 경제성장과 유교 문화를 연결시킨 것 등은 일반적 유교자본주의 담론과 크게 다를 바 없다. 하지만 그들의 유교자본주의에 대한 관심은 냉전 시대, 그리고 그에 이어지는 신자유주의 시대 미국의 미래학자들이 보여준 정치적 성격의 관심과는 다소 다르게 보인다. 오히려 유교자본주의를 내세우는 행위를 독재 통치를 옹호하기 위한 의도라고 해석하거나 동아시아 국가들의 민주주의 발전이 저조함을 변명하는 차원에서 유교자본주의가 주장된다는 의견 등이 그들에게서 나타났기 때문이다.[48]

종속이론의 영향을 받은 주장들도 보인다. 예를 들면 아시아적 가치에 의한 것이라고 평가되는 경제발전 현상은 단지 일본이나 또는 미국 주변에서 종속적인 유형을 갖는 반주변부적인 성격의 것이라는 주장이 그것이다.[49] 이 이외에도, 서양이 주목한 중국 경제성장은 1980년대 이후 진행된 것인데 이것을 이룬 세대들이 과연 유교 전통의 영향 하

---

47) 그런 모습에 대해서는 Robert N. Bellah, "Reflections on the Protestant Ethik Analogy in Asia" in S.N. Eisenstadt(Hg.), *The Protestant ethic and Modernization*, 1968 참조.

48) 이에 대해서는 Thompson, op. cit, p. 398. 이은정 경우에는 동아시아에도 개인주의 발전이 진행된 바 있었고 그 과정에서 산업이 발전되었다고 주장한다. 하지만 독재 정치가들은 아시아적 가치나 유교적 전통이라는 명분을 내세워서 당시 발전되고 있던 개인주의화 과정에 대응하고 대처하려 의도했었다고 주장한다. 이런 점을 들어 유교자본주의 담론과 독재 권력과의 연관성을 주장한다. 이에 대해서는 Lee Eun-Jeung, ""Asien" und seine "asiatischen Werte"". p. 2 참조.

49) 예를 들면 젱하스(D. Senghaas)는 아시아적 가치를 일종의 개발독트린과 비교 가능한, 일종의 강령적인 것으로 인식한다. 경제적으로 발전한 동아시아가 세계경제의 주변부에 있으면서 유럽적－서구적 근대의 도전에 대한 응답으로서 그 논리가 형성되었기 때문이라는 것이 그의 논지다. 이에 대해서는 Dieter Senghaas, "Über asiatische und andere Wert". in: *Leviathan,* Heft 1, S. 7 und 8 in Thomas p. 394에서 재인용.

에서 성장한 이들인지를 물으며 경제성과와 유교주의 연결에 의문을 제기하는 연구들도 있다.[50] 유교와 실질적인 동아시아 지역 자본주의 발전이 구체적으로 연관성을 갖는 것인지, 또는 그 관계가 역사적 사실과 부합하는지 등 확인해야 할 부분은 적지 않지만 중요한 것은 동아시아가 하나의 정체성을 가진 지역으로 독일 사회의 관심을 끈 이유는 경제성장이며 유교와의 연관성이 염두에 두어지는 것만은 분명해 보인다. 그 점이 여기서는 중요하다.

경제적 급성장에 큰 의미를 두지 않으면서 동아시아의 '속함'의 역사를 이 지역의 역사, 정치, 지리적 측면에서 설명하는 연구들도 있다. 특히 19세기 말 이래로 하나의 국민국가를 형성하려는 의도와 서구의 접근으로부터 스스로를 방어하려는 의도에 의해 동아시아 지역이 하나의 정체성을 형성한다고 보는 의견도 그중 하나다. 서구 국주의에 대한 저항의식이 이곳 정체성의 일부를 이루고 있다는 것이다.[51]

물론 지정학적, 역사적으로 직접적인 연관 관계가 없는 독일 학자들이 동아시아의 성장을 계기로 이 지역에 대해 관심을 갖게 되었던 것도 사실이지만 이는 더 현실적인 이해와 관계가 있다는 것은 주목할 만한 점이다. 국민국가 단위를 넘어 전 지구 차원에서 지역 간 경제교류가 진행되고 그런 이유에서 이곳이 더이상 독일과 그리 먼 지역이 되지 않았다는 데에 이런 현상의 원인이 있다. 서구 세계로 하여금 동

---

50) 예를 들면, Carsten Hermann-Pillath, Gouvernmentalite, Lebenswelt und Lebensführung im Kapitalismus "chinesischer Art"-zugleich eine kritische Reflektion von Max Webers Analyse der Konfuzianismus, Entwurf zum Interdiszipliären Workshop am Max-Weber-Kolleg für kultur-und sozialwissenschaftliche Studien der Universität Erfurt" Zum Verhältnis von Erfahrung und Normativität:Interdisziplinäre Perspektiven 21~22. Januar 2016, p. 6.

51) 이에 대해서는 Stefan Hübner & Torsten Weber, *National and Regional Belonging in Twentieth-Century East Asia*, Leipzig Uni.Verlag, 2014, pp. 8~13.

아시아에 대해 본격적인 관심을 갖게 한 네 마리 작은 호랑이의 존재 자체가 지구적 규모로 세계 자본주의가 작동하게 된 신자유주의 등장과 관련되어 있으며 사실상 국가 사이의 공간적 거리는 그리 중요하지 않은 세계가 되었기 때문이다. 뿐만 아니라 변화된 세계 정치상황은 독일에게도 동아시아에서의 새로운 관계전략을 세우게 했다. 1976년 모택동이 사망하고 1989년 등소평에 의해 중국의 개방정책이 시작되면서 자유로운 분위기가 조성되었던 것도 이런 대처 자세 변화에 영향을 주었다.[52] 독일 연방정부는 당시 수상 헬무트 콜로 하여금 아시아 5개국 순방을 하게했고 아시아에 대한 새로운 컨셉을 세웠던 것도 이런 상황 변화와 그에 대한 독일 태도를 반증한다.

1993년 10월 25일 독일 연방의회에서는 독일의 아시아 컨셉(Asien-konzept)을 발표했다. "독일의 경제와 미래에 아직 충분히 활용되지 않은 기회가 될 것이다."라는 문구가 이 컨셉 만들기의 목적으로서 인상적으로 다가온다. 그러나 아시아의 컨셉은 1993년의 그것으로 멈추지 않는데, 2002년 아시아는 다시 연방정부에 의해 새로이 개념 정의된다. 그 사이의 변화, 즉 1997년 경제위기, 그리고 아시아 일부 국가의 성공 극복 등의 상황 변화를 반영한 것이다. 이 새로워진 독일 아시아 컨셉에서 중요한 부분은 아시아 전체가 아닌, 특히 동아시아에 대한 주목이 강화되었다는 것이다. 사실상 앞에서 이미 언급했듯이 아시아라는 대상에 대한, 독일의 정책적 컨셉 만들기는 연방정부나 각 부처 차원에서 시도되었는데 이것이 의미하는 것은 아시아라는 지역이 시기와 상황에 따라 독일에 상이하게 대상화되었다는 것이다. 지역으로서의 아시아가 갖는 의미는 실용적 이해의 방향성에 따라 변화될 수 있는 것이

---

52) Bundeszentrale für politische Bildung, "Deutsche Asienpolitik im Rückblick", 2. September 2002.

라는 점을 보여주는 것이며 그만큼 그 자체가 갖고 있는 중요성보다는 독일에게 활용되고 "기회"를 제공해줄 대상으로서 아시아, 또는 동아시아가 의미를 갖는다는 것이다.

서구세계에 동아시아라는 지역적 범주를 각인시킨 경제적 성과, 그리고 그것을 가능하게 한 것으로 파악되는 유교적 요인 사이의 관계에 대한 독일인들의 인식이 납득할 만한 것인지 하는 것들은 이 글의 질문이 아니다. 오히려 상황에 따라 변화하는 유교자본주의론 또는 동아시아론이 독일의 이익에 활용될 가능성 여부와 연결되어 있다는 점을 염두에 두면서 그 인식론에 담긴 동아시아관을 살펴보려는데 목적이 있다. 우선 논의의 흐름을 위해 유교의 어떤 부분이 동아시아의 경제적 번영과 관계있다고 보는지 독일학자들의 글을 중심으로 간단하게 살펴보자.

동아시아의 경제 성장을 가능하게 한 것으로 평가되는 유교 윤리는 대체로 권위에 대한 신뢰(Autoritätsglaube), 복종(Gehorsamkeit), 부지런함(Fleiss), 겸손(Bescheidenheit), 가족지향성(Familienorientiertheit), 교육열정(Bildungseifer) 등이다. 이은정에 의하면 독일은 철학적인 측면보다는 윤리적-종교적 측면이 주목한다. 그 이유는 독일에서 헤겔 이후 유가가 윤리주의자(Moralist)로 이해되던 점과 관계있다는 것이다.[53] 그러나 1990년대 싱가포르 등 아시아 국가 정부 수뇌가 강조했던 측면, 즉 정치적으로 권위에 대한 신뢰(Autoritätglaube)와 복종(Gehorsamkeit)의 특징을 통해 동아시아의 정치적 독재와 비민주적 정치를 동아시아성의 하나로 간주하려는 경향 역시 중요한 영역을 차지한다. 사실상 이 특징은 18세기 이래로 유럽이 갖고 있던 아시아에 대한 이미지의

---

53) Lee Eun-Jeung, *Konfuzius interkulturell gelesen*, Nordhausen, Traugott Bautz Verlag, 2008, p. 10.

한 부분이다.[54)]

일상차원 문화로서의 유교에 대한 관심 역시 주목할 만한 내용이다. 동양의 자본주의가 기반을 두고 있다는 인적인 네트워크, 가족적인 유대 등이 그것이다. 이는 서구사회 발전을 가능하게 한 문화적 토대로써 서구인이 자부심을 갖고 강조하던 개인의 자유와 개인성 존중 문화와는 대비를 이룬다. 중국 경제가 발전하는 과정에 긴밀하고 우호적으로 연결된 해외 중국계 기업의 활약과 중국 본국에 대한 기여도 유교적 네트워크로서 주목된다.[55)] 홍콩이나 타이완 역시 근원적으로 중국이며 이들 국가와 중국과의 긴밀한 경제적 교류는 무시될 수 없었다는 점에서 이 부분은 설득력을 갖는다. 일본의 경제발전에 대한 설명에서도 이런 측면은 주목받았다. 즉 1960년대 일본의 경제발전과정에 서구근대 이행에서 핵심적인 요소라고 할 만한 개인주의가 부족하다는 점이 강조되었다.[56)] 도쿠가와 시대 이래로 공동체는 중요했고 비록 2차대전 이후, 대가족제는 파괴 되었지만 기업 공동체 문화는 여전히 중요시됨을 주목했던 것이다.[57)] 또한 유교와 직접 관련된 것은 아니나 거기서 출발한 문화적 특징, 즉 행동을 결정할 때 타인의 시각을 고려하거나 또는 타인의 행동 속에서 자기 행위의 필연성을 인식하는 것 등이 일종의 도덕성(Human Moralität)이자 중요한 결정요인이 된다는 것이다.[58)] 사회적 인식으로부터 자신의 행동 여부 결정에 영향을 받는

---

54) 이은정에 의하면 유럽에서 오늘날 유교는 동양적인 독재와 권위적 지배(orientalischer Despotie und autoritär Herrschaft)로 이해되고 있다. 이는 18세기 유럽으로 유교가 수용되는 과정에서 생긴 인식이라고 한다.(Ibid p. 10)

55) Bettina Gransow, op. cit., p. 184.

56) Helmut Loiskandl, op. cit..

57) Ibid., p. 278.

58) Ibid., pp. 280~281.

것 역시 공동체적 문화로 여겨진 것이다.

중국이나 중국계 해외 기업에서 보이는 독특한 조직 문화도 주목되었다. 레딩(Redding)은 안정적인 상하 위계적 질서와 가부장주의, 서로 간에 신뢰로 묶인 점, 의무감으로 연결된 상호관계, 그리고 깊이 자리한 가족정체성과 같은 것이 가족기업에서 보인다고 한다.[59] 레딩의 연구를 빌어 폴만(Pohlmann)은 중국인의 가족기업은 세계로 다가갈 수 있는 가장 효과적인 경제문화 중의 하나라고 평가했다.[60] 즉 해외에 널리 확산된 화교의 본국과의 관계가 중국경제를 세계적으로 확장시키는데 효율적으로 작용한다는 것이다. 이런 주장은 정치제도나 엘리트들의 철학적이고 정치윤리적인 측면이 아닌 사적이고 민중적인 문화에 담긴 유교 요소가 자본주의 발전에 긍정적인 작용을 하는 것으로 이해하고 있음을 보여준다.[61] 사적인, 그리고 민중 영역을 자본주의를 촉진 시키는 요소로 보는 방식은 베버가 종교윤리에서 출발한 일상 삶의 윤리(Lebensführung)를 서구 자본주의의 정신적 기원으로 설명하는 것과 상당히 유사해 보인다. 양자 모두 일상의 행동방식, 일상의 문화와 자본주의를 연결하고 있다.

문화 요소가 자본주의를 어떻게 촉진하는가를 과학적으로 검증하기 매우 어렵다는 점을 차치하고라도 그동안 변화된 사회와 문화의 요인들, 특히 1970~1980년대 동아시아의 경제발전을 가능하게 한 많은 국내외적 요인을 모두 간과한 채 중국 고대 철학과 경제 성과를 인과론적

---

59) Gordon Redding, *The Spirit of Chinese Capitalism*, Berlin, New York, de Gruyter, 1990, p. 239.

60) Markus Pohlmann, Max Weber und der "konfuzianische Kapitalismus" PORKLA, Zeitschrift für kritische Sozialwissenschaft, Heft 119, 30.Jg. 2000, Nr. 2, p. 283.

61) 예를 들면, Carsten Hermann-Pillath, op.cit., pp. 7~8.

으로 연결하는 것은 상당히 놀라운 일이다. 더구나 냉전 이후의 국제 정치적 지형이 정치만이 아니라 경제적 관계에 중요한 영향을 미쳤다는 것은 너무나 자명한 일이며 지구화 현상 이후의 국제적 분업화, 자본과 노동의 이동 등 현대 세계 경제에 작동하는 글로벌한 관계를 동아시아 경제발전 동기로 포함시키지 않은 설명이 현실적으로 얼마나 설득력이 있는지 확신하기 매우 어렵다. 그런 이유에서 독일의 동아시아에 대한 이해, 특히 경제적 성과와 유교를 연결하는 설명의 유의미성을 따지는 것은 크게 의미가 있다고 판단되지 않는다. 하지만 앞에서 보았듯 유교자본주의론은 일정한 시대적 배경 속에서 동아시아를 설명하기 위한 서구의 아이디어이며 동시에 미국이나 동아시아 모델을 이야기 한 동아시아 내 정치인들의 세계적 권력관계에 대한 아이디어이기도 하다는 점에서 타자로서의 동아시아를 파악하는 하나의 틀이자 동시에 인식하는 주체들의 시대 인식을 보여주는 담론이라고 볼 수 있다. 그런 이유에서 유교자본주의론을 통해 본 독일인의 동아시아 인식은 오히려 이 지역을 자각하고 정의함으로써 독일이 추구하는 목적에 대한 의문으로 이어지는 것이 더 합리적이라고 할 수 있다.

2) 유교자본주의론에 나타난 동아시아에 대한 인식: 독일의 경우

독일의 유교자본주의론 특징 중 하나는 동아시아를 중국과 동일시하며 문화 역시 고대 중국 철학의 범주 속에서 파악하고 있다는 것이다. 그들의 논의에서 동아시아라는 명칭은 거의 아무런 부가 설명이나 거부감 없이 중국과 대체 가능할 정도로 번갈아가며 사용된다.[62] 유교

62) 이런 용어 선택은 동아시아적 가치나 유교자본주의를 논하는 독일인학자들의 글에서 늘 나타난다.

적 기반 위에서 경제 성과를 올렸다는 이 두 가지 점 때문에 하나의 지역으로 범주화된 홍콩, 타이완, 싱가포르 그리고 한국에서, 한국을 제외하면 역사적으로 중국에 속했던 나라이거나 또는 1990년대 관점에서 보면 멀지 않은 시기에 중국으로 다시 귀환될 나라이다. 문화적으로는 한국 전통사회 역시 유교라는, 중국으로부터 기원하는 뿌리에 속한다. 그러나 일본 역시 유교주의로 인식되는 점이나 시간의 경과 속에서 각기 고유한 방식으로 전통의 변화를 경험한 점은 거의 염두에 두어지지 않으며 그런 이유에서 동아시아와 중국을 구별하지 않는 것이 그들의 동아시아관이다. 담론 속에서 네 마리의 작은 호랑이가 속한 동아시아에서 중국은 "전통적으로" 그 중심에 있는 것으로 그려진다.[63] 그리고 중국의 정치적, 문화적 영향이 그 "반주변부(Semiperipherie)" 국가인 한국과 일본(그리고 베트남)을 통하여 확장되는 것으로 파악된다. 그 과정에서 한국은 가장 강력하게 중국화 된 나라로 묘사되고 있다.[64] 사실상 작은 호랑이는 거대한 호랑이인 중국을 염두에 둔 표현이라는 설명 역시 이 지형 내에 형성된 권력 상황에 대한 독일인의 시선을 잘 보여준다.[65] 세계시장에서 경제발전 속도의 의외성으로 인해 눈에 뜨이는 지역으로 동아시아가 추상되었지만 그 추진력의 중심은 중국이라고 파악되고 있는 것이다.[66]

유교자본주의론은 동아시아의 경제적 성과를 문화를 통하여 해석하는 담론인 것처럼 보이지만 동아시아의 문화에 대한 미국 미래학자들

---

63) 인용부호는 강조를 위해 저자가 사용함.

64) Patrick Ziltener, op. cit., pp. 98~99.

65) 네 마리의 작은 용[동양에서는 호랑이라는 표현을 사용]과 커다란 한 마리의 용의 비유에 대해서는 Bettina Gransow, op. cit., p. 184.

66) Patrick Ziltener, op. cit., p. 148.

의 언급을 통해서 볼 때 사실상 근대와 대비되는 “전통”이라는 것을 동아시아적 특성과 관계해서 드러내는 것에 더 초점이 맞춰져 있는 것으로 보인다. 특히 그것이 문화적인 것일 때, 동아시아 문화 근원의 한 자락을 차지한 유교는 중국과 거의 구별되지 않는 지역으로서의 동아시아에 대한 인식을 드러내는 하나의 키워드가 된다. ‘전통’이라는 이름으로 ‘과거’의 가치와 윤리를 세계화된 시기의 경제적 성과의 토대로 이야기하는 것이 바로 유교자본주의인 셈이다. 전통은 근원이기도 하지만 동아시아론의 토대가 되는 문화인식이 문명화된 서구와 ‘야만’의 존재를 대비하는 속에서 출발한다고 했을 때 그것은 단순한 ‘과거의 가치’만으로 판단되지 않는다는 것을 주목할 필요가 있다.

유교자본주의의 내용적 구성, 즉 어떤 유교적 특징이 이 지역의 경제성장에 긍정적인 영향을 주었는지에 대한 주장은 논자마다 차이가 있다. 또한 아시아적 가치를 주장하는 이들의 경우, 그 안에 있는 비유교적인 많은 다양한 문화들을 광범위한 “아시아적 가치”로 확장하기도 한다.[67] 그럼에도 불구하고 아시아적 가치는 유교로 통합되며 그 유교는 중국의 전통이자 중국 그 자체로 환원된다. 사실상 동아시아 내에 공통의 문화가 있다고 하더라도 유교 이외에 존재하는 수많은 철학과 윤리, 종교 등에 대해서는 특별히 관심 있어 보이지 않는다. 유교, 그리고 전통에 기울이는 관심은 마치 서구세계 문화의 기원적 가치인 개인주의, 민주주의의 가치를 고대 그리스에서 찾는 것을 학습한 결과에 의한 것처럼 보인다.

다른 하나의 특징은 이 논의가 독일에서 약화되고 있는 근대화론의 재기시도처럼 보인다는 점이다. 2차 대전 이후 서구세계 많은 학문연

67) M. Thompson, op. cit., p. 406.

구는 소위 근대화론이라고 총칭되는 역사, 사회적 인식 위에 있었다. 서구가 이룬 근대는 서구 보편주의를 넘어 세계적 보편주의로 인식되었음은 물론 인류역사에서, 그곳이 어디든지 간에, 일종의 법칙적이고 필연적인 과정으로 인식되었다. 이는 하버드와 MIT 의 경제사 교수이면서 케네디의 안보 담당 조언자 로스토우(Walt W. Rostow)로 대표되는 경제적 근대화론자들에 의해서는 권위주의적 국가의 경제발전의 당위성 주장으로 연결되곤 했다. 그러나 1960년대 후반, 근대화론은 재점검되기 시작했고 발전(Fortschritt, Entwicklung)을 삶의 합법칙으로 규정하는 것은 물론 서구적 근대화를 모델로 삼는 태도에 대한 반론들이 등장했다. 이 시기 주목받기 시작한 세계체제론이나 종속이론도 그런 움직임 속에 있었다.[68]

그런데 이런 분위기 속에서 유교자본주의에 대한 설명은 서구 근대성을 다시 끊임없이 강조하게 한다. 동아시아 자본주의 발전을 가능하게 했다는 공동체성이나 비자유주의적인 특징들은 서구 근대화의 중요한 문화적, 사회적 기반인 자유주의나 개인주의의 발달을 전제로 해서 비교된다. 이런 과정을 통해 근대 시기 서구가 이룬 특징은 비근대성 위에 성취된 동양의 특이한 경우를 설명하면서 또 다시 보편적 가치로 드러난다. 폴만은 경제발전을 촉진하는 것으로 알려진 유교적 요인을 설명하면서 "그것들은 모두 서구 근대화와 정면으로 대적할만한 것"이라고 표현했는데 바로 이런 방식의 논의는 자연스럽게 동양의 특이한 문화적 요소와 함께 비교가 되는 기준을 오히려 강조하는 결과를

68) 월러스틴은 이런 서구 근대화에 대한 서구 중심적 담론을 보편주의로 규정하고 전 세계의 변화된 상황 속에서 그것을 극복하는 노력이 현대세계의 중요 이데올로기 투쟁이 될 것이라고 본다. 이에 대해서는 이매뉴얼 월러스틴 저, 김재오 역, 『유럽의 보편주의: 권력의 레토릭』, 파주, 창비, 2008, 7~10쪽.

낳는다.[69] 동아시아의 자본주의를 "전통적인" 자본주의로 묘사함으로서 탈-전통의 서구적 근대화는 다시 그 존재감을 드러낸다.[70]

민주주의와 관련해서도 이런 양상은 재현된다. 동아시아 국가 일부의 민주주의 발달로 1997년 이후에 유교자본주의와 관련한 논의가 재점화되는데 그들의 권위주의 정체와 민주주의가 어떻게 공존하는가가 논의거리였다. 이 역시 민주주의를 서구 근대화의 양상으로 전제했을 때에 가능하다.[71] 또한 민주주의 발달 가능성을 이야기하면서 유교자본주의 발달지역에 "중산층" 발달의 통계적 증빙이 있다는 사실을 강조한 경우 역시 서구 근대화 과정에서의 중산층 발달과 정치적 자유 확대를 위한 노력, 그리고 그 결과 위에서 발전한 민주주의를 전제로 했을 때 가능한 논의이다.[72] 실제로 민주주의는 유럽 이외의 세계와 마주한 서구세계 정치인들이 서구적 보편성을 이야기하는 가운데 강조하는 원칙이다.[73] 특히 유교자본주의 담론이 세계화 이후, 가난하고 발

---

69) 인용은 Markus Pohlmann, "Max Weber und der "konfuzianische Kapitalismus"" p. 283.

70) 륄레 역시 중국에서 작동했던 네트워크 같은 것은 서양의 초기 자본주의형성 과정에도 있었다고 한다. 하지만 서구에서는 그보다 관료화와 합리화가 더 중요했던 까닭에 경제가 발전할 수 있었고 그런 이유에서 후자는 서구 근대 자본주의화 과정에 나타난 근대적 특징들이 될 수 있었다고 강조한다. 이에 대해서는 Susanne Rühle, "Ein neuer 〉〉traditioneller〈〈 Kapitalismus?", Geschichte und Gesellschaft Sonderheft, Vol.24, 2012, p. 134.

71) 톰슨은 정치권력자가 문화 차이를 이데올로기적으로 도구화하는 문제, 특히 민주적인 정부 형태를 서구적인 것이자 비아시아적인 것이라고 비방하는 측면이 유교자본주의 논의에 존재한다는 점을 지적한다. 아시아적 가치 안에는 민주주의적 요소가 없음을 전제한다는 것이다. 이에 대해서는 Mark R. Thompson, op. cit., p. 391.

72) 동아시아 민주주의 발달을 중산층 존재 여부와 연관 짓는 논의는 Mark R. Thompson, op. cit., p. 399.

73) 이에 대해서는 이매뉴얼 월러스틴, 앞의 책, 8쪽.

전이 덜 된 '타자'와의 관계에서 논의 주제가 되곤 한다는 점에서 서구의 보편적이고 우월한 가치인 서구적 근대화를 드러내는 현상으로 보아 마땅하다. 이은정의 경우에도 1990년대 유교자본주의에 대한 논의 진행 과정에서 근대화론이 복귀하고 있다는 점을 강조한다.[74)]

이런 면을 주목한다면 이 담론을 통해 역사인식론 상으로 그리고 문명비교론이라는 방법론에서도 막스 베버 부활을 의도하는 것으로도 이해될 수 있다. 유교자본주의론은 막스 베버와 두 가지 부분에서 서로 상반되는 영향관계를 갖고 있다. 하나는 프로테스탄티즘 윤리에서 출발한 생활양식의 영향으로 인해 서구 고유의 것이 된 근대자본주의를 기준으로 보았을 때, 비록 초기 자본축적 양상이 중국에 있었지만 결국 프로테스탄티즘이 아닌 유교적 생활양식 영향으로 더 발전된 자본주의, 즉 합리적 근대자본주의로 발전하지 않았다는 그의 생각을 비판할 수 있게 되었다는 의미에서이다.[75)] 다른 하나는 주로 물적 토대와 연관해서 자본주의를 분석하던 베버 이전까지의 관행과 달리 문화로 통해 산업자본주의 발전을 설명하는 방식이 유교자본주의에서도 그대로 활용되었던 점 때문이다. 전자의 경우 서구의 합리적 자본주의 발달을 설명함으로써 서구 합리성의 근원을 찾고 이것을 통해 서양과 동양의 차이를 인식하기 위한 것이었으므로 이에 의해서도 서구 근대성은 하나의 비교 예이자 보편적 사례로서 그 왕성한 생명력을 유지하고 있다.

물론 관련 연구자 중에는 서구자본주의 형성에 관한 베버의 논의라

---

74) Lee Eun-Jeung, "Asien" und seine "asiatischen Werte", p. 1.

75) 막스 베버는 중국 에서도 시장을 통해 상인계급의 자본주의가 발전할 수 있었다고 했다. 하지만 거기에 머물렀을 뿐 합리적 산업 자본주의는 중국의 어느 곳에서도 성립하지 못했다고 주장했다. 이에 대해서는 막스 베버 저, 이상률 역, 『유교와 도교』, 서울, 문예출판사, 1991, 158쪽.

고 하는 것이 단지 그가 초기자본주의의 형성에 기여한 프로테스탄티즘 윤리를 노동과 직업적 소명의식 부분에서 끌어내고 설명했었던 바를 오해한 데서 비롯되었다는 이도 있다.[76] 또는 본격화된 이윤만을 추구하는 자본주의를 천민자본주의로 규정하며 근대에 나타난 합리적, 산업적 기업 조직으로서의 자본주의를 설명하려 했다는 부분도, 그리고 그가 설명한 자본주의 정신도 정확하게 이해되지 않고 있다는 의견도 있다.[77]

서구 자본주의 발전과 프로테스탄티즘 관계에 대한 그의 논의와 유교자본주의론에서 언급되는 논의를 깊이 살펴보지 않더라도 그가 유교 원리를 자본주의 발전에 저해 요소로 보았다는 사실만으로도 1970~80년대 동아시아 경제 급성장을 통해 그의 생각을 다시 돌아보는 계기가 된 것은 분명하다.[78] 사실 동아시아 경제성장의 초반에는 서구적 방식과 유사해져 갈 것이라고 판단되었지만 상황이 전개되면서 그것은 변화될 수밖에 없었다. 즉 경제성장이 그 지역의 전통적인 행동방식이 재활성화 되고 유교적 가치모델이 실현된 결과라고 인식하기 시작한 것이다.[79] 유교자본주의론의 등장이 베버의 방법론과 역사인식에 대한 거리두기라는 해석도 있었는데 그것은 동아시아의 경제적 성과가

---

76) 박용태, 앞의 글, 2007, 403~404쪽 참조.

77) 이에 대해서는 강희경, 「막스 베버의 자본주의 기원이론에 대한 재검토」, 『현상과인식』 25, 1983, 140~141쪽 참조.

78) 나치를 피해 미국으로 망명한 학자들에 의해 미국에 베버가 수용되는 과정에 대한 역사에서 1970년대는 가히 "베버 르네상스"의 시기라고 본다. 문화를 통해 자본주의 사회를 분석하는 그의 방식은 결국 미국에서 문화로 인간의 삶을 이해하는 학문적 풍토로 연결되었다. "베버 르네상스"에 대해서는 임상우, 「지적 이민과 명암: 앨버트 샐러먼과 미국 사회과학의 막스베버 수용」, 『한국사학사학보』 25, 2012, 251~252쪽.

79) Bettina Gransow, op. cit., p. 183.

막스 베버와 탈코트 파슨스의 구조기능주의 이론에 대한 비판의 시작점을 열기 때문이다.[80] 사실 그 이전까지 사회와 인간의 삶을 이해하던 구조적 틀, 서구를 모델로 한 근대화론에 대한 비판이 바로 이 시기 학문 분야에서 나타나고 있었고 그런 모습은 역사학 내에서도 관찰되었다.

2차 대전 이후 독일 역사학은 나치시기를 설명하는데 많은 노력을 기울이고 있었다. 그것은 서구 근대화의 변형으로 설명되었고 다시 그 변형은 근대화의 주체가 되어야 했던 부르주아 문제로 회귀되었다. 이런 진행은 이후 역사연구자들 사이에 서구 근대화 과정과 근대성 자체를 검증하는 논의로 발전했다. 그 안에 서구 근대화의 보편성에 대한 비판적 주장이 한 부분을 차지했다. 근대화론에 대한 비판적 시각은 새로운 역사학의 등장으로 이어졌고 그것은 1980년대에 감지되었다. 직접적으로 서구식 근대화, 계몽, 자유민주주의 일반의 우월성을 회의하는 것으로 이어졌고 이 과정에서 근대화론의 기반이 되는 이론에 대한 거리 두기가 이어졌다. 간접적으로는 베버, 루만, 파슨스의 거대 이론에 대한 제고이다.[81] 그리고 소위 "역사적 문화과학"으로의 전환도 이런 분위기의 하나로 나타났었다.

사실 문화에 대한 학문 세계의 새로운 열정은 또 다시 베버를 언급하게 하는 요소가 될 수 있다. 자본주의 분석에 정신적 요소를 도입하고 생활윤리와 행위양상을 통해 합리적 자본주의 사회의 등장 가능성을 이야기한 것은 비록 그 혼자만의 생각은 아니었지만 그의 여파는 가장 강력했다. 그런 의미에서 유교자본주의론의 유행은 베버의 서구

---

80) Ibid., p. 185.

81) 최호근, 「포스트모더니즘과 독일역사학」, 김기봉 외, 『포스트모더니즘과 역사학』, 푸른역사, 2012, 228쪽.

근대화모델에 대한 비판이기도 하지만 역으로 베버적 방식으로 동서양을 다시 이해하는 상황인 것으로 볼 수 있다. 유교자본주의론의 시초가 될 만한 허먼 칸의, 동아시아 고유 전통에 대한 주목은 그 시기 미국에서 발달하고 있던 문화학의 한 부분에서 시작된 것이며 바로 그 미국 문화학의 담론에서 중심에 있는 이는 또 다시 막스 베버이다.

20세기 중반에 다시 시작된 문화 탐구는 역사학의 문화사로의 전환에도 기여했다. 사회사 한계 극복을 위해 구체적 문화경험에 주목하는 일상생활사, 미시사, 역사인류학적 역사학 등으로 나타난 것이다. 포스트모더니즘을 수용하는 방식의 하나로 "전통의 재발견"이 시작되었던 것인데 여기에는 1980년대 영국의 사회인류학과 함께 미국 문화인류학의 영향이 상당한 비중을 차지한다. 그리고 1990년대 초반, 독일에 역사인류학 분야가 등장하면서 다양한 문화를 유럽 특유의 근대화를 기준으로 하거나 또는 그 잣대로 재단하지 않고, 과거 인간 생활 속에 담겨있는 고유한 의미를 인정하게 하는 경향으로 나아갔다.[82] 이런 학문사적인 영향 속에서 중국의 경제적 근대화 과정을 포함한 동양사회의 경제적 성공의 역사가 분석 되었던 것이다.

여기서 주목해야 할 점은 미국의 문화인류학적 역사연구 분야에서 문화에 대한 해석은 여전히 막스 베버적인 인식이 기초해 있다는 것이다. 미국 역사학자로서 문화를 통한 역사학의 길을 연 기어츠(Clifford Geertz)는 1973년 그의 저서 『문화의 해석』에서 자신의 시대에 종교에 대한 연구가 이전에 비해 크게 진전된 바가 없으며 여전히 프로이트, 베버, 말리노프스키, 뒤르켐에 의존하고 있다고 한다.[83] 기어츠는 문화

---

[82] 최호근, 위의 글, 2012, 230~231쪽.

[83] 클리포드 기어츠 저, 문옥표 역, 『문화의 해석』, 서울, 까치, 2009, 111~113쪽.

라는 것이 정확하게 서술할 수 없는 Restgrösse, 즉 본질은 아니지만 중요한 의미를 지니는 것들 그리고 명백하게 "비이성적"인 태도를 표현할 때, 그리고 그 특징을 이해하기 좋게 만들기 위해 사람들이 의지할 만한 것이라고 설명했던 바 있다.[84] 그의 표현 안에서 문화라는 단어는 비서양성을 위한 표현수단임을 보여주고 있다. 근대화론에 기반을 둔 역사 인식을 포기한 것처럼 보이지만 그가 문화라는 수단으로 연구하려던 대상들이 과거 주로 인류학 분석이 시도된 사회였다는 점을 볼 때, 역시 그는 근대를 이룬 곳과 이루지 못한 곳에 대한 이분법적 구분 인식 위에 서있던 연구자임을 보여준다. 그런 영향에 의해 동아시아는 문화로 분석되었으며 이런 의미에서 베버적 동서양 비교인식은 동아시아론에서 사라지지 않는다.

동아시아론, 유교자본주의에 입각한 분석의 상당부분은 베버의 문화연구를 보완하려는 목적을 가진 것처럼 보인다는 것도 또 하나의 특징으로 이야기될 수 있다. 유교자본주의론의 시작을 열었던 베르거가 해외 중국화교의 경제 활동이나 중국본토와의 교류 관계, 그리고 4마리의 작은 호랑이 국가의 예를 통해 유교가 경제발전에 미친 영향을 이야기할 때는 중국이 아직 베버적인 테제를 반격할만한 경제적 수준을 이루고 있지는 않았다. 하지만 시간이 더 지나며 중국은 베버가 "정치적 자본주의"라고 명명한 것과 많은 부분에서 공통성을 가진 "국가자본주의"의 모습을 보여줬다는 점을 강조함으로써 베버의 인식이 그리 틀리지 않았음을 보여주기도 한다.[85]

도시가 부르주아적 자본형성에 중요한 기반이 되었던 서유럽과 달

---

84) Elmar Rieger & Stephan Leibfried, *Kultur versus Globalisierung,* Suhrkamp, 2004, p. 16.

85) 이에 대해서는 Carsten Hermann-Pillath, op. cit., pp. 3~4에서 재인용.

리 중국 도시는 그런 역할을 하지 못했다고 하는 베버의 주장과는 달리 농촌의 집단적 공동체를 기반으로 하는 구조와 국가적 소유 구조라는 이중적 경제구조 속에서 중국 농촌의 절반 정도에 존재했던 자유로운 소유 관계가 경제적 근대화와 도시화를 통한 자본주의 발전으로 이어졌다는 또 다른 연구자의 주장은 좀 더 구체적 연구를 통해 베버가 놓친 부분을 찾고, 그럼으로써 베버 연구를 보완하는 것처럼 읽힌다.[86] 이 이외에도 중국 기업가들이 기본적으로 유교적 토대 위에 있지 않다는 점, 화교의 역할은 그 기반이 된 지역적 특징(regionaler Prägung) 위에서 발달했던 점을 강조하며 결국 베버 테제의 근본적인 수정이 필요하다("die Webersche These einer gründlichen Revision bedarf")는 의견도 개진된다. 사실상 베버의 과거 중국에 대한 분석은 사실상 서구의 중국학을 매개로 해서 만들어진 유교적 자화상의 영향을 강하게 받았다는 점도 지적된다.[87]

폴만이 동아시아의 자본주의를 가능하게 했던 가족 유대나 서구적 세속화와 대비되는 전통성을 설명했던 것 역시 서구적 근대화를 상대로 한가운데 이루어진다. 그 역시 자신의 글 제목처럼, 유교적 자본주의론을 통해 베버를 제고하기 위해 노력한 셈이다. 그의 유교주의는 엘리트적 사유가 아닌 민중의 생활윤리에 대한 것이며 그런 의미에서 그는 생활윤리라는 부분을 다시 등장시킨 것이다.[88] 더 나아가 오늘날에도 여전히 베버적 방식의 동서양 비교, 유교자본주의에서 자본주의적 기원이 될 만한 것을 찾는 연구들이 지속되고 이는 여전한 베버적

---

86) 중국 도시와 농촌 발전의 이분법적인 과정에 대해서는 Carsten Hermann-Pillath, Ibid., pp. 3~5.

87) Carsten Hermann-Pillath, Ibid., p. 6.

88) 이에 대해서는 M. Pohlmann, op. cit., p. 284.

관심의 연장선상에 있다.[89)]

4. 맺음말

동아시아 지역에 대한 순수 학문적 관심이 이전에 없지 않았지만 1980년대 시작된 동아시아 정체성에 대한 관심은 독일인에게 좀 더 특별한 의미를 갖는다. 지체된 지역, 야만적 사람들, 빈곤한 지역이 경제적으로 급성장한 것은 단순한 호기심의 대상이 될 수 없었다. 우선은 백인이 피고용자가 된 아시아 국가의 생경한 모습을 그린 언론매체의 묘사에서 느껴지는 것처럼, 익숙했던 세상이 변화하고 있음을 자각하고 대상과의 관계에서 대책을 세워야 하는 문제였기 때문이다. 그런 이유에서 아시아는 정부의 정책을 세우기 위한 컨셉의 대상이 되었다.

학문 영역에서 동아시아는 경제 급성장과 더불어 서구 방식과는 다르게 그것을 가능하게 하는 문화적 전통과 연관되면서 서구인에게 그 고유의 정체성을 드러냈다. 거기에는 문화로 인간의 삶을 이해하는 문화학의 영향도 함께 했지만 근본적으로 그동안 한 사회의 변화를 설명하는 근대화론적 관심 제고의 분위기가 중요한 담론 기반을 제공했다.

그러나 실제로 독일사회에서 동아시아는 중국과 대체가능한 개념이었고 유교자본주의라는 것을 이해하는 구체적인 내용은 과거 막스 베

---

89) 부르주아 가족기업의 형성과 발전, 또는 유교적 특징 중 하나인 교육열에 대한 연구들이 여전히 진행되고 있다. 예를 들면, Mei, Buder, Vergleich der Unternehmersethik mittelständischer Familieunternehmen in Deutschland und China-Probleme und Lösungsvorschläge bei Gestaltung einer interkulturellen Zusammenarbeit; Seo, U-Seok, Konfuzianismus und intergenerationelle Bildung von Humankapital, 『경영논총』 제35권 2~3호, 2001 등이다.

버가 진행했던 것에서 크게 나아가지 않았다. 관심의 대상은 서구 근대화의 길과는 다른 방식으로 자본주의를 이룬 동아시아였고 그들의 근대화를 설명하는 것이 그들의 목적이었지만 실제로 연구 속에서 독일 학계가 직면한 위기 상황을 타개하는 한 방식으로 그 담론은 진행되었다. 동아시아의 문화적 특징은 서구의 근대적 특징들과 비교되면서 다시 근대적 가치는 보편적 대상이자 비교의 바로미터로 강조되었다. 서구 근대성에 대한 확신 위에 서있던 베버의 연구방법론은 그대로 활용되고 또 구체적인 연구 내용 속에서 베버의 부족한 부분들은 재점검되고 보완되는 과정이 진행되었다.

결국 정치계에서 지구적 차원에서 진행되는 경제적, 외교적 목적을 추구하기 위한 실용적 목적에서 아시아가 반복적으로 재점검되었듯이 학문적 영역에서의 유교자본주의는 서구 근대화의 길을 통해 완성한 서구 자본주의의 진행방식을 재점검하는 의미를 갖고 있었다.

> "우리는 동아시아에서의 복지국가적인 관계들을 우리 독일 사회정책의 고유한 특징을 좀 더 잘 들여다보기 위한 비교의 매개체(Kontrastmittel)로 사용한다."[90]

이 인용글에서 보듯이 동아시아는 지구화 시대 독일 자본주의의 지속가능성을 위한 하나의 거울이었다.

---

[90] Elmar Rieger & Stephan Leibfried,, *Kultur versus Globalisierung,* Suhrkamp, 2004, p. 8.

제2부
해외 지역 연구와 인식 변화

일본 근대 초기 역사학의 발해사 서술과 그 전거

김 종 복

1. 머리말

발해는 과거 8~10세기에 동아시아 세계의 일원으로서 지금의 한반도 북부와 중국 동북지방 및 러시아 연해주 일대에서 해동성국을 구가하였다. 그러나 발해를 멸망시킨 거란은 그 지역을 방치하였고 그의 계승을 자처한 후속 왕조/국가도 등장하지 않았다. 그에 더하여 발해에 대한 역사서도 편찬되지 않았기 때문에 발해는 오랫동안 동아시아의 역사에서 망각되었다. 망각된 발해를 역사상에 다시 소환시킨 것은 조선후기의 실학자들이다. 특히 그중 柳得恭이 제기한, 신라와 발해를 조선사 체계 내에 포함시키는 南北國論을 식민지 시대에 조선인이 저술한 대부분의 조선사/한국사 통사들은 수용하였다. 그렇지만 근대에 들어 본격적으로 발해사를 연구하기 시작한 것은 일제의 滿鮮史學이었다.

만선사학은 中國史에서 滿洲史를 분리해 내고, 만주사의 향방에 따라 조선사/한국사가 타율적으로 전개되었음을 근대적 역사방법론을 구사하여 입증해 나갔다. 이에 대해 한국이나 중국의 민족주의 역사학은 당연히 만선사학의 식민주의적 속성에는 부정적이지만 다른 한편으로 그 연구방법론을 수용하였다. 여기서 만선사학에 대한 연구가 일본은 물론이거니와 한국과 중국의 근현대 역사학의 양면적 성격을 이해하는 데 간과할 수 없는 부분임을 알 수 있다. 더구나 현대 중국의 동북공정이 만선사학의 중국적 변용이라는 점을 감안할 때[1] 만선사학에서의 고구려사와 발해사 인식에 대한 검토는 각론으로서 더욱 요구된다.

만선사학은 일본이 러일전쟁 이후 설립한 南滿洲鐵道株式會社의 東京支社에 滿鮮歷史地理硏究室을 부설하면서 본격화되었다. 여기에 참여한 연구자들은 1887년에 재설치된 帝國大學(나중의 東京大學) 史學科 졸업생들이었다. 그런데 명치유신 이후 일본이 제국주의를 지향하면서 중국과 조선/한국에 대한 일본인의 저술들이 양산되었으므로, 만선사 연구자들은 이들로부터 직간접적으로 영향을 받았을 것으로 추정된다. 만선사학에서의 발해사 인식을 검토하기에 앞서 이들부터 살펴보려는 이유가 여기에 있다.

필자는 명치유신에서 러일전쟁 무렵까지 일본에서 간행된 한국고대사 및 이를 포함한 通史的 저술 31종에 대해 저자 약력, 저술 목적, 내용 소개 등 기본적인 정보를 정리한 바 있다.[2] 그 결과를 간단히 요약

---

1) 박찬흥, 「滿鮮史觀에서의 고구려사 인식 연구」, 『북방사논총』 8, 2005, 206쪽에서는 동북공정과 만선사관(학)이 지리적으로 만주를 중시하고 자국의 당대 현실적인 이해관계에 부합한다는 점에서의 유사성을 지적하였다.

2) 김종복, 「일본 식민주의자들의 한국고대사 인식을 위한 예비적 검토」, 『大東文化硏究』 90, 2015.

하면 다음과 같다.

31종의 저술들은 일단 그 성격상 조선에 대한 정보를 소개하는 데 목적을 두고 역사와 지리, 제도 등을 개략적으로 서술한 '정보서' 계통의 저술 16종과, 일본과의 관계사를 포함하여 조선의 역사를 본격적으로 다룬 '역사서' 계통의 저술 15종으로 구분된다. 명치유신 직후에는 征韓論을 배경으로 漢學者 출신들이 저술한 비교적 분량이 적은 정보서가 많이 간행되었고, 청일전쟁 이후로는 대학 출신들이 근대적 체제로 서술한 분량이 많은 역사서와 정보서가 간행되었다.

이 저술들은 모두 神功皇后의 新羅 정벌 및 任那日本府 설치에 대해 조금도 의심치 않았고, 이를 근거로 조선 침략의 역사적 정당성을 내세웠다는 공통성을 갖고 있다. 나아가 고대 한일간에 교통왕래가 있었고 따라서 양국의 조상이 같다는 日鮮同祖論的 서술을 보이는 저술도 15종이나 되었다. 반면 한국사의 시작을 의미하는 고조선에 대해서는 단군부터 서술한 경우는 11종에 불과하고, 나머지는 기자부터 서술하거나 단군을 언급하더라도 믿기 어렵다고 하였다. 발해사에 대해서는 한일관계사의 범주에서 발해의 조공을 중심으로 서술한 것이 7종, 발해사를 개관한 것이 12종, 발해사를 서술하지 않은 것이 12종이다.[3]

이제 기왕에 분량 제한으로 다루지 못했던 19종의 저술들의 발해사 서술 내용에 대해서 검토하고자 한다. 그런데 위에서 발해사를 개관한 저술 12종 중에 3종은 일본인의 저술이 아니라 조선과 중국 측 사서를 번역한 것이다. 그래서 이를 먼저 살펴보고, 다음으로 발해와 일본의 관계를 다룬 저술들, 그리고 발해사를 개관한 저술들 순으로 검토하고

---

3) 김종복, 2015 「일본 식민주의자들의 한국고대사 인식을 위한 예비적 검토」, 『大東文化硏究』 90, 294쪽에서 각각의 숫자에 대해 6종, 11종, 13종이라고 한 것은 오류이므로, 정정한다.

자 한다. 다만 발해와 일본의 관계를 다룬 저술들도 발해사에 대해 언급하기도 하였고, 발해사를 개관한 저술들도 발일관계에 대해 언급하였으므로 이러한 구분은 다분히 서술상의 편의를 위한 것이다.

2. 조선과 중국 측 저술의 번역서

근대 일본에서는 1875년 운양호 사건을 전후하여 한국사 관련 저술들이 새롭게 간행되기 시작하였다. 이미 1667년에 간행된 和刻本『東國通鑑』이 1883년에 補刻된 것도 한 사례인데, ②[4]『啓蒙 朝鮮史略』(菅原龍吉, 1875-04, 千鍾房)은 이미 1822년에 간행된『朝鮮史略』을 일본어로 번역한 것이다.

『朝鮮史略』의 내용은 朴祥의『東國史略』과 동일하다. 그렇지만 그 저본은 조선의『동국사략』이 아니라 이를 중국에서 간행한『朝鮮史略』萬曆刊本을 昌平坂學問所에서 1822년에 다시 간행한 것이다.[5]『啓蒙 朝鮮史略』의 권2 新羅記, 聖德王 항목에는 발해의 역사가 간단히 서술되어 있다. 古套의 원문 그대로 직역하면 다음과 같다.

> 聖德王 … 唐이「大祚榮」을 渤海郡王으로 爲하다. 卒함에 及하여 私사로이 諡號를 高王이라 日하다. 子인「武藝」가 嗣하여 立하다.〈渤海는 本래 粟末靺鞨「祚榮」의 父「乞乞仲象」이 太白山의 東을 保하고「祚榮」이 嗣하여 立하다. 驍勇하고 騎射를 善하다. 高句麗의 餘党이 稍稍히 之에 歸하다. 乃히[6] 國号를 建하여 震國이라 日하였다. 地方千里 勝兵數萬이며 頗히 書

[4] 여기서 표기한 원문자는 김종복, 앞의 논문에서 사용한 것과 동일하다. 각 저술의 저자 약력, 저술 목적, 내용 소개 등에 대해서는 여기서는 생략한다.

[5] 櫻澤亞伊,「『東國史略』の諸本について」,『資料學研究』3, 2006, 38쪽.

契를 知하다. 盡히 扶餘·沃沮·卞韓·朝鮮等의 地를 得하고 後孫「仁秀」에 至하여 境宇를 闢하고 五京 十二府[7] 六十二州를 有하고 遂히 海東의 盛國이 되다〉「景哀」王 時에 至하여[8] 契丹이 之를 攻하여 滅하고 東丹國으로 爲하다. 其世子及大臣等이 皆히 高麗에 降하다.

⑦ 『朝鮮國誌』(關根錄三郎, 1883-03, 丸善藏)는 例言에 따르면 중국에서 입수한 조선 자료를 訓點한 것인데, 이번에 확인해 보니 그 원본은 『大淸一統志』 권421, 朝鮮이다.[9] 『조선국지』는 이를 조선의 역사와 지리를 나누어 2권으로 구성하였다. 권1에서는 조선의 역사를 기자·위만조선·한사군을 묶어 간략히 서술한 다음에 고구려, 고려, 조선 순으로 서술하였다. 반면 백제의 경우 당이 백제를 멸망시키고 웅진 등 5도독부를 설치한 사실에서 한 차례 언급되어 있다. 신라도 마찬가지로, 당이 고구려 고지에 설치한 안동도호부를 신라가 차지했다가 나중에 발해에 겸병되었다는 서술 속에서 한 차례 언급되었을 뿐이다. 주목되는 점은 이 다음에 分註에서 『五代史』와 『文獻通考』의 발해 기사를 인용한 것이다. 해당 부분의 원문은 다음과 같다.

總章元年(668) 李勣征高驪 拔平壤 置安東都督[10]護府 由此高氏遂滅 儀

---

6) 우리 어법에 '乃히'라는 표현은 없다. 일본어 부사 '乃ち(이에)'를 직역하기 위하여 어색하지만 이렇게 표기한다. '頗히(제법)', '遂히(드디어)', '皆히(모두, 다)', '自히(스스로)', '尋히(이윽고)', '復히(다시)', '僅히(겨우)' '多히(많이, 대부분)', '新히(새로이)', '仍히(여전히)', '寖히(차츰, 점점)', '獨히(유독)', '始히(비로소, 처음으로)', '猶히(오히려, 여전히)' 등 한자 다음에 '히'를 붙인 것은 모두 이와 같다.

7) '十二府'는 『東國史略』도 마찬가지이므로, '二'는 '五'의 오기일 것이다.

8) '「景哀」王 時에 至하여'(『朝鮮史略』의 '至景哀王時')가 『東國史略』에는 '王景哀王時'로 되어 있다.

9) 『大淸一統志』는 1744년(건륭 9)에 초판이, 1790년(건륭 55)에 증보판이 간행되었다. 嘉慶 연간에 시작된 증보판의 원고는 1842년(도광 22)에 완성되었지만, 1934년에 『嘉慶重修一統志』라는 제명으로 간행되었다.

鳳初 新羅據其地 開元以後 并於渤海大氏〈五代史 渤海本號靺鞨 高驪之別種也 唐高宗滅高驪 徙其人散處中國 置安東都護府於平壤以統治之 武后時契丹攻北邊 高驪別種大乞乞仲象 與靺鞨酋長乞四比羽走遼東 分王高驪故地 武后遣將擊殺乞四比羽 而乞仲象亦病亡 仲象子祚榮立 因并有比羽之衆其衆四十萬人 據挹婁 臣于唐 中宗時 置忽汗州 以祚榮為都督 封渤海郡王其後世遂號渤海 馬端臨文獻通考 初渤海王數遣諸生 詣京師太學 習識古今制度 至為海東盛國 地有五京十五府六十二州 以肅愼故地為上京 曰龍泉府領龍湖渤三州 其南為中京 曰顯德府 領盧顯鐵湯榮興六州 穢貊故地為東京曰龍原府 亦曰柵城府 領慶鹽穆賀四州 沃沮故地為南京 曰南海府 領沃晴椒三州 高麗故地為西京 曰鴨綠府 領神恒豊正四州 曰長領府 領瑕河二州 夫餘故地為夫餘府 常屯勁兵捍契丹 領扶仙二州 鄚頡府領鄚高二州 挹婁故地為定潘府 領定潘二州 安邉府領安瓊二州 率賓故地為率賓府 領華益建三州拂涅故地為東平府 領伊蒙沱黑比五州 鐵利故地為鐵利府 領廣汾蒲海義歸六州 越喜故地為懷遠府 領達越懷紀富美福邪芝九州 安遠府領寧郿慕常四州 又郢銅涑三州為獨奏州 涑州以其近涑沫江 蓋所謂粟末水也 龍原東南濵海 日本道也 南海新羅道也 鴨綠朝鮮道也 長領營州道也 夫餘契丹道也〉

⑧『鶏林地誌』(宇津木貞夫, 1883-05, 爰止居)는 청초의 지리학자 顾祖禹(1631－1692)의 저술인『讀史方輿紀要』권38, 山东9(外国附考) 朝鮮을 번역한 것인데, 구성을 약간 달리했다.『독사방여기요』는 조선의 위치를 언급하고 뒤이어 조선의 역사를 기자, 위만조선, 한사군, 고구려, 고려, 조선 순으로 간단히 서술한 다음에 조선의 주요 지명에 대해 상당 분량을 할애하고, 마지막에서 탐라 · 읍루 · 부여 · 옥저 · 예맥 · 백제 · 신라 · 流鬼 · 勃海 등을 서술하였다. 그런데『계림지지』의 배열은 조선의 위치, 조선의 주요 지명,「朝鮮沿革」(조선의 역사),「부록」(탐라~발해) 순으로 다소 바뀌었다.

「조선연혁」의 내용은 ⑦『朝鮮國誌』의 조선의 역사와 거의 같다. 즉

10) '督'은 衍字이다.

『대청일통지』 조선 부분은 『독사방여기요』 조선 부분을 토대로 작성한 것이다. 그래서 발해에 대한 언급도 해당 부분을 그대로 번역하여 "總章元年에 李勣이 高麗를 征하고 平壤을 拔하고 安東都護府를 置하다. 此로부터 高氏가 遂히 滅하다. 儀鳳 初에 新羅가 其地를 據하고 開元 以後 渤海의 大氏에 并되다"로 되어 있다.[11] 이와 유사한 내용이 「부록」의 신라 말미에는 "上元 初에 新羅가 百濟의 故地에 據하고 又 高麗의 叛衆을 招納하다. 兵을 遣하여 之를 討하다. 復히 降을 請하다. 儀鳳 以後 復히 西쪽 高麗 古城에 據하다. 唐이 討할 수 없었다. 是로부터 僅히 唐에 羈屬할 뿐, 開元 以後로 其地가 多히 渤海에게 并되다" 라고 하였다. 「부록」의 勃海 부분은 다음과 같다.

> 亦 靺鞨의 遺種이다. 隋時의 粟末部이다. 初에 高麗에 附하다. 唐이 高麗를 滅하니 勃海의 大氏가 徙하여 營州에 居하다. 尋히 挹婁의 東牟山을 保하다. 高麗 · 靺鞨이 稍稍히 之에 歸하다. 武后의 萬歲通天 中에 契丹 李盡忠에게 逼되다. 乞乞仲象이라 云하는 者가 있어 遼水를 度하여 自히 固하다. 武后가 勃海都督府를 置하고 之에게 授하고 又 封하여 振國公으로 爲하다. 子 祚榮이 遂히 盛强하여 扶餘 · 沃沮 · 弁韓 · 朝鮮의 諸國을 并有하다. 地方 五千里에 都邑을 建하여 自히 振國王이라 稱하다. 睿宗이 先天 初에 拜하여 渤海郡王으로 爲하고 都한 곳에 名을 忽汗州라고 賜하다. 開元七年(719) 武藝가 位를 襲하고 益强하여 其後에 皆 王이라 稱하고 改元하지만 仍히 唐에 羈屬하다. 또 數傳하여 彝震에 至하여 地가 益拓하니 徙하여 忽汗河 東쪽에 居함이 舊國에서 去한 三百里이다. 渤海國王이라 稱하고 尋히 號를 僭하고 宮闕을 建하려고 擬하다. 勃海의 故地로써 上京龍泉府라 爲하다. 忽汗州는 即 平壤城이니 中京顯德府라 爲하고, 濊貊 故地를 東京龍原府라 爲하고, 沃沮 故地를 南京南海府라 爲하고, 高麗 故地를 西京鴨綠府라고 爲하다. 十五府 六十三州를 分統하여 遼東의 盛國이다.

---

11) ㉑ 『新撰朝鮮地理誌』(大田才次郎, 1894-10, 博文館)도 참고도서에 『독사방여기요』가 있는 만큼, 이 부분이 동일하다.

其後 寖히 衰하여 契丹 阿保機가 國을 建하고 勃海를 攻하여 忽汗州를 拔하고 其王 大諲譔을 俘하다. 勃海가 遂히 滅하다.

영주의 고구려 유민이 이진충에게 핍박당했다거나 측천무후가 발해도독부를 설치했다는 부분은 사료적 근거가 없다. 그렇지만 ⑦『朝鮮國誌』과 마찬가지로 발해사에 대해 비교적 풍부하게 서술한 편이다. 후술하듯이 일본인의 한국사 저술들이 대부분 발해와 일본과 교섭관계에 대한 서술로 일관한 점과 비교해 볼 때, 조선과 중국 측 자료는 발해사에 대해 좀더 많은 정보를 제공하였을 것이다. 그럼에도 불구하고 일본어 번역본이라는 점은 일반 국민들에게까지 조선에 대한 정보와 지식을 보급시키려는 정치적 의도와 무관하지 않을 것이다.

3. 발해와 일본의 관계를 다룬 저술들

조선이나 중국 측 저술의 번역이 아닌 일본인에 의한 한국사 저술들은 일단 그 목적이 일본과 조선의 역사적 관계에 대한 이해에 있었으므로, 양국간의 교섭 관계에 대한 서술이 주류를 이루고 있다. 그런데 여기서 명치유신 직후에 정한론을 배경으로 漢學者 출신들이 저술한 비교적 분량이 적은 정보서가 많이 간행되었다는 점에 주목할 필요가 있다. 이들은 江戶時代 國學者들과 마찬가지로 『古事記』와 『日本書紀』 등 일본의 고전을 중시하여 고대 일본의 신이나 천황이 한국을 지배했고, 혹은 일본의 신이 한국의 신이나 왕이 되었으며, 한국의 왕족·귀족이 일본에 복속했다고 주장하였기 때문이다.[12]

---

12) 旗田巍(李基東 譯), 『日本人의 韓國觀』, 一潮閣, 1983, 119~120쪽.

『일본서기』에 뒤이은 『續日本紀』 역시 천황제에 입각하여 신라와 발해를 藩國, 즉 朝貢國으로 간주하였고, 이를 맹신한 명치시대의 한학자들 역시 한국사 저술에서 발해와 일본의 교섭을 조공국인 발해가 천황국인 일본에 조공한 사례로서 다루었다. 후술하겠지만 ①『朝鮮誌略』(東条 保, 1875-02, 松風堂)에서는 발해사에 대해서 간단히 개관한 다음에 "聖武帝 神龜四年(727)에 祚榮의 子 武藝가 使를 遣하여 來聘하였다. 是로부터 朝貢이 絕하지 않았다"라고 서술하였다.

③『朝鮮新論』(総生 寛, 1876-01, 萬笈閣)은 "渤海는 高麗의 新号다. 渤海에서 起하여 高麗王을 殺하고 新히 國을 建함으로써 渤海國이라 云한다"라고 하여 고구려와 발해의 계승관계를 인정하면서도 발해가 고구려 왕을 죽였다는 오류가 있다. 뒤이어 발해와 일본 간의 사신 파견에 대해 21건의 기사를 수록하였다. 양국 간의 사신 파견의 횟수는 발해가 727년을 시작으로 35회, 일본은 14회인데, 『朝鮮新論』는 "淳仁天皇 三年(759) 春正月에 渤海가 來貢하였다"와 같이 8세기 중반부터 수록하는 등 기사의 누락이 적지 않다. 대체로 발해의 入貢·來貢과 일본의 遣使라는 식의 간단한 기술인데, "光仁天皇 寶龜에 渤海가 來貢하였다. 表文이 禮가 없으므로 之를 却還하였다. 夏六月에 復히 來貢하였다. 其無禮를 責하여 之를 却하였다", "陽成天皇 元慶六年(882)에 渤海의 使 裵頲이 왔다. 菅原道眞과 島田忠臣이 之를 接伴하였다", "醍醐天皇 延喜二十年(920)에 渤海의 使 裵璆가 來朝하였다"와 같이 좀더 구체적으로 서술한 부분도 있다.

⑨『外交志稿』(北澤正誠·石幡貞, 1884-07, 外務省)는 명치유신 이후 국가기관이 처음으로 편찬한 외교사로, 본문 35권, 연표 5권의 방대한 분량이다. 본문은 일본의 외교사를 8編門(交聘·戰爭·版圖沿革·漂流·歸化移住·學術宗教·贈酬·貿易)과 5地域(朝鮮·漢土·肅愼渤海·西

南諸國 · 歐羅巴及亞米利加)으로 나누어 서술하였다. 5지역에서 朝鮮 · 漢土 · 肅愼渤海의 3지역은 동아시아에 해당하는 지역인데, 그중 肅愼渤海를 朝鮮 및 漢土와 구별한 점이 주목된다. 나중에 일본이 설정한 滿洲에 해당하기 때문에, 만선사학의 사상적 기반이 이미 존재했음을 보여준다.[13)]

발해에 대해서는 권3 交聘編 3 발해, 권14 漂流編 3 肅愼渤海滿洲及露國東部, 권 27 贈酬編 3 발해 등에서 각각 서술하였다. 먼저 권3 交聘編 3 발해의 서두는 다음과 같다.

> 百濟 · 高句麗가 滅하고부터 高句麗의 遺臣이 牒을 我에 通하는 者가 있지만 謹順을 表하는 데 至하지 않다. 獨히 渤海의 使臣이 海에 相望하여 累世에 絕함이 없고 特히 懇款을 極하다. 渤海는 高句麗의 裔로서 姓은 大氏이며, 神武天皇 紀元 千三百年代에 長白山의 北에서 新히 一國을 세워 震國이라 號하다. 初에 高句麗가 唐에 滅되자 大氏가 餘衆을 率하여 北으로 奔하여 挹婁의 東牟山을 保하고 城郭을 築하고 之에 居하다. 文武天皇 時에 大祚榮이라는 者가 있어 諸部를 倂呑하고 國勢가 漸차 强해져, 元明天皇 和同六年(713)에 唐主가 封하여 渤海郡王으로 爲하다. 是로부터 始히 渤海라 稱하다.

서두에서 발해가 고구려의 후예로서 일본에 '謹順하게' 조공하는 존재라고 전제한 점이 눈에 띈다. 발해의 내력을 간단히 소개한 다음에는 武王이 처음으로 일본에 사신을 파견한 727년부터 발해 사신 裵璆가 東丹國使로 재파견된 930년까지 발해와 일본 간의 사신 왕래에 대한 사실들이 서술되어 있다.

권 14 漂流編 3 肅愼渤海滿洲及露國東部는 "肅愼이라는 國은 我와

---

13) 李萬烈, 「19世紀末 日本의 韓國史 硏究」, 『淸日戰爭과 韓日關係』, 一潮閣, 1985, 106쪽.

相距함이 甚히 遠하지 않아서 漂到한 者가 亦시 必히 多했을 것이나 古史에 闕略되고 其 史에 見하는 者는" 544년 12월에 肅愼人이 佐渡에 표류한 것밖에 없다고 한 다음에 발해와 관련된 기사들을 수록하였다. 그 범위는 738년에 일본의 遣唐使 平群廣成 등이 귀국 중 표류하여 발해 사신을 따라 다시 귀국한 사건부터 882년에 能登에 내린, 즉 표류한 발해국 사신이 선박 건조를 위해 무단으로 채벌하는 것을 금지하는 칙령까지이다.

권 27 贈酬編 3 발해는 "渤海는 今의 滿洲 及 東蒙古로서 其地가 北으로 偏한 故로 所産의 物이 亦시 多함은 皮革·羽毛의 類에 過하지 않다. 그래서 古史는 簡略하게 唯 方物朝貢이라고 記하고 其物을 詳히 할 수 없었다"라고 한 다음에 727년부터 930년까지 발해와 일본 간의 증답품 등을 서술하였다.

이처럼 『외교지고』는 발해와 일본의 외교사를 일본측 사료를 중심으로 주제별로 분산 배치하면서, 『東國通鑑』과 『新唐書』 등 외국 사서도 일부 참조하였다. 일본측 사료의 경우 『속일본기』, 『類聚國史』, 『日本後紀』, 『日本逸史』, 『日本紀略』, 『續日本後紀』, 『文德實錄』, 『三代實錄』, 『扶桑略紀』, 『本朝文粹』, 『菅家文草』 등의 원사료와 함께 『本朝通鑑』(1670)·『大日本史』(1715) 등 후대의 편년체 사서들이 있는 것으로 보아, 아마도 후자를 토대로 전자를 확인하고 누락된 것을 보완하는 방식이었을 것이다. 이처럼 방대한 자료들을 개인이 소장하고 확인하기는 어려운 당시 상황에서 『외교지고』는 사료집으로서 널리 이용되었다.[14]

본문 아래에는 分註 형식을 취하여 발해 王名과 연호, 출전, 본문 기

---

14) 발해사에 대해 서술하지 않은 12종 중 ⑯ 『日韓交通史』(服部徹, 1894-07, 博聞社)은 인용서목에 『외교지고』가 있다. 아마도 그 이유는 『외교지고』가 肅愼渤海를 朝鮮과 구별했기 때문일지도 모른다.

사 생략의 이유,[15] 찬자의 견해[案] 등을 달았다. 발해 왕명과 연호의 경우 예컨대 '紀元 一千三百七十九年 元正天皇 養老 3年 己未' 아래 분주로 '渤海武王 仁安元年'라고 표시하였다. 그런데 이러한 표기들에는 약간의 오류가 있다. 첫째는 3대 文王의 연호를 '大興'이 아닌 '天興'으로 오기한 것이다. 둘째는 13대 大玄錫의 시호를 景王이라고 한 것이다.[16] 권36, 年表 3에도 경왕이라고 표기하였지만, 권14 漂流編 3 肅愼渤海滿洲及露國東部에서는 陽成天皇元慶六年壬寅(882)〈渤海國王虔錫二年〉라고 하였다. 虔錫은 대건황과 대현석을 혼동한 결과이다. 셋째는 발해 마지막 왕 대인선의 시호를 哀王이라고 한 것이다.[17]

경왕과 애왕이라는 시호는 사료적 근거가 없음에도 불구하고 『외교지고』에서 처음 사용한 이래로 林泰輔의 『朝鮮史』와 鳥山喜一의 『渤海史考』(1915) 등이 이를 따랐고, 일본과 한국의 각종 연표들은 지금까지 이를 답습하고 있다. 이에 대해 金毓黻은 『외교지고』가 『東國史略』의 "渤海至景哀王時 契丹攻破之"의 '景哀王'이 신라의 경애왕임을 詳考하지 못하고 '景王'과 '哀王'의 두 왕의 시호로 여긴 데서 비롯된 것이라고 설명한 바 있다.[18] 『외교지고』가 인용한 한국 사서에 『東國史略』은 없지만, 앞서 언급했듯이 일본에서는 그것의 명대 판본인 『朝鮮史略』이 이미 유포되었고, 나아가 일본어 번역본(② 『啓蒙 朝鮮史略』)조차 간

---

15) 예컨대 天平 11년(739년) 10월에 발해 사신 己珍蒙이 일본의 遣唐使 平群廣成을 송환하면서 가져온 國書에 대해 분주에서는 "국서 중에는 오직 廣成을 보내는 이유를 말할 뿐이므로 생략한다"라고 하였다. 아마도 조공국으로서의 모습이 보이지 않기 때문에 생략했을 것이다.

16) 清和天皇… 十八年丙申〈渤海景王六年〉十二月渤海使政堂省孔目官楊中遠等一百餘人出雲島根郡ニ來ル….

17) 醍醐天皇延喜八年戊辰〈渤海哀王七年〉.

18) 김육불(발해사연구회 역), 『신편 발해국지장편』 하, 신서원, 2008, 225쪽.

행된 점을 감안하면, 김육불의 지적은 타당하다.

『외교지고』는 외무성 기록국이 1877년부터 1881년에 걸쳐 편찬한 것인데, 1877년은 太政官 修史館이 일본 역사를 제도·학예·민업·풍속·물산 등 주제별로 분류하여 서술한 『日本史略』을 편찬한 해이기도 하다. 이 책은 內閣 修史局과 帝國大學 編年史編纂掛에 의해 두 차례 수정을 거쳐 ⑫ 『稿本 國史眼』(重野安繹·久米邦武·星野恒, 1890-12, 史學會)으로 출판되었으며, 1887년에 재설치된 (동경)제국대학 사학과의 교재로 사용되었다. 발해사에 대해서는 권2 第7紀 奈良의 朝(62년) 제43장 「韓唐二國의 形勢」와 第8紀 平安奠都(81년) 제54장 「唐·新羅·渤海 交通」에 다음과 같이 서술하였다.

> 是時에 外國은 韓唐이 皆 變動이 있다. 前紀의 末에 粟末靺鞨王 大祚榮이 靺鞨과 共히 唐兵을 破하고 震國이라 稱하다. 元明의 季年에 唐의 爵名을 受하여 渤海王이라 改하다. 子 武藝가 立하여 益大하나 猶히 高麗盛時의 三分一에 及하지 못하다. 子 欽茂가 孝謙의 時에 肅愼故地로 移하고 五京十五府六十二州를 設하다. 其東境은 蝦夷에 毘連하니 其使가 屢 出羽에서 朝貢하다. … 孝謙의 朝에 至하여 … 渤海도 來貢하다. 旣하여 小野田守가 渤海로 使하여 還하여 唐에 安祿山의 亂이 起하다고 告하니 因하여 太宰府의 邊備를 修하다. 高元度를 遣하니 渤海를 經하여 遣唐使 藤原清河를 唐에서 迎하다. … 渤海가 又 唐에 史朝義의 亂이 起하여 路塞하다고 告하다.

> 外國의 交通은 光仁帝가 新羅·渤海의 貢表의 無禮를 責하고 之를 斥하다. 二國이 罪를 謝하다. 尋하여 渤海·鐵利 二國의 人 三百五十九人이 歸化하다. … 桓武의 朝에 渤海의 使가 出羽에 漂到하여 蝦夷에 劫略당하고 使者가 僅히 京師에 入하다. 御長廣岳等을 遣하여 送還하니 渤海王 嵩璘이 之를 謝하고 貢期를 請하다. 六載一貢으로 하니 嵩璘이 其期를 縮할 것을 請하여 乃히 其意에 從하다. … 嵯峨의 朝에 至하여 越前의 史生에게 渤海語, 對馬의 史生에게 新羅語, 大學生에게 漢語를 習하게 하다. 新羅에

命하여 貢獻禮物은 渤海에 準하게 하다. …

일본사 개설서이므로 발해의 내력에 대해서는 간단히 설명하고 일본과의 관계사가 주로 서술되어 있다. 당의 정보를 일본에 전달하는 모습과 조공국으로서의 모습이 부각되어 있다. 일본 천황이 발해 貢表의 無禮를 질책한 기사는 다른 저술들에도 많이 나오지만, 발해의 貢期 단축 요청과 이를 허락하는 기사는 여기에 처음 등장한다.

⑲ 『東邦關係』(渡邊修二郎, 1894-09, 奉公會)는 전체 387쪽으로 이때까지 나온 정보서 중 분량이 가장 많다. 제2부 「朝鮮國 事歷 및 日本·支那와 古來의 關係」 18장 '日本·朝鮮 古來의 關係'에 다음과 같이 발해사에 대해 언급하였다.

百濟·高句麗가 亡해서부터 日本에 聘問의 禮를 盡하여 累世에 怠하지 않은 者는 渤海이다. 渤海는 朝鮮의 東北에 있고 長白山의 東에 位한 王國으로서, 後의 契丹(遼) 及 金의 地, 今의 滿洲에 屬한다. 五京 四府 五十餘州를 置하고 制度典章이 燦然히 見할만 한 것이 있다. 皇紀 千三百年代 持統·文武 兩 天皇의 頃(唐의 中世, 西曆 六, 七百年代의 交), 高句麗의 裔 大氏가 新히 一國을 建하여 震國이라 號하고, 千三百七十一年 和銅六 年(唐 玄宗 初年, 西 七一三年) 「大祚榮」이 唐帝의 封을 受하여 渤海郡王으로 되니, 是로부터 初에 渤海라 稱하다. 皇紀千三百年代 末 渤海 第二世王 武藝(武王)가 初에 聘問使를 日本에 送한 以來, 皇紀 千五百八十七年 延長 五年(後唐, 西 九一一年)에 其國이 契丹에게 亡하기에 至하기까지, 二百餘年間 使臣이 屢차 來朝하고 方物을 呈하다. 書辭를 極히 恭謙하고, 表文의 月日 下에 王의 官品·姓名을 書하다. 朝廷도 使臣에게 位階를 授하고 物을 與함을 例로 하다. 或은 云한다, 是는 貿易의 利를 得하기 爲함이라고. 대저 或은 然하다.

서두의 "百濟·高句麗가 亡해서부터 日本에 聘問의 禮를 盡하여 累

世에 怠하지 않은 者는 渤海이다"라는 문장은 ⑨『外交志稿』의 "百濟·高句麗가 滅하고부터 … 오직 渤海의 使臣이 海에 相望하여 累世에 絕함이 없고 特히 懇款을 極하였다"를 참고한 것으로 보인다. 그 사례로서 발해 국서에 왕의 관품과 서명을 기록하였다고 서술하였다. 한편 본문에서는 발해의 지방행정제도를 '四府 五十餘州'라고 하는 오류가 보인다. '四' 앞에 '十'이 탈락되었겠지만, 그럼에도 불구하고 15부 60여 주와 차이가 나는 것은 정보서로서의 한계라고 할 수 있다.

㉘『朝鮮年表』(森潤三郎, 1904-01, 春陽堂)도 제목과 달리 실제로는 일본과 조선 관계에 대한 연표이다. 전체 316쪽 가운데「日清韓對照年表」(99쪽)와「日韓交通年表」(110쪽)의 분량이 절반 이상이나 되기 때문이다. 序說 2편 제5장「三國의 世」말미에서 발해사에 대해 개관했는데, 이는 후술하기로 한다.

「日韓交通年表」에는 35건의 발해와 일본의 교섭 기사가 수록되어 있다. 聖武天皇 神龜 4년(727) 2월에 "渤海使가 來貢하다. 渤海는 高句麗 滅亡後 遼東의 地에서 興起하다. 其 使를 我에 派한 것은 此에서 始하다"를 시작으로 하여 醍醐天皇 延喜 20년(920) 5월 11일에 "渤海使가 來貢하다. 얼마 안 되어 契丹에 滅되어 朝貢이 絕했다"까지이다. 참고문헌에『외교지고』가 포함되어 있으므로, 이처럼 많은 기사를 수록할 수 있었던 것이다. 다만『외교지고』는 발해를 조선사에서 제외했지만, 여기서는 조선사에 포함시켰다.

반면 ㉙『朝鮮支那外征錄』(石川鴻斎, 1904-01, 東陽堂)는 "淳仁天皇 天平寶字 7年(763)에 渤海·新羅가 朝貢하다. 闕禮로써 之를 斥하다"와 "光仁天皇 寶龜 3年(772)에 渤海가 來聘하다. 表文이 禮를 失함으로써 之를 郤하다"라는 2건만 수록하였다. 무수한 사례 중 2건만 수록한 이유는 제목이 보여주듯이 일본이 조선을 정벌한 정당성을 드러내기 위한 것으로 보인다.

4. 발해사를 개관한 저술들

앞에서 잠시 언급했던 ①『朝鮮誌略』(東条 保, 1875-02, 松風堂)의 발해사 부분의 전문은 다음과 같다.

> 渤海는 本래 靺鞨이라 稱하고 高麗에 附하다. 天智帝 元[七]年(662[8])에 高麗가 唐에 滅되다. 大祚榮이라는 者가 있어 驍勇騎射를 善하여 高麗·靺鞨의 衆이 稍稍히 之에 歸하다. 其地가 南은 新羅에 接하고 東은 海에 窮하고 西는 契丹에 境하니, 盡히 扶餘·沃沮·朝鮮 諸國을 得하다. 元明帝 時(708~715)에 祚榮이 唐의 爵名을 受하여 渤海郡王이 爲하다. 是로부터 專히 渤海라 稱하다. 聖武帝 神龜四年(727)에 祚榮의 子 武藝가 使를 遣하여 來聘하다. 是로부터 朝貢이 絕하지 않다. 醍醐帝 時(898~930)에 至하여 契丹에 滅되다.

발해사에 대한 간단한 개관인데, 이러한 서술은『大日本史』권238, 열전 165, 諸蕃 7, 渤海 上의 앞부분을 요약한 것이다. 고구려가 멸망한 해를 天智帝 元年으로 오기한 것이『대일본사』에도 똑같기 때문이다.[19] 앞서 인용한 ⑨『外交志稿』도 권3 交聘編 3 발해의 서두에서 발해사를

---

19) 『大日本史』 권238, 열전 165, 諸蕃 7, 渤海 上 "渤海本粟末靺鞨附高麗者 姓大氏〈唐書〉 天智帝元年 高麗爲唐所滅〈日本紀〉 大氏率衆保挹婁之東牟山 築城郭以居焉〈唐書〉 有大祚榮者驍勇善騎射 高麗靺鞨之衆 稍稍歸之 乃建國 自號震國王〈東國通鑑〉 其地南接新羅 東窮海 西契丹〈唐書〉 盡得扶餘·沃沮·朝鮮諸國〈唐書·東國通鑑〉 … 元明帝和銅六年 祚榮受唐爵名 爲渤海郡王〈類聚國史〉 自是始去靺鞨號 專稱渤海 元正帝養老三年 祚榮死 子武藝立〈唐書〉 聖武帝神龜四年 武藝使其寧遠將軍高仁義等來聘 …"

개관한 내용이 이와 비슷한 것은 『대일본사』를 인용했기 때문이다. 다만 발해의 위치와 관련하여 "長白山의 北"이라고 새로운 내용이 추가되었을 뿐이다.

⑩ 『朝鮮紀聞』(鈴木信仁, 1885-05, 愛善社)은 後高麗에서 발해에 대해 다음과 같이 언급하였다.

> 後高麗는 始祖를 王建이라 하다. 松嶽郡의 人으로 前高麗王의 裔이다. 是로부터 凡二百餘年前에 渤海王 祚榮이라 云하는 자가 있다. 其版圖는 黑龍江에 臨하여 今의 咸鏡道에 跨하고 盛京에 達하니 勢威가 甚히 熾하다. 그런데 其子孫에 至하여 契丹에게 亡하지만 國民은 契丹에 服하지 않고 高麗의 北部로 遷하다. 氣勢가 頗히 壯하다. 此時 新羅王이 不德하여 政衰하니 亂民이 蜂起하다. … 王建은 素부터 故業을 恢復할 志를 가지고 있어 乃히 衆을 率하고 之에게 投하여 其將이 되다. … 高麗는 其祖가 渤海와 緣故가 있다고 唱하고 渤海의 故地 遼東의 全土를 并하려고 하다.

발해에 대해서는 짧게 언급했지만, 고구려→발해→고려의 계승 관계를 서술했다는 점에서 주목된다. 같은 정보서 계통의 ① 『朝鮮誌略』과 서술 기조가 다르다. 이는 한국사의 흐름을 고구려, 고려, 조선순으로 서술하면서 고구려 다음에 발해를 배치한, 중국 측 자료의 번역서인 ⑦ 『朝鮮國誌』과 ⑧ 『鷄林地誌』을 참조한 것으로 추정된다.

① 『朝鮮誌略』에서 보았듯이 명치유신 직후 한학자들은 대부분 원사료보다 『대일본사』 등 후대에 편찬된 저술들을 참조하였다. 반면 ⑫ 『稿本 國史眼』의 경우 "粟末靺鞨王 大祚榮이 靺鞨과 共히 唐兵을 破하고 … 子 武藝가 立하여 益大하나 猶히 高麗盛時의 三分一에 及하지 못하다. 子 欽茂가 孝謙의 時에 肅愼故地로 移하고 五京十五府六十二州를 設하였다" 등의 부분은 『대일본사』에 없는 내용으로 찬자들이

원사료를 참조한 결과이다. 앞서 언급했듯이 『고본 국사안』은 동경제대 사학과 교수들이 근대적 서술 방식으로 편찬한 일본사 통사이다. 서두에 수록된 天皇系統表와 歷朝一覽 같은 도표는 이후의 역사서들이 모두 모방할 정도로 이 책의 영향을 컸다.

⑬ 『朝鮮史』(林泰輔, 1892-12, 吉川半七藏版)도 그중의 하나이다. 저자는 제국대학 문학부古典講習科 漢書課 출신으로 기왕의 편년체 서술방식을 지양하고, 사회 · 경제 · 문화 · 풍속까지 포함하는 한편 시각적 효과까지 기대할 수 있는 각종 도표(物產略表, 歷代一覽, 歷代王都表)를 수록하였기 때문이다. 당시로서는 획기적이었기 때문에 나중에 玄采가 이를 『(中等教科) 東國史略』(1906)이라는 제목으로 譯述하였다. 『조선사』 권2 제3편 上古史 제11장 渤海 부분을 내용상 단락을 나누어 소개하면 다음과 같다.

A. ① 新羅統一의 後, 北方에 國을 立한 것이 있어 渤海라 曰하다. 渤海는 本 粟末靺鞨〈靺鞨의 部落으로 粟末河에 依하여 居하는 者로써, 粟末河는 今의 松花江이다.〉로써 高句麗의 北에 있다. 上古 初부터 屢차 三國을 侵凌하는 일이 있는데, 高句麗의 亡함에 及하여 餘衆이 稍히 之에 歸하니, 遂히 其地를 并하다. 我紀元 一千三百七十三年〈新羅 聖德王 十二年(713)〉에 至해서 其酋 祚榮이 姓은 大氏로 自히 震國王이라 號하다. 國勢가 益盛하므로, 唐 睿宗이 祚榮을 拜하여 左驍衛大將軍 · 渤海郡王으로 삼다. 是로부터 始에 靺鞨의 號를 去하고 專히 渤海라 稱하다. ② 其後 武藝 · 仁秀와 如함이 益 境宇를 開하니, 其地가 南은 新羅에 接하고 東은 海를 窮하고 西는 契丹으로 하여, 五京 十五府 六十二州가 있다. 肅愼 · 濊貊 · 沃沮 · 高句麗 · 夫餘 · 挹婁 · 率濱 · 拂涅 · 鐵利 · 越喜의 故地를 并有하다.〈大抵 今의 平安道, 咸鏡의 西境 及 滿洲 盛京 · 吉林의 二省에 當한다.〉 ③ 又 諸生을 唐에 遣하여 文物制度를 學하게 하니, 政府의 組織은 大抵 唐制를 模擬하여 官에 宣詔省 · 中臺省 · 政堂省이 있고, 左右相 · 左右平章 · 侍中 · 常侍 · 諫議가 있다. 又 左의 六司는 忠 · 仁 · 義部, 右의 六司는 智 · 禮 · 信部

가 있고 各 郎中·員外가 있다. 武官에는 左右衛大將軍의 屬이 있다. 其 服章에도 亦 紫·緋·淺緋·綠 及 牙笏·金銀魚의 制가 있다고 云하다.

B. 武藝가 又 我紀元 一千三百八十七年〈聖武帝 神龜四年(727)〉에 寧遠將軍 高仁義로써 日本에 來聘케 한 以來로 屢차 使를 遣하고 方物을 貢하고 恭順의 禮를 修하니, 我 亦 之에 報聘해서 往來가 常히 絕한 적이 없다.

C. 是時에 契丹의 太祖 阿保機가 西北方〈支那 直隸省 承德府 及 內蒙古東部〉에서 興하니 我紀元一千五百七十六年〈新羅 神德王 五年(916)〉에 自히 天皇王이라 號하다. 勢가 頗히 强盛해서 四方을 併呑할 志가 있는데, 一千五百八十六年〈新羅 景哀王 三年(926), 契丹 天顯 元年〉에 諸部의 兵을 率하여 扶餘城을 拔하고 其 守將을 殺하다. 進하여 忽汗城〈滿洲 吉林省에 있다〉을 圍하다. 渤海王 大諲譔이 戰敗하고 遂히 降하다. 阿保機가 乃히 渤海를 改하여 東丹國으로 삼고, 其子 突欲을 人皇王으로 삼아 之를 鎭케 하다. 祚榮이 王이라고 稱함으로부터 凡 十四王 二百十四年이 되어 渤海가 亡하다. 是에 於하여 其 世子 大光顯 及 將軍 申德, 禮部卿 大和鈞等이 其 餘衆을 率하여 前後로 高麗로 奔한 者가 數萬戶라고 云한다.

D. 渤海王世系, 渤海府州表(생략)

조선사 개설서이지만 일본 기년으로 기준으로 서술한 점은 근대적 서술 형식을 취했다 하더라도 인식 자체는 과거 국학자의 그것과 크게 다르지 않음을 보여준다. 발해사 서술에서 A②와 ③와 같이 기존보다 자세히 서술했다 하더라도 B 부분은 기존과 동일한 것은 이를 반증한다. 또한 D의 渤海王世系에서는 13대 景王 玄錫〈在位 三十一年〉이라고 하였다. 고대사 부분의 서술에서 『삼국사기』와 『동국통감』 등을 참조했음에도 불구하고 여전히 『외교지고』의 오류를 답습하였던 것이다. 『朝鮮史』는 최초의 근대적 한국사 통사라는 점에서 그 이후 저술들도 많이 참조하였다. 그 세 가지 저술을 연이어 소개하면 다음과 같다.

먼저 ㉒ 『朝鮮史綱』(西村豊, 1895-02, 敬業社)은 서두에 歷代王系一覽表, 歷代建都一覽表, 朝鮮全圖를 수록하였고 본문의 첫 항목이 「地

理政體 人種王統」이다. 이는 ⑬『朝鮮史』을 참고한 결과이다.『朝鮮史』 제1편 總說은 제1장 地理, 제2장 人種, 제3장 歷代沿革의 槪略 및 政體이며, 뒤이어 歷代一覽과 歷代王都表를 수록하였기 때문이다.『朝鮮史綱』은 凡例에서 '治亂興亡의 綱要'로 서술 범위를 한정한다고 하였지만, 그 역시 ⑬『朝鮮史』의 정치사 부문의 서술을 참조하였다. 卷上「金馬渚의 割據 渤海國의 興起」의 발해사 부분은 다음과 같다.

> 神文王이 薨하고 그 弟 聖德王이 卽位한 時에 즈음하여 渤海國이 興起하다. 渤海는 원래 靺鞨의 一部落으로서 速末河(今의 松花江) 邊에 住居하여 高句麗의 北에 位하여 古來부터 屢차 三國을 侵凌한 적이 있는데, 高句麗가 亡함에 及하여 餘衆이 稍稍 之에 歸하니 遂에 그 地를 倂하고, 그 酋祚榮이라 云하는 자가 國을 震이라 稱하고 之에 王으로 爲하여 扶餘·沃沮·卞韓·朝鮮의 故地를 得하여 國勢가 尤 盛하였는데, 이에 至하여 唐의 睿宗은 祚榮을 拜하여 左驍衛大將軍·渤海郡王으로 爲하다. 그 後에 仁秀의 時에 至하여 益益 境域을 開하니 그 地가 南은 新羅에 接하고, 東은 海를 窮하고 西는 契丹(支那 直隷省 承復府 及 內蒙古 東部)에 至하여 五京十五府 六十二州의 地를 有하니, 大抵 今의 平安·咸京 兩道의 西境, 滿洲의 盛京省·吉林省等에 及하고, 我 日本國과 關係가 있고 一盛國이 爲하는데, 新羅의 景哀王의 時에 契丹의 太祖 阿保機에게 滅亡되어 그 世子 及大臣等이 皆 高麗에 降하다고 云한다.

㉚『朝鮮史』(久保天隨, 1905-06, 博文館)은 제2편 上古期 제7장 '新羅의 治世'에서 신문왕과 성덕왕 사이에 발해에 대해 다음과 같이 서술하였다.

> 神文王의 後에 그 弟 聖德王이 立하다. 그 在世中에 渤海가 新히 興起하다. 渤海는 本래 粟末靺鞨로써 高句麗의 北에 在하다. 上古부터 屢차 三韓을 侵凌하는데, 高句麗가 亡하자 餘衆이 稍히 之에 歸하니, 遂히 其地를 并하고, 그 酋 祚榮이 姓은 大氏로 自히 震國王이라 號하고, 國勢가 俄히 盛

하니, 唐 睿宗이 之를 拜하여 左驍衛大將軍·渤海郡王으로 삼다. 이로부터 비로소 靺鞨의 號를 去하고 渤海라고 稱하다. 그 後 武藝·仁秀에 至하여 益히 境宇를 開하니, 그 地가 南은 新羅에 接하고 東은 日本海에 至하고 西는 契丹에 連하여, 五京 十五府 六十二州가 있고, 肅愼·穢貊·沃沮·高句麗·夫餘·挹婁·率濱·拂涅·鐵利·越喜의 故地를 奄有하고, 諸生을 唐에 遣하여 文物制度를 模擬하고, 又 我 日本과 通하다. 後 契丹의 阿保機가 起하자, 力敵하지 못하고 遂히 降하니, 그 國이 十四王 二百十四年으로 亡하고, 世子·大臣 以下 數萬戶는 皆 高句麗에 降하다고 한다.

서술 분량은 ㉒『朝鮮史綱』와 비슷하지만, 발해의 영역에 대해 肅愼·穢貊 등의 故地를 奄有했다는 부분과 발해의 햇수를 14왕 214년으로 표현한 부분은 ⑬『朝鮮史』를 참조했음을 보여준다. 참고로 久保天隨는 1903~4년에『東洋通史』(전12권)을 간행하였는데, 그중 발해사에 대한 서술이 위의 인용문보다 상세한 점도 이를 반증한다.[20)]

20)『東洋通史』7권(제2편 中古期 漢族繁榮時代) (13) 五代十國의 世 제122장 '契丹의 勃興' "周 武王의 時, 肅愼이 砮矢를 獻한 적이 있고, 그 後 殆 2千年을 經하여 南北朝의 頃에 至하여 퉁구스族의 一種이 그 間에 聚散한 것이 國을 이루어 靺鞨이라 하고 後魏가 之를 勿吉이라 불렀다. 그 地는 京師의 東北 六千里에 在하고 東은 海에 至하고 西는 突厥에 接하고 南은 高麗에 界하고 北은 室韋에 隣한다. 卽 今의 滿州一帶의 曠土이다. 그 國은 凡 數十部로 이루어져 各 酋師가 있다. 或은 高麗에 附하고 或은 突厥에 臣하고 而하여 黑水靺鞨이 北方에 居하고 又 勁健하다고 稱하여 恒히 隣境의 患을 이루었다. 黑水는 卽 黑龍江이다. 이 外에 粟米水畔에 있는 것을 粟米靺鞨이라 부르고 又 强으로써 稱한다. 粟米水는 卽 松花江이다. 唐의 初 粟米靺鞨의 部에 大祚榮이라는 자가 있어 本래 高麗의 別種으로서 高麗가 이미 滅하자 祚榮의 家屬이 徙하여 營州에 居하고 數히 唐兵을 敗하였는데 後에 그 衆을 帥하고 去하여 東, 桂婁의 故地를 保하고 東牟山에 據하여 城을 築함으로써 居하였다. 祚榮이 驍勇하고 善히 兵을 用하니 靺鞨의 衆 及 高麗의 餘燼이 稍稍히 之에 歸하여 聖曆中 自立하여 振國王이 되고 使를 突厥에 通하였다. 그 地가 營州의 東 二千里에 있다. 南은 新羅와 相接하고 越熹靺鞨에서 東北, 黑水靺鞨에 至하고 地方 二千里, 編戶 十餘萬, 勝兵 數萬人이다. 風俗이 高麗 及 契丹과 同하고 頗히 文字가 있었다. 睿宗의 末年에 祚榮을 拜하여 左驍衛員外大將軍·渤海郡王으로 삼았다. 祚榮이 死하고 子 武藝가 立하고 欽茂·嵩鄰·元瑜·言義·明忠·仁秀·彝震·虔晃·元錫에 至하였다. 이 時에

또한 앞서 언급한 ㉘『朝鮮年表』(森潤三郎, 1904-01, 春陽堂) 序說 2편 제5장「三國의 世」말미에 발해사를 서술하였다. 이 책의 참고문헌에는 ⑬『朝鮮史』과 ㉒『朝鮮史綱』이 있는데, 아래에서 보듯이 후자를 요약한 것으로 보인다.

> 新羅 聖德王이 卽位할 時를 當하여 渤海國이 興하다. 渤海는 本래 靺鞨의 一部落이다. 粟末河(今의 松花江) 邊에 居하다. 高句麗의 北에 當하다. 上古 以來 屢차 三國을 侵하였고 高句麗가 亡함에 及하여 餘衆이 之에 歸하여 遂히 其地를 併하고, 酋長 大祚榮이 國을 震이라 號하고 王이 되다. 唐 睿宗이 祚榮을 拜하여 左驍衛大將軍·渤海郡王으로 爲하다. 其後 宣王 仁秀 時에 及하여 境域이 益大하여 南은 新羅에 接하고 東은 海를 窮하고 西는 契丹에 至하니, 今의 平安·咸鏡의 西境, 滿洲의 盛京·吉林 二省의 地를 包有하다. 後 哀王 諲譔의 時에 至하여 契丹의 太祖 阿保機에게 滅되니 世子·大臣等이 前後로 高麗로 奔한 者가 數萬戶이라고 云하다.

이상에서 살폈듯이 ㉒『朝鮮史綱』, ㉘『朝鮮年表』, ㉚『朝鮮史』는 ⑬『朝鮮史』을 참조했다는 점에서, 일본 근대 초기역사학의 한국사 저술에서 ⑬『朝鮮史』의 위상을 짐작해 볼 수 있다. 그런데 여기서는 발해와 일본에 관계에 대해 '我 日本國과 關係가 있'다거나(㉒), '我 日本과 通했다'(㉚)라고만 서술하거나 아예 언급이 없기(㉘)도 하여, 발해를 일본의 조공국으로 보는 인식이 사라진 것처럼 보인다. 그렇지만 이는 문장의 축약에서 발생한 것에 불과하다. 앞서 살펴보았듯이 ㉘『朝鮮年表』의「日韓交通年表」에서는 발해의 '朝貢'를 적시하였기 때문이다.

渤海가 海東의 盛國이었다. 至에 五京 十五府 六十二州가 있어 肅愼의 故地에 上京龍泉府를, 그 南에 中京顯德府를, 濊貉의 故地에 東京龍原府를, 沃沮의 故地에 南京南海府를, 高句麗의 故地에 西京鴨綠府를 置하고, 그 境土가 東은 日本海에 臨하고 西는 契丹에 至하였다. 然이나 元錫의 後 大諲譔에 至하여 漸차 振하지 못하고 契丹이 그 弊에 乘하여 起하였다."

한편 ⑬『朝鮮史』보다 1년 뒤에 나온 근대적 저술이 바로 ⑭『日韓古史斷』(吉田東伍, 1893-12, 富山房)이다. 이 책은 668년까지를 서술 대상으로 하였지만, 제5편 近下古下紀 제5장「고려」끝부분에「발해」항목을 설정하고 족속 및 건국 과정, 초기 역사 및 5경 15부의 지리 비정, 일본과의 관계, 멸망 이후 요금원의 種屬 등 네 부분으로 나누어 서술하였다.

족속 및 건국 과정에서는 말갈 7부를 설명한 다음 걸걸중상과 대조영 부자를 속말말갈의 大部人으로 보았고, 대조영이 震을 세운 뒤 고구려의 고향을 略取하고 요동에 거하니 숙신·부여의 舊種이 속하였다고 하였다. 그 다음에 대조영의 渤海郡王 책봉과 대무예의 영역 확장 및 登州 공격, 대흠무대의 5경 15부 63주 설치를 약술하고 각종 서적을 인용하며 5경 15부의 지리를 비정하였다.

발해와 일본의 교섭에 대해서는 聖武帝와 孝謙帝, 醍醐帝 시기를 중심으로 약술하였다. 먼저 성무제 때 발해가 처음으로 사신을 파견한 이래로 일본 조정은 항상 藩國으로써 대우하였는데, 발해의 의도는 隣交를 닦고 聲援을 빌며 貿易을 일으켜 肅愼·高麗의 舊誼를 保續하는 것이었다고 설명하였다. 효겸제 때는 발해의 국서가 稱臣하지 않은 사건을 서술하였고, 제호제 때 발해가 거란에 멸망당함으로써 일본과의 通聘이 단절되었다고 하였다. 마지막으로 발해 멸망 이후에 거란·여진·몽고에 대해 서술한 뒤에, 이른바 黑水白山 지역은 絕東의 妖魔變化가 伏藏한 곳으로 근래 러시아의 남하로 日淸의 형세도 변화하였다고 하면서 肅愼 천년의 墟落이 漢化할지 露領이 될지, 그것은 일본의 大勢를 정할 것이며, 天智 이래 1200년, 명치 개국의 기력을 촉진하는 大動機이자 新誘因이라는 말로 끝맺고 있다.

『日韓古史斷』의 가장 큰 특징은 저자가 역사지리에 조예가 있었던 만큼 다양한 서적을 참조하였다는 점이다. 「발해」 항목의 본문은 다른 저술들과 마찬가지로 新舊唐書와 일본측 기록에 의거하여 서술하였다. 그러나 分註에서 인용한 자료는 『好古日錄』, 『諸史夷語解義』, 『北盟會編』, 『盛京通誌』, 『聖武記』, 『長白山誌』(英人 제임스),[21] 『高麗史』(그리피스),[22] 『高麗史』(로스),[23] 『契丹國志』, 『八域志』, 『寧古塔記』, 『大明一統志』, 『遼史』, 『新唐書』, 『朝鮮國志』, 『東國輿地勝覽』, 『天下郡國利弊書』, 『三國遺事』 등이다. 상당히 방대한 뿐만 아니라 서양인의 저술들까지 참조한 점은 저자의 博覽强記한 모습을 잘 보여준다. 그 결과 다른 저술들보다 지리 고증에서 좀더 구체적인 지명으로 비정할 수 있었던 점이 이 책의 최대 장점이라고 하겠다. 그중 일부를 소개하면 다음과 같다.

唐 嗣聖 年中에 營州에서 契丹이 唐에 叛함에 當하여, 粟末部〈「諸史夷語解義」云, 粟末江名, 今速末江, 「北盟會編」云, 粟末江今松花江〉 大部人 乞乞仲象이 太白山에 走하여 壁을 樹하고 奧婁〈鴨綠〉을 阻하다. 子 祚榮이 衆을 帥하여 東牟山〈東牟朱蒙相同, 蓋其舊國〉을 保하고 靺鞨 乞四比羽〈酋長名〉의 衆을 倂하니, 十餘萬人이며, 遂히 桂婁의 故地〈高麗六部之一內部〉에 據하여 唐의 邊兵을 破하고, 自立하여 王이 爲하고 國은 震이라 號하고 姓은 大氏이며, 高麗의 故鄕을 略取하고 突厥可汗과 通하여 遼東에 居하다. 肅愼 · 扶餘의 舊種이 皆 之에 屬했다. 然이나 海北은 極寒하여 水

21) H. E. M. James, The Long White Mountain or A Journey in Manchuria with some Account of the History, People, Administration and Religion of that Country, Longmans, Green, and Co., 1888. 국역본으로 헨리 에번 머치슨 제임스(조준배 옮김), 『백두산 등정기: 만주의 역사, 주민, 행정 그리고 종교에 관한 이야기』, 동북아역사재단, 2011이 있다.

22) William E. Griffis, Corea: the Hermit Nation, Charles Scribner's sons, 1907. 국역본으로 W. E. 그리피스(신복룡 역주), 『은자의 나라 한국』, 집문당, 1999가 있다.

23) John Ross, History of Corea: Ancient and Modern, Elliot Stock, 62, Paternoster Row, 1891. 국역본으로 존 로스(홍경숙 옮김), 『존 로스의 한국사』, 살림, 2010이 있다.

田에 宜하지 않다. 延廣 五千里에 十餘萬戶가 多하게는 靺鞨이며 土人이 少하다. 皆 土人으로써 村長을 爲하다. 俗이 頗히 書를 知했다. 〈英人 제임스는 「長白山誌」에서 論하여 曰하다. 渤海의 國을 建하자, 新羅·契丹·李唐의 間에 介在하고 其 種民 亦시 相雜하다. 此를 以하여 離亂相繼하여 永定함을 得하지 못해 其 沃野가 隣敵들에게 蹂殺되는 處에 立한 것이 猶 歐州에 롬바르드國·벨기에國이 三角戰爭의 點에 居함과 같다. 大氏의 時에 黑水의 濱, 白山의 陰에 村落이 競起하고 又 學術이 허多하여 稱하여 肅愼東方의 黃金時代라 爲할 만하다. 而하여 一時의 極盛은 終히 久하지 못하고 開明의 觀은 蕩然히 跡을 拂하다.

발해의 건국지인 東牟山을 '東牟朱蒙相同, 蓋其舊國'이라고 한 것이나, 제임스의 『장백산지』를 인용하여 발해의 지리적 조건을 언급한 부분은 상당히 흥미있는 주장이다. 그렇지만, 奧婁河를 '鴨綠江', 桂婁의 故地를 '高麗六部之一內部'라고 하는 등 오류도 적지 않다.[24)]

이처럼 근대적 서술을 지향한 새로운 저술들이 등장하였지만, 다른 한편으로 여전히 한학자의 전통을 계승한 저술도 나왔다. ㉔『東洋分國史』(大槻如電, 1896-09, 內田老鶴圃)와 ㉕『漢韓史談』(大槻如電, 1899-09, 內田老鶴圃)이 그것이다. 후자는 전자의 축약이자 중학교 한문 교과서이므로, 내용 소개는 생략한다. 그런데 『東洋分國史』가 중국과 인도의 역사는 上古史(紀)·中古史(紀)·下古史(紀)·近世史(紀)의 4시기, 조선과 베트남은 上世紀·中世紀·近世紀의 3시기 등으로 구분하고, 『漢韓史談』가 중국과 한국의 역사를 上古, 中古, 下古, 今代의 4시기로 구분한 것은 근대적 역사 서술의 영향을 받은 것으로 보인다.

㉔『東洋分國史』 卷下, 朝鮮史, 中世紀, 渤海는 제목 다음에 分註에서 14왕의 시호와 이름을 제시한 다음에 본문을 서술하였는데, 크게 네

24) 위의 인용문에 뒤이어 5경과 교통로를 설명하는데, 그중에는 西京 鴨綠府를 '朝鮮道'로 서술하는 오류도 있다.

부분으로 나누어진다. 즉 1) 발해의 위치, 족속, 건국 과정, 2) 무왕에서 문왕대까지의 일본에의 조공, 3) 景王 때 이룩한 해동성국의 양상으로서 3省 6司와 5경 15부 62주, 그리고 사방 영역, 4) 발해 사신과 일본 관료와의 唱酬 및 거란 멸망 등이다. 발해와 일본의 관계사가 절반 이상이나 서술되어 있다. 일본측 사료를 통해 기존 역사서들보다 새로운 사실들을 소개하였지만, 걸걸중상을 '仲豪'라고 잘못 표기하고, 대현석의 시호를 景王으로 표기하는 오류를 답습하기도 하였다.

『東洋分國史』에서 새롭게 서술된 부분은 다음의 두 가지이다. 하나는 1)에서 대조영의 발해군왕 책봉에 대한 分註에서 "我 多賀城門碑에 去靺鞨國界三千里라 記됨은 卽 이 渤海國이다. 渤海는 其封爵의 稱이고 靺鞨은 其國의 名이다. 韓의 三國도 國名·爵名이 各異하다. 高句麗는 遼東郡王이며 百濟는 帶方郡王이며 新羅는 樂浪郡王임으로써 互히 證할 수 있다"는 부분이다. 靺鞨이 발해의 국호라는 주장을 처음으로 한 것이다.

다른 하나는 2)에서 "子 武王이 … 曾 黑水靺鞨을 伐하려고 하여 唐과 違言있어 終히 相戰하기에 至하였다. 是에 於하여 聘禮를 日本에 修하고 而하여 其力에 賴하려고 謀하여 九年〈丁卯(727)〉 始하여 聘使를 發하여 方物을 上하였다"는 부분이다.[25] 종래의 한학자들은 천황제 이념에 입각하여 발해를 일본에 조공하는 존재로 묘사한 『속일본기』의 기록을 맹신하였는데, 여기서는 그 이유를 당과 대립하던 발해가 일본에 의지하려고 사신을 파견하였다고 설명한 것이다. 훗날 鳥山喜一(1887~1959)이 발해가 일본을 '有力한 援助者'로 선택하였으므로 '양국

---

25) 『東洋分國史』의 축약본인 『漢韓史談』, 中古篇 「渤海興亡」에는 이 부분에 대해 "攻登州不勝 於是奉表日本 貢方物以自固 我神龜四年也"라고 한 다음에 발해 무왕의 국서를 소개하였다.

의 국교는 결코 對等한 관계가 아니라 主從的 관계'라고 한 것도[26] 이를 참조했을 가능성이 높다.

이상 발해사를 개관한 저술들이 대부분 역사서 계통인데 반해, ㉖『朝鮮開化史』(恒屋盛服, 1901-01, 博文館)는 정보서 계통이지만 발해사에 대한 서술이 대폭 늘었다. 地理編 제10장 歷代版圖沿革의 '新羅 一統의 疆域'에서는 백제 · 고구려 멸망 이후 나당전쟁에서 신라의 浿江 이남 지역 취득까지 서술한 다음에 "此와 如하게 曖昧姑息으로 經過한 間에 滿洲의 形勢가 一變하여 渤海國이 起하여 悉히 高句麗의 地를 占領하고 咸鏡道 德源府에서 平安道 中和를 經하여 大同江에 至하는 一線으로써 新羅와 境界를 劃하다. 故로 新羅는 半島를 一統하다고 云하기보다 寧히 半島를 二分하다고 稱하는 것을 適當하다고 한다"라고 하였다.

제목에서는 '新羅 一統'이라고 하면서 내용 말미에서는 오히려 그를 부정하는 듯한 표현이 독특하다. 또한 신라와 발해의 경계를 '咸鏡道 德源府에서 平安道 中和를 經하여 大同江에 至하는 一線'이라고 하여 구체적인 지명을 적시하였다. 지금까지 살펴본 일본인의 저술에는 보이지 않는 내용이다. 그런데 自敍에 따르면 저자 恒屋盛服은 그는 1895년에 조선의 내각 輔佐官으로서 기록 · 편찬 · 官報事務를 감독하다가, 아관파천이 일어나자 박영효의 집에 머물며 1898~1899년에 이 책을 완성하였다. 어쩌면 장기간 조선에 체류하면서 조선측 문헌을 접한 결과로 아닐까 추정된다.

'新羅 一統의 疆域'에 뒤이은 '渤海國'의 전문은 다음과 같다.

> 渤海國은 本래 粟末靺鞨種이다 唐 則天武后 萬歲通天 年間에 契丹의 李盡忠이 叛하여 營州의 都督 趙翽를 殺하다. 此時에 舍利 乞乞仲象이라는

---

26) 鳥山喜一, 1915『渤海史考』, 奉公會, 164쪽.

者가 乞四比羽 及 高句麗의 餘族과 共히 東으로 走하여 白頭山의 東北을 保하고 奧婁河를 阻하여 壁을 立하여 自히 固하다. 武后가 乞四比羽를 封하여 許國公으로 하고 乞乞仲象을 震國公으로 삼다. 比羽가 之를 受하지 않으니 武后가 怒하여 征討軍을 發하다. 此時에 乞乞仲象이 已미 死하고 其子 大祚榮이 唐을 援하여 之를 破하다. 仍하여 國을 建하고 震國이라 號하니 悉히 扶餘·沃沮·靺鞨·朝鮮의 故地를 有하였다. 唐玄宗이 開元元年에 使를 遣하여 祚榮을 拜하여 左驍衛大將軍·渤海郡王으로 삼다. 是로부터 靺鞨의 號를 去하고 專히 渤海라 稱하게 되다. 抑 大祚榮이 國을 建한 것은 高句麗의 滅後 四十餘年을 出하지 않다. 且 唐의 勢力이 衰하여 其初에 平壤에 置한 安東都護府를 遼東城에 徙하고 又 新城에 移하고 更히 平州에 移하고 漸次 西方으로 退縮하므로 大祚榮은 力을 勞하지 않고 高句麗의 故地를 占領할 수 있다. 武藝王의 時에 其兵이 海를 越하여 登州를 抄掠하였지만 唐은 之를 制할 力이 없다. 秀仁王의 時에는 新羅의 北境을 取하고 北의 方 靺鞨諸部를 綏服하여 大히 境宇를 開하고 文物制度가 一히 唐制를 效하다.

彝震王에 至해서는 五京 十五府 六十二州를 置하니 上京龍泉府는 今의 吉林省 寧古塔의 西에 在하니 卽 渤海 興隆의 地이다. 中京顯德府는 今의 遼陽에 在하다. 東京龍原府는 高句麗의 慶州로서 今의 咸鏡道 咸興府의 西北에 在하다. 南京南海府는 今의 遼東 海城縣이다. 西京鴨綠府는 鴨綠江口를 溯하기 七百三十淸里의 地에 있다. 平安道에는 別로 京을 置하지 않다. 安遠府로써 甯·郿·慕·常의 四州를 領하게 하다. 而하여 其疆域이 南은 新羅에 界하고 西南은 渤海灣에 臨하고 西는 遼河를 越하여 科爾沁部에 至하여 契丹과 接壤하고 北은 松花江에 跨하여 黑龍江에 達하고 東은 日本海를 限한 것 같다.

발해 건국에서 발해군왕으로의 책봉까지는 대체로 『신당서』 발해전에 의거한 서술이지만, 발해 건국의 배경으로서 안동도호부의 서방으로의 退縮을 지적한 점은 당시로서는 탁견이라고 할 수 있다. 또한 무왕 때의 등주 공격에 대해 "唐은 之를 制할 力이 없다"라고만 하고 발해와 일본의 관계에 대한 서술이 없는 점도 다소 이례적이다. '秀仁王'은

'仁秀王'의 오기이지만, "新羅의 北境을 取하고 北의 方 靺鞨諸部를 綏服하여 大히 境宇를 開"했다는 부분은 『요사』 지리지를 참고한 서술이다. 또한 이에 의거하여 중경현덕부와 남경남해부의 위치를 요동에 비정하는 오류를 범하기도 하였지만, 역으로 기왕의 일본인 저술들을 참고하지 않은 결과이기도 한다.

한편 人種編 제7장 百濟·高句麗의 亡滅과 人種의 移動의 '渤海國의 勃興과 人種의 淘汰'에서는 "渤海는 本래 粟末靺鞨種이다. 高祖 大祚榮부터 以來 留學生을 唐京 大學에 入하여 古今의 制度를 習識케 하고 秀仁에 至하여 咸鏡道의 地를 合하여 海北의 諸部를 討伐하여 大히 彊宇를 開함으로부터 靺鞨諸部·濊貊 등의 蠻人은 大抵 之에 歸하고, 高句麗 本部에 屬하는 자는 新羅 又 日本에 逃함으로써 人種上 自然淘汰를 行하였다. 東國通鑑은 渤海를 高句麗의 別種이라하였지만 恐컨대 然치 않다. 高句麗 本部와 靺鞨은 全然 風俗·習慣을 異하여 開化의 度를 同하지 않았다"라고 함으로써 고구려와 발해의 계승 관계를 인종의 측면에서 부정하였다.

그렇지만 "高麗 初에 至하여 渤海國이 契丹에게 滅되어 王 大諲譔이 契丹에 降함으로부터 其 世子 光顯이 奔하여 高麗에 投하고 前後 投歸한 자 大臣·將軍 以下 數萬戶. 高麗太祖가 之를 優待하여 光顯에게는 姓名을 賜하여 王繼라 하고 白州에 置하고 其 社稷을 奉祀케 하므로 彼等의 子孫 皆 半島의 人民이 되다. 是로부터 靺鞨은 名을 改하여 熟女眞·生女眞이라 稱하거나 惑은 西東女眞의 名을 得하다. 肅宗·睿宗이 東女眞을 討하기까지는 其歸化가 年年 絕하지 않고 此와 같이하여 靺鞨의 血脈이 復復 半島에 入하다"라고 하여 발해 유민의 망명과 여진족의 귀화를 통해 한반도와의 연관성을 서술하였다.

5. 맺음말

명치유신에서 러일전쟁 무렵까지 일본에서 간행된 한국 고대사 관련 저술은 현재까지 31종이다. 그중 발해사에 대해 서술한 19종의 내용을 검토해 보았다. 사실의 오류도 있지만 가장 눈에 띄는 것은 조선과 중국 측 문헌을 번역한 3종(②, ⑦, ⑧)을 제외한 나머지 모두가 발해를 일본의 충실한 조공국으로 서술한 점이다. 그리고 渤海使와 관련하여 表文上의 無禮에 대해 일본이 질책했다는 기사가 특히 강조되어 있다.

이러한 인식은 江戶時代의 國學派의 전통을 계승한 결과이지만, 근대적 서술 체제를 갖추고 이전보다 더 많은 지식과 정보를 전하는 저술들도 마찬가지였다. 그러한 데에는 국가 기관이 편찬한 ⑨『外交志考』와 ⑫『稿本 國史眼』이 끼친 영향이 컸다.

『외교지고』는 발해와 일본의 외교 관련 사료를 망라하였으며,『고본 국사안』은 처음으로 근대적 서술 체제를 채택하였다. 발해사를 서술 대상으로 삼은 저술들은『외교지고』를 통해 관련 사료를 인용하고, 서술 체제에서『고본 국사안』을 참고하였다. 그런데『외교지고』는 발해의 13대왕 大玄錫의 시호를 사료적 근거없이 景王으로 표기하였고, 이후의 저술들도 이를 답습하였다. 한국사에 관한 한 처음으로 근대적 서술 체제를 갖춘 ⑬『조선사』도 예외는 아니었다. 또한『외교지고』는 肅愼渤海를 朝鮮 및 漢土와 구분하였다. 31종 중 발해사를 서술하지 않은 12종은 그 영향일 가능성이 있다. 또한 이러한 발상은 滿鮮史學 단계에서 발해사를 조선사보다 만주사로서의 발해사로 접근하는 계기가 되었다.

이러한 저술들은 개항 이후 조선에도 유포되었다. 임태보의 ⑬『조선사』를 현채가『(보통교과) 동국사략』으로 역술한 것은 대표적인 사례이다. 그리고 후자는 신사체 역사서에 큰 영향을 끼쳤다. 그런데 한편으로 대한제국과 일제 식민지 시기에 조선인이 저술한 한국사 저술들은 대부분 유득공의 남북국론을 수용하여 신라와 발해가 양립한 시기를 南北朝·南北國으로 표기하였다. 일본의 한국사 저술이 이러한 역사인식에 어떠한 영향을 끼쳤는지는 앞으로 검토하고자 한다.

미국의 식민지 조선 인식의 원형과 지역주의적 재해석

송 병 권

1. 머리말

유럽지역을 중심으로 수행되던 제2차 세계대전은, 이미 아시아지역에서 침략전쟁을 개시한 일본이 진주만을 기습함으로써 아시아 지역으로 확대되었고, 여기에 미국이 직접적으로 개입하게 되는 새로운 양상을 낳았다. 미국의 전후 대아시아 정책은 일본의 패전을 전제로 수립되었고, 여기에 일본의 식민지였던 조선에 대한 정책 수립도 연동되었다.

미국이 전후 대한정책을 수립할 당시의 시각에서 파악한 논리는 한국사적 맥락과 다른 측면을 보여주고 있었다. 한국사적 맥락에서 식민지 수탈론의 강조는 일본의 전쟁책임 문제와 더불어 왜곡된 근대 또는 식민지 반봉건사회론에 기반한 국가건설론과 연결되었고, 식민지 개발론에 대한 강조는 식민지 자본주의론에 기반한 국가건설론에 연결되었다 볼 수 있다.

그러나 미국의 전후 대한정책이라는 시각에서는 해방이후 조선의 자립능력 문제와 직결되는 문제였다고 할 수 있다. 형식논리적으로 살펴보면, 식민지 조선에 대한 수탈론적 입장에서는 조선의 자립능력을 부정적으로 바라보는 시각과 연결되어 신탁통치론으로 귀결될 가능성이 높았다. 한편, 식민지 개발론을 강조하는 입장에서는 조선의 자립능력에 대한 일정정도의 평가와 연결되어 즉시독립론의 전제를 이룰 수 있었다. 한국사적 맥락과 미국의 전후대한정책이라는 맥락 사이에는 조선의 즉시독립을 위해 식민지 개발론을 지지할 수 없다는 미묘한 인식론적 모순관계가 성립된다. 이 모순이 발생하게 되는 구조적 문제는 한국사를 일국사적 관점에서 파악하기 때문이라고 할 수 있다. 이 인식론적 모순을 해결하기 위해서는 일본이라는 변수를 도입해야 할 필요가 있는 것이다. 미국의 전후 대한정책은 미국의 전후 아시아정책의 일부를 구성하며, 대일정책과 밀접한 관계 속에서 형성되었기 때문이다.

사실 미국 정책담당자들에게 한국의 독립은 중요한 과제가 아니었던 것으로 보인다. 일본이 다시는 전쟁 도발을 못 하게 해야 하며, 재건된 일본이 미국의 영향력 아래에서 성장해야 한다는 논리에 입각한 정책을 수립하는 것이 더 중요한 과제였던 것이다. 따라서 한국과 일본을 미국의 아시아정책 속에서 파악해야 한다는 지역주의(regionalism)라는 문제군이 등장하게 된다.

이 글에서는 인식을 사실에 기초한 해석과 재현이라기보다는 제한된 정보와 평가 속에서 자신이 기대하는 상의 재구성이라고 파악하고자 한다. 식민지가 되었다는 사실이 가진 '역사적 사실'의 존재여부와 무관하게 그것은 '사실'에 대한 '인식'이 진실에 기초하고 있지 않을 수도 있다. 그러면 그러한 인식을 만들어 내는 표상이 담론 구조를 형성하면서, 새로운 '역사적 사실'을 주조하는 토대가 되기도 한다. 해방이후 신탁통치 문제는 자립가능성에 대한 의심, 부정적 인식에 그 정당성을 확보하려는 흐름이 존재했던 것도 사실이다.

이러한 부정적 인식이 형성되었던 복잡한 프로세스는 '식민지화'라는 문제와도 연결된다. 당시 미국인들에게 나타난 조선(민족)에 대한 애증이나 무시와 무관하게 이들이 재현한 식민지 이전의 대한제국에 대한 인식은, 그 실제 내용과 무관할 수 있을지라도 한반도가 식민지가 될 수밖에 없다고 파악하는 것과 연결되었다. 조선인에 대한 애정과 대한제국의 위정자를 구분해서 인식함으로써 조선의 식민지화에의 필연성이 정당화될 수 있는 것으로 인식한 것이다. 즉 자립가능한 물적 인적 토대를 갖추고 있는 조선인은, 대한제국의 굴레에서 벗어나야만 '제대로' 발전할 수 있다는 것과 대한제국 대신에 한반도가 일본제국의 일부가 된다는 것이 이들에게는 양립할 수 있었던 것이다. '훌륭한 피지배자로서의 자질을 갖춘 조선인'은 아직 자신에 의한 통치기구 즉 정부, 국가를 운영할 훈련이 되어 있지 못했고, 그것은 대한제국의 무능과 독재, 즉 동양적 전제군주의 폐해에 기인한 것이었다.

일제에 의해 억제되었던 정치/경제적 자립능력에 대한 불신은 해방 이후에도 이어져, 이번에는 특정한 어느 한 열강이 전부 맡기보다는 국제연합에 의한 공동 신탁통치론으로 귀속되는 결과를 낳았다.

식민지기의 사회성격은 거칠게 표현하면 개발이냐 수탈이냐를 둘러싼 사학사적 대립구조 속에서 논의되었다. 식민지 근대화론은 식민지기에 근대적 시장경제체제의 형성과 더불어 본격화된 경제 성장과 제한된 속에서도 꾸준히 성장한 조선인의 생활수준에 주목한다. 또한 식민지 개발의 유산이 해방 후 고도성장의 토대가 되었다고 평가하면서 식민지기를 '발전의 시대'로 바라보는 입장을 견지하고 있다. 한편, 식민지 근대화론의 입장에 비판적인 논의는 식민지 경제개발은 일본인에 의한, 일본인을 위한 개발로 파악한다. 따라서 경제개발의 과실은 일본인에 의한 독점에 그쳐, 조선인의 생활수준은 개선되지 않았고, 그 개발의 산물도 해방과 동시에 신기루처럼 사라진 '야만의 시대'라는 수탈론적 입장에 서있다.[1] 정연태는 식민지 근대화론에 대한 비판의 우회로를 개척하고자, 미국의 식민지 조선 인식이란 렌즈를 통해, 식민지 한국사회를 야만의 시대에도 발전의 잠재력이 성장한 시대라고 파악했다. 일본의 식민지 지배의 유산이 대중빈곤과 자치역량의 부족을 초래하고 사회적 갈등과 긴장을 고조시켰다고 평가하면서도, 조선인의 잠재적 역량은 식민지 시기에도 성장했고, 해방 이후 자치역량의 형성에도 기여할 수 있었을 것이라고 파악하였다. 정연태는 식민국가적이며 식민경제적 시각과 민족국가적이며 민족경제적 시각을 결합시킨 복안적 시각이 미국의 식민지 인식에 투영되었다고 평가하였던 것이다.[2] 그러나 식민지기 형성된 자치역량을 해방이후 적극적으로 평가한다면 해방이후 전개된 신탁통치 문제의 발생경위를 파악하는데 어려움이 있다. 여기에는 국내적 조건을 넘어서는 동아시아 지역질서 차원의 또 다른 새로운 조건이 필요하다고 할 수 있다.

이글을 통해서 필자는 식민지 근대화론을 둘러싼 논의에 직접적으로 뛰어들 의도도 없을 뿐 아니라 식민지 근대화론에 대한 우회적인 비판을 의도하고 있지도 않다. 또한 역사적 실재에 대한 발굴보다는 현상학적 입장 속에서 미국의 조선인식에 더 집중하고자 한다. 이글에서 다루는 부분은 해방이후 점령기에 등장한 신탁통치 문제의 논리적 구조가, 식민지 사회의 개발과 수탈이란 미국의 식민지 인식 문제와 한

---

1) 정연태, 「태평양전쟁기 미국의 복안적 시각과 한국사회 인식: 식민지 근대화 논쟁에 부쳐」, 『한국사연구』 134, 2006, 265~266쪽.

2) 정연태, 위의 글, 301~302쪽.

반도 사회의 자립가능성에 대한 인식 문제와 관련되었음을 인식론적 입장에서 파악하고자 한다.

이글에서는 미국의 정책문서 작성과정에서 상당한 영향을 주었다고 할 수 있는 식민지 조선의 근대 경제에 대한 미국의 본격적인 연구 성과로 평가받고 있는 그라즈단제브(Andrew J. Grajdanzev)의 『현대한국(Modern Korea)』[3]과 이에 대한 맥퀸(George M. McCune), 보튼(Hugh Borton), 번스(Arthur C. Bunce), 노블(Harold J. Noble) 등의 서평 등을 분석함으로써 미국의 전후 신탁통치 구상과 연결되는 식민지 조선 인식의 원형을 살펴보고자 한다. 맥퀸이나 보튼 같은 사람들은 미국의 제한된 인적 풀 속에서도 전시기 식민지 조선에 대한 전문가로 전시기 대한정책 수립에 직간접적으로 관여하였으며, 태평양문제연구회(The Institute of Pacific Relations)[4]에 그라즈단제브와 같이 활동했던 연구자 그룹에 속해 있었다.[5] 또한 번스는 해방 이후 주한미군사령관의 경제 고문 등을 역임하여 전후 미국의 대한정책 수행과정에 커다란 영향력을 행사했고, 조선에 파견되었던 선교사를 아버지로 둔 노블도 한국전쟁 이전 주미대사관에 근무했던 조선문제 전문가였다. 이런 점에서 이들의 저작과 서평 등에 대한 분석은 미국의 식민지 조선 인식 원형을

---

3) Andrew J. Grajdanzev, *Modern Korea: A Study of Social and Economic Changes under Japanese Rule*, New York, International Secretariat, Institute of Pacific Relations & John Day Company, 1944. 그라즈단제프의 이 저작은 이기백에 의해 『한국현대사론』(1973[초판], 1997[개정1판]2006[개정2판], 일조각)으로 번역되어 있다(이후 인용은 이기백 역, 『한국현대사론(2판)』, 일조각, 2006). 고정휴는 『현대한국』으로 서목을 번역하고 있다(고정휴, 「A. J. 그라즈단제프와 『현대한국』」, 『한국사연구』 126, 2004).

4) 태평양문제연구회에 대해서는 고정휴, 「식민지시대 미국 지식인의 한국문제 인식: 태평양문제연구회(IPR)를 중심으로」, 『역사와 현실』 58, 2005 참조.

5) 김진웅 · 오영인, 「미국학계의 '한국현대사' 연구에서 IPR 자료의 문헌학적 중요성」, 『민족문화논총』 66, 2017, 254쪽.

분석하는데 중요한 의미가 있다.

2. 미국의 대한정책 수립 과정에서의 『현대한국』의 위치

『현대한국』의 저자 그라즈단제브는, 제정러시아 말기 시베리아에서 출생하여 러시아혁명기 이르쿠츠크에서 중등학교를 마쳤다. 그는 러시아 혁명이후 망명계 무국적 러시아아인과 소련국적 러시아인이 공존했던 하얼빈으로 이주한 후, 1924년부터 1927년까지 하얼빈 법과대학를 다녔고, 같은 학교 대학원 경제학과를 1928년에 수료했다. 그라즈단제브는 1929년부터 1934년까지 같은 학교에서 강사로서 경제학, 공공재정, 협동조합 등의 과목을 담당하면서, 1934년에는 「영국령 인도의 통화제도(The Monetary System of British India)」로 경제학석사학위를 취득했다.[6] 그라즈단제브가 다닌 하얼빈 법과대학은 1920년 고등경제법과학교로 창립된 후, 1922년에 하얼빈 법과대학으로 개편되었고, 1927년 동성특별구 법과대학(東省特別區法科大學)으로 개칭되었다. 1929년부터는 러시아인부와 중국인부로 분할되었고, 하얼빈 법정학교로 불렸다.[7] 그라즈단제브가 강사 생활을 하던 시기는, 만주국 건립 이후 소련국적 교원과 무국적 교원 사이의 대립이 격화되어, 1934년에 소련을 지지하는 교원 그룹이 대학을 전원 사직하는 사태가 발생한 후 망명계 러시아인 교육기관으로 변화하게 되었던 갈등기에 해당한다.[8] 이 과

---

6) 고정휴, 위의 논문, 2004, 244~246, 251쪽.

7) 佐田弘治郎, 『東省特別區行政一般』 大連: 南滿洲鐵道株式會社, 1930, 202쪽; 中嶋毅, 「ハルビンのロシア人教育ー高等教育を中心に」, 『「スラブ・ユラシア学の構築」 研究報告集(3)』, 北海道大学スラブ研究センター, 2004, 63~66쪽.

정에서 그라즈단제브는 1934년에 하얼빈을 떠나, 1937년에 미국으로 이전하기 직전까지 텐진의 난카이 대학(南開大學) 경제연구소 연구원으로 활동하였다. 이시기에 그는 태평양문제연구회 국제사무국과 관계를 맺게 되었을 것으로 추측된다.[9)]

1937년 캘리포니아 대학교 버클리 캠퍼스 대학원에 진학한 그라즈단제브는 1938년에 「소련의 집단농업(Collectivized Agriculture in the Soviet Union)」으로 경제학석사논문을 취득한 후, 1939년에 컬럼비아 대학교 정치학과 박사과정에 진학하여 『현대한국』의 모체가 되었던 「현대한국: 일본통치하 한국의 경제와 사회발전(Modern Korea: Her Economic and Social Development under the Japanese)」으로 1943년에 박사학위를 취득했다. 1938년부터 1946년에 걸쳐 그는 태평양문제연구회 국제사무국 연구원으로 있었으며, 실제 이 박사논문도 태평양문제연구회 '국제연구프로그램'에서 기획된 연구주제였다.[10)] 실제 『현대한국』의 원고가 탈고되었던 것은, '적당한 시기'의 한국 독립을 표명한 카이로 선언 발표(1943.11.27.) 시기와 맞물린 1943년 12월 15일이었다. 따라서 그라즈단제브는 『현대한국』를 통해 연합국이 필요로 하는 일본제국주의의 조선지배에 관련된 정보를 제공하려는 목적을 분명히 드러냈다고 할 수 있다. 그는 태평양전쟁 발발 이후 일본의 전쟁 수행을 위한 경제적 동원 능력을 상당 부분 조선에 의존하고 있으며, 식민지로부터 독립한

---

8) 결국 1937년에 이 학교는 폐교되어 만주국 문교부 관리하에 들어갔다. 中嶋毅, 위의 논문, 69~71쪽.

9) 고정휴, 앞의 논문, 2004, 246쪽.

10) 그라즈단제브의 연구는 식민지 조선에만 국한된 것은 아니었고, 소련, 인도, 만주, 몽골, 타이완, 일본 등 동아시아 전반에 걸친 것이었다. 그의 식민지 조선에 대한 연구도 태평양문제연구회의 의뢰에 의한 것으로 추정된다. 고정휴, 위의 논문, 2004, 252~256쪽.

조선은 일본의 제국주의적 발전을 제어하는 방벽이 될 것이라는 점을 강조했다.[11] 그라즈단제브가 보기에 식민지 조선에 대한 정보는 일본 제국주의가 한국에서 보여준 '물질문명의 진보' 즉 근대화의 성과에 대한 표면적인 평가와 오리엔탈리즘에 사로잡혀 '인간 이하인 일본인의 통치'를 받은 조선이 발전했을 리 없다는 무지에 의한 무시 사이에서 진동하고 있는데, 향후 한국의 독립문제를 둘러싼 문제에 대응하기 위한 정확한 자료를 그 자신이 제시하고자 했다고 볼 수 있다.[12]

『현대한국』은 이렇듯 출간 시기의 적실성은 물론, 태평양문제연구회의 동아시아 연구 수행 작업의 일환이었다는 점, 그리고 무엇보다도 일제가 생산한 통계자료를 바탕으로 하면서도, 식민지 조선의 정치적, 사회적, 경제적 상황에 대한 비판적이고 종합적인 영어로 쓰인 연구서였다는 점에서 중요성을 가진다고 할 수 있다.[13]

박사논문 작성과정에서 그라즈단제브의 연구내용은 미국 대한정책 수립과정에서 일정정도 활용되었던 흔적이 보인다. 현재 확인 가능한 것으로는 태평양문제연구회 제8회 총회에 박사논문 초고 중 '농업' 부분이 제출되었다. 한편, 박사논문 그대로 태평양문제연구회에서 간행된 『현대한국』은 미군정청(USAMGIK)에서도 제6장 중 '어업' 부분을 그

---

11) A. J. 그라즈단제브, 이기백 역, 앞의 책, 4~5쪽.

12) A. J. 그라즈단제브, 이기백 역, 위의 책, vii~viii쪽. 이렇듯 한국관련 연구자로서 부상한 그라즈단제브는 그럼에도 한국에서 직접적인 활동의 기회를 포기하고 만다. 도쿄의 연합국 최고사령관 총사령부(GHQ/SCAP)에서 제안한 한국담당부서 근무를 마다하고 더 많은 기회를 찾아 민정국(Government Section) 지방행정과에서 근무하였지만, 보수적 반공주의자 그룹에 밀려 미국으로 돌아와야 했다. 고정휴, 앞의 논문, 2004, 247~248쪽. 연합국최고사령관 총사령부에서 제안한 한국관련 업무는 아마도 민정국에 최초로 설치된 지방행정과와 더불어 두 개의 부국 중 하나인 조선과(Korean Division)였을것으로 추정할 수 있다.

13) 고정휴, 위의 논문, 2004, 239~242쪽.

대로 전재해서 활용되고 있었다.[14]

『현대한국』의 목차를 보면, 지리적 환경, 역사적 배경, 인구, 농업, 임업과 어업, 동력과 광산자원, 공업의 발전, 수송과 통신, 화폐와 금융, 재정, 행정, 사법과 경찰, 위생 · 교육 및 종교, 한국독립의 문제 등 서론을 제외하면 총 15장을 설정하여 식민지 조선에 대한 제반 내용을 다루고 있었다. 점령군으로 남한에 진주한 미군이 가지고 있었던 한국에 관한 유일한 공식자료인 『육해군 합동정보연구: 한국편』 즉 JANIS-75(Joint Army-Navy Intelligence Study of Korea)는 점령 행정을 위한 군사적 필요로 편찬되었다. 이 자료는 개요, 군사지리, 해양, 해안선, 기후와 날씨, 항만시설, 교통과 통신, 도시와 촌락, 자원과 교역, 인민과 정부, 보건과 위생, 방위, 해군시설, 공군시설, 지명사전과 지도 등을 망라한 일종의 점령행정에 최적화된 종합 인문지리서 성격을 가진 것이었다.[15] 이

---

14) "Secret Paper No. 7, Memorandum on Korea's Agriculture and Resources by Anderew J. Grajdanzev,(1942.11)", RG59 General Records of the Department of State, 1763-2002, Records Relating to the Far East, 1941-1947, Entry A1673, 8th IPRC(Eighth Conference to the Institute of Pacific Relations, Mont Tremblant, Quebec, Canada): Secretary Paper, Folder #7-8, 1942; "Andrew J. Grajdanzev, Modern Korea (New York, 1944), RG332, USAFIK, XXIV Corps, G-2, Historical Section, Records Regarding the Okinawa Campaign, USAMGIK, Box No. 20, Carbon Copy, Chapter 1: Unreceived, Footnotes thru Office of Administration: Population Statistics on Korea (4 of 6); RG332, USAFIK, XXIV Corps, G-2, Historical Section, Records regarding the Okinawa Campaign, USAFIK, Box No.17, Dept. of Agriculture: Horticulture thru National Issues: Rice [or Fishery?] 1946, 1946-47.

15) 미국 군부는 1945년 4월 시점에 이르러 한국에 대한 미국의 정부 수집활동을 집대성하여 JANIS-75라는 종합보고서를 발간하였다. 제2차 세계대전 중 미국 육군부 정보국과 해군부 정보국은 합동으로 국가별 전략정보를 집대성하여 야전에서 활용될 수 있는 편람 내지 가이드북을 만들었다. NARA, RG332 Records of US Theaters of War, WW2, US Army Forces in Korea, XXIV Corps, G-2, Historical Section(군사실 문서), Box no. 37, "Interview with Col. Metticus W. May Jr." 1946.2.21; 정용욱, 『해방 전후 미국의 대한정책』 서울대학교출판부, 2003, 69쪽.

JANIS-75 중 「제8장 도시와 촌락」, 「제9장 자원과 교역」, 「제10장 인민과 행정」, 「제11장 보건과 위생」 등에 『현대한국』이 적극적으로 활용되었다.

이렇듯, 『현대한국』은 미국의 대한정책 수립 과정에서 필요한 식민지 조선에 대한 종합적인 데이터를 제공하는 몇 안 되는 저작으로, 이후 한국학 연구자들 사이에서 '일제 식민지 시대 연구에서 영어로 저술된 최고의 저서'(Gregory Henderson)이자, '영어로 저술된 책 중 일본의 식민통치를 가장 잘 서술한 책'(Bruce Cumings)이라는 평가를 받았다.[16] 이런 의미에서 『현대한국』은 미국의 식민지 조선 인식의 원형을 이루는 중요한 요소 중 하나였다 할 수 있을 것이다.

3. 『현대한국』의 내용과 서평에 나타난 식민지 조선 인식

1) 식민지 이전의 구한말 인식

『현대한국』은 특히 식민지기 조선에 대한 데이터가 필요했던 정책 관련 부서나 관련 연구자들에게 관심의 대상이 되었고, 상당한 분량의 서평이 존재하였다. 『현대한국』에 대한 서평 참여자 중 대부분은 식민지 조선에 대한 직간접적인 경험이 있었는데, 식민지 조선에 대한 미국 내 시각을 가감 없이 보여주고 있다는 점에서 중요한 분석 대상이라 할 수 있다.

먼저, 맥퀸[17]은 조선의 분파주의가 오랫동안 정치의 특징적 요소였

---

16) 김진웅 · 오영인, 앞의 글, 264~265쪽.

고, 대한제국 시기에 특히 더 심각했다고 평가하였다. 전제적 지배(despotic rule) 때문에 민중으로부터 지도자는 등장할 수 없었고, 따라서 반동적이고 분파적인 관료제가 지배하는 정부 통치기구에 민중은 참여할 수 없었다. 따라서 대한제국 시기를 왕조의 마지막 나날(the latter days of the monarchy)로 표현하며, 개혁은 거의 이루어지지 못했다고 평가하였다. 그 원인에 대한 분석에서 전통에서 근대로 이행기에 조선의 정치를 지배했던 세 가지 중요한 힘으로, (1) 강력한 역사적 문화적 유대 즉 내셔널리즘, (2) 정치사회적 구조에 침투하여 개혁을 방해한 극단적인 보수주의와 분파주의, (3) 주권을 제한하는 대신에 독립을 위한 필수적인 방벽으로 고려된 중국과의 고대로부터의 결속, 즉 특정 강대국에 대한 의존을 들었다. 대한제국(The old Korean monarchy)은 근대국가를 향한 어떠한 제스처도 보여주지 않았다는 평가는 미국의 한국 인식에서 반복적으로 등장하는 개념이기도 하다.[18] 그라즈단제브도 합병 전 수십 년 동안의 동양적 전제군주가 지배하는 전제정부의 역사가 분명히 나빴다는 데에는 아무런 의심도 할 수 없다고 냉정한 평가를 내렸다.[19]

정연태에 따르면, 이러한 부정적 인식은 부패한 정치사회론의 논리

17) 선교사의 아들로 식민지 조선에서 성장한 맥퀸은 라이샤워와 함께 한국어의 영어표기법인 맥퀸-라이샤워 표기법을 개발하였으며, 미국에서 「조선의 대청·대일관계, 1800~1864(Korean relations with China and Japan 1800-1864)」로 캘리포니아 대학교 버클리 캠퍼스에서 역사학 박사학위(1941)를 받았으며, 1942년부터 미 국무부, 전략사무국(OSS), 전시경제위원회(The Board of Economic Warfare)에 근무하였다. 맥퀸에 대해서는 An Jong-chol, "Making Korea Distinct: George M. McCune and His Korean Studies," *Seoul Journal of Korean Studies* 17, 2004, pp. 158~169.

18) George M. McCune, *Korea Today*, Cambridge, Harvard University Press, 1950, pp. 14~16, 26.

19) A. J. 그라즈단제브, 이기백 역, 앞의 책, 340쪽.

적 연장선상에서 그 결과 발생한 상대적 정체성론을 제기하였고, 그 논리는 타율적 개혁 불가피론으로 귀결되었다. 서양인이 조선사회 발전의 최대장애로 지목한 것은 정치적 부정부패였다. 서양인들이 보기에 부정부패의 확산으로 말미암아 국가재정이 악화했고 관료들의 국가운영 능력이 저하됨으로써, 결국 국가의 발전을 주도할 잠재력이 약화했다. 관리의 부정부패와 수탈은 또한 민중의 역동성을 고갈시킨 주범으로 인식되었다. 서양인들이 보기에 민중의 나태는 자기 노동으로 획득한 사유재산을 보호받지 못하고 탐욕스러운 관리와 양반의 수탈에 노출되는 체제에 살고 있기 때문이었다. 증대된 수확과 축적된 재산은 곧 관아의 수탈대상으로 주목받는 것을 의미했고, 잉여생산물은 관리들의 손으로 귀속되었다고 했다. 조선의 빈곤과 정체가 정치적 산물이라는 사실의 근거로, 국내에 거주하면서도 외국인의 보호 아래 있거나, 아예 외국으로 이주하여 부의 축적에 성공한 조선인들의 사례를 들어 제시하였고, 따라서 국내의 민중도 정직한 정부에 의해 산업이 진흥되고 생계를 보호받을 수만 있다면 진정한 의미의 '시민'으로 성장할 수 있을 것으로 판단했다.[20]

정연태가 석출한 정치사회 부패론, 상대적 정체성론 그리고 타율적 개혁불가피론을 논리적 삼위일체로 파악하면, 지배층과 민중의 분리, 그리고 지배층의 수탈에서 벗어난 민중의 자생적 발전 가능성을 논한 미국인의 인식은 결국 민중의 복리를 위해서는 정치적으로 부패한 지배층을 교체해야 한다는 것이 된다. 그것은 반드시 새로운 조선인 지배층의 형성만이 아니라 오히려 일본의 통치를 긍정적으로 평가하는 계기로도 작용할 수 있는 양가적 방향성을 가진 것이었다.

---

20) 정연태, 「19세기 후반 20세기초 서양인의 한국관: 상대적 정체성론·정치사회 부패론·타율적 개혁불가피론」, 『역사와현실』 34, 1999, 185~194쪽.

조선에 대한 애정과 동정 여부를 떠나서 대한제국이 근대국가로 발전할 가능성은 미국인들에게 부정적이었다. 이것은 조선의 식민지화에 대해 당시는 물론 태평양전쟁기의 미국인들이 다 같이 가진 인식이었다.

2) 일제하 식민지 조선 인식

그라즈단제브는 33년 동안 일본의 지배가 조선인의 자치능력 배양을 중지시켰던 것은 아니었고, 조선인의 생활은 많은 점에서 변화하였다고 보았다. 그런 점에서 1943년의 한국은 너무나 많은 점에서 1910년의 한국과는 다르므로, 1905~1910년에는 진리였을지도 모르는 어떤 일반화된 결론을 현재(1943년경) 상황에 피상적으로 적용해서는 안 된다고 인식했다.[21]

그라즈단제브는 일본의 통계자료를 비판적으로 재해석하여, 일본의 식민지배 이래 인구증가와 비례한 농업 산출의 개선, 산업생산의 증대에서 일본이 실패했다는 것을 명확히 드러내려고 하였다. 일본제국주의의 부적절함에 대한, 그리고 조선과 같은 농경민족의 산업화와 20세기 착취 기술의 충격적 결과에 대한 사례연구로서 그의 연구가 더욱 유익하다는 서평[22]에서 볼 수 있듯이 식민통치의 체계적 수탈이란 측

---

21) A. J. 그라즈단제브, 이기백 역, 앞의 책, 340~341쪽. 구체적으로는 수십만의 한국인이 현재 학교에 다니고 있으며, 수십만이 공장과 광산에서 일하고 있으며, 수만의 한국인이 노동자로서, 수천의 한국인이 학생으로서 외국을 방문하고 있다. 한편 수천 명이 유격부대로서 일본군과 싸우고 있고, 수만 명이 정치범으로 고된 시련장인 일본의 법정, 유치장 및 감옥을 거쳐 나왔다는 점을 들었다.

22) Edmund DeS. Brunner, "(Book Review) Modern Korea, by Andrew J. Grajdanzev", *Rural Society* 10(1), 1945.1.1, p. 117.

면이 강조된 것도 사실이다. 맥퀸은 그라즈단제브가 일제가 자신의 이익과 독점을 위해 조선을 착취하여, 조선 농민의 궁핍화, 조선의 생활수준 하락, 조선 경제의 왜곡을 가져왔음을 통계적으로 드러내 주었다고 평가하면서,[23] 경제분야에서는 그라즈단제브와 유사하게 식민지하 조선의 경제발전은 거의 이루어지지 않았다고 파악했다.[24]

한편, 번스[25]는 그라즈단제브의 식민지 조선 인식의 주요 약점으로 수탈의 폐해에 집중한 나머지, 조선 내 자원 개발에 대한 객관적 가치평가를 하지 않았으며, 또한 총독부 행정에 의해 이루어진 일본의 투자, 기술 훈련, 제도가 조선인의 복리 증진에 기여한 측면에 대해서도 제대로 보여주지 못하고 있다는 점을 들었다. 즉, 통계상의 성장지표를 부정적으로 평가했던 그라즈단제프의 해석을 비판하면서, 번스는 경제성장이 반드시 노동자와 농민의 경제적 이익에 도움이 된다는 보장이 없다는 점을 들어, 노동자와 농민에게 이익을 주지 못했다는 논리로 반드시 일제하의 경제성장을 부정할 이유는 없다고 하였다. 자본재의 수입이 즉각적으로 소비수준의 향상을 이끌지 않는다는 점을 지적하며, 자본재의 효과는 미래에 나타날 것이라고 내다보았다. 식민지 경제에 대한 일본 자본의 수탈에 대한 분석에서, 번스는 식민지하의 경제성장은 수탈에도 불구하고 한국의 미래 세대에 이익이 될 것이라고 평가했던 것이다.[26]

---

23) George M. McCune, "(Book Review) Modern Korea, by Andrew J. Grajdanzev," *Pacific Affairs* 18(1), 1945.3, pp. 103~104.

24) An, Jong-chol, Ibid., p. 177.

25) 번스는 농업경제학을 전공한 경제학자로, 미군정기 주한미군정 사령관 하지의 경제고문, 주한미경제협조처장 등을 역임하였다. 아서 번스에 대해서는 황윤희, 「번스(Arthur C. Bunce)의 내한활동과 한국문제인식」, 『숭실사학』 23, 2009; 안종철, 「해방 전후 아더 번스(Arthur C. Bunce)의 활동과 미국의 대한정책」, 『미국사연구』 31, 2010 참조.

이렇게 수탈을 중심으로 형성된 논리에만 입각하여, 일제 치하에 조선인의 정치적 경제적 문화적 삶에 대한 수탈이 심각했다고 하면, 전쟁 종결 이후에 조선인에 즉각적인 독립 부여가 과연 가능하겠는가라는 의구심이 발생하는 것도 무리는 아니었다.[27] 수탈의 폐해를 강조하면 즉시독립을 비관하게 되는 반면, 그 반대 논리로 개발의 성과를 강조하면 즉시 독립을 낙관하게 되는 상황이 발생하게 된다. 식민지 근대화론 비판이란 문제군과는 다른 차원의 문제군 즉 신탁통치 문제와 직면하게 되는 것이다.

맥퀸의 판단으로는, 일본 지배의 결과 조선인에게는 35년간의 책임 있는 정치 행정 경험이 중단되었으므로, 만약 조선인이 근대 세계에서 독립적인 국가운영(self-governing)을 원한다면, 민주적인 정부를 운영하기 위한 근대적 기술을 훈련받고 연습할 교육이 필요할 것이었다.[28] 근대적 행정경험과 교육이 단절된 상태에서는 조선인이 민주정부를 수행할 수 없다는 점에서 즉시 독립을 허용하면, 근대적 국가기구를 운영할 행정 능력의 부재와 함께 식민지화 이전에 조선의 국가기구의 고질적 병폐라고 지적되었던 분파주의와 반동적 국가경영으로 돌아갈 위험성이 있다고 파악한 것으로 볼 수 있다. 이런 점에 대해서는 그라즈단제브도 친일적인 부유한 조선의 산업가와 지주들의 지배로부터 조선을 해방시켜야 한다는 입장을 마찬가지로 가지고 있었다. 친일적

---

26) Arthur C. Bunce, "(Book Review) Modern Korea by Andrew J. Grajdanzev," *The American Economic Review* 35(4), American Economic Association, 1945.9, pp. 698~700. 일제의 주장 중에 식민지 지배가 너무 짧아서 초기의 수탈만이 노정된 것일 뿐, 식민지배가 본격적으로 전개되었다면 조선인의 삶의 개선에도 성공적이었을 것이라는 주장과도 연결되는 것으로도 보일 수 있는 부분이었다.

27) J.F.C, "(Book Review) Korea Looks Ahead by A. J. Grajdanzev,", *International Affairs*, 21(3), Royal Institute of International Affairs, 1945.7, p. 425.

28) George M. McCune, op, cit, 1950, p. 26.

산업가와 지주들의 지배를 방치한다면 새롭게 건설될 한국은 일제치하와 동일한 체제하에 신음하거나 아니면 더한 상태로 전락할 것이라고 평가했던 것이다.[29] 이런 점은 이후 즉시독립에 대한 부정적 인식과 신탁통치의 정당화를 위한 논거로 활용될 수 있었다. 그러나 맥큔은 조선인에게서 정치적 리더십의 모습을 찾으려 노력했다. 한국인이 경험한 유일한 민주주의 경험은 작은 마을의 자치체와 기독교 기관에 있었다고 파악한 맥큔은, 일제치하에서도 조선인은 문맹퇴치, 교육 분야에서 진전을 이루었고, 건전한 민주주의를 수립하기 위한 전제조건을 갖춘 것으로 평가했다. 리더십 훈련에서 전통적인 것과 식민지적인 것은 확연히 다른 것이었고, 이런 민주주의적 접근방식은 선교사들과 기독교인 사이에 전형적이었다고 보았다.[30] 노블(Harold J. Noble)[31]의 생각에는 그라즈단제브가 조선인 자산가는 모두 친일파라는 전제를 가지고 있는 듯했고, 자본주의와 시민적 품위, 부와 애국심 사이에 근본적인 갈등관계가 있다는 추정에 입각해 있다고 비판하면서, 일본에서 생산된 통계를 비판적으로 이용하여 이룩한 성과에도 불구하고 그라즈단제브는 조선인과의 개인적인 경험이 전무하다는 점을 한계로

---

29) Alfred Evenisky, "(Book Review) Modern Korea by Andrew J. Grajdanzev," *Science and Society* 11, 1947.1, p. 397.

30) An, Jong-chol, op, cit., p. 176.

31) 대한제국에서 선교사의 아들로 태어나고 식민지기 조선에서 성장한 노블은 1931년 「1895년 이전의 조선의 대미관계(Korea and Her Relations with the United States before 1895)」로 캘리포니아대학교 버클리 캠퍼스에서 박사학위를 받은 한국문제 전문가였다. 이후 일본 교토의 구제 제3고등학교 교수로 재직하다 미국으로 돌아와 태평양전쟁 기간에는 해병대 소령으로 복무하였고, 1945년 봄부터는 저널리스트로 활동하다가 1947년부터는 도쿄 연합국최고사령관 총사령부 민간첩보국(CIS), 주한미군사령관 정치고문, 주한미국대사관 1등서기관 등으로 근무했다. 노블의 약력에 대해서는 Frank Baldwin, "Editor's Introduction," Harold Joyce Noble, *Embassy at War*, Seattle, University of Washington Press, 1975, pp. v~ix.

지적했던 것이다.[32)]

식민지기에 근대 민주주의 정치훈련이 단절되었다는 것과 함께 미국인에게 중요한 조선 인식은 바로 일본과의 관계성이었다. 미국의 대한정책 구상 및 결정과정에 참여한 미국인들의 인식 속에서 이 문제는 중요했다. 즉, 조선이 일본제국의 식민지에서 일본의 일개 지방으로 변화하는 과정에 있었다고 파악했다는 것이다. 이는 조선의 향후 독립 가능성 문제와도 직결되는 문제였다고 볼 수 있다. 정치적으로는 일본제국의 식민지 조선 관할권의 문제가 중시되었다. 1942년 11월까지 조선은 행정적으로 척무성(拓務省)이 감독하는 일본의 식민지였는데, 1942년에 일본의 통합된 일부가 되었고, 내무성(內務省) 감독 하에 들어왔다고 맥퀸은 파악했다.[33)] 이 부분은 맥퀸에 국한되지 않고 다수의 미국인 저술에서 상당히 중요하게 언급되고 있다. 보튼[34)]은 1942년에 조선이 일본의 내무성의 직접적 책임 하에 들어갔고, 한반도는 일본제국 본토의 통합적 일부로 통치되었다고 파악했다. 한편, 척무성을 폐지하고 신설된 대동아성(大東亞省)은 일본, 조선, 타이완, 남사할린을 '제외한' 대동아공영권의 순수한 외교적 관계를 제외한 모든 행정업무를 감독했다. 이는 이후 조선이 일본의 통합된 부분의 일부가 되었다는 것을 의

---

32) Harold J. Noble, "(Book Review) Modern Korea by Andrew J. Grajdanzev," Far Eastern Quarterly 5(1), 1945.11, pp. 68~69.

33) George M. McCune, 1950, op, cit., p. 23.

34) 네덜란드 라이덴 대학에서 「일본의 농민 잇키(Peasant Uprisings in Japan of the Tokugawa Period)」로 박사학위(1937)를 취득한 휴 보튼은 컬럼비아대학 교수로 재직하며 전시기에 국무성에 소속되어 미국의 전후 대일정책은 물론 대한정책의 수립에도 깊숙이 관여한 인물이었다. 휴 보튼에 대해서는 자서전 ヒュー・ボートン, 五味俊樹 역, 『戦後日本の設計者: ボートン回想録』, 朝日新聞社, 1998; 안소영, 「태평양전쟁기 미 국문성의 전후 극동정책 형성과정에 관한 일고찰: 일본전문가 볼튼(H. Borton)의 "한국문제" 처리안을 중심으로」, 『일본연구논총』 24, 2006 참조.

미했다. 조선총독은 이제 더 이상 식민지 총독이 아니라 일본의 외지 '현(縣)'의 지사가 되었다는 것이다. 조선의 일본화의 최종단계에, 조선은 더이상 식민지가 아니라 일본제국 본토의 통합된 또 하나의 '현'이 될 것이었고, 연합국이 일본을 패망시키는 것만이 조선 해방의 길을 열어줄 수 있는 것이었다.[35)]

맥퀸은 경제적으로 일제의 군사적 목적에 따라 이루어진 조선의 경제변동에 대한 함의(the full implication)를 충분히 고려해야 한다는 해석에 동의하고 있다. 일본의 한국병합 이후 조선의 자원들은 일본의 전쟁 산업의 효용에 맞추어 개발되었다는 점을 강조한 것이었다.[36)] 특히, 1930~40년 기간에 일본의 지배자들은 정치적 억압과 경제적 수탈을 가속함으로써 전쟁 수행 기구를 부양하도록 자신의 식민지를 건설하였다. 전쟁 기간 조선은 병참기지가 되었고, 일본의 총력전 체제의 일부로서 기능하였다는 것이다. 전쟁경제에 복무하는 것은 현대 한국 경제의 가장 중요한 특징이 될 것이며, 전후 한국 경제의 재조정(readjustment) 과정은 지난한 과정이 되리라 파악했다.[37)]

그러나 조선의 식량과 자원이 일본제국 유지에 중요한 요소를 구성했고, 일본의 전쟁 수행에 기여했다는 점을 고려할 때, 한국의 독립이

---

35) Hugh Borton, "Korea: Internal Political Structure," *Department of State Bulletin* 11(281), 1944.11, pp. 579~583; Hugh Borton, "The Administration and Structure of Japanese Government," *Department of State Bulletin* 11(287), 1944.12, pp. 820~826.

36) George M. McCune, op. cit., 1945.3, p. 104. 보튼은 윌리엄 랭던(William R. Langdon) 전 주재조선공사가 재임시에 썼던, 당시의 정세와 조선총독부의 통치 방법을 예리하게 파헤친 공문서에 상당히 도움을 받을 수 있었다(ヒュー・ボートン, 五味俊樹 역, 앞의 책, 164쪽). 보튼이 참고한 랭던의 보고서는 William R. Langdon, "Some Aspects of the Question of Korea Independence," (1942.2.20.)로 추정된다(정용욱, 앞의 책, 41쪽).

37) George M. McCune, op, cit., 1950, p. 23; George M. McCune, op. cit., 1945.3, p. 104.

동아시아 지역에서 일본의 제국주의적 침략 재개를 저지할 강력한 방벽이 될 것이라는 전망은 중요한 지적이었다.[38]

이에 대한 미국의 식민지 조선 인식은 해방이후 국가건설 주체가 누가 될 것인가라는 문제와 연결되었다. 즉, 미국인들의 인식 속에는 개발도 수탈도 존재한다는 점이 중요한 것이 아니었다. 미국인의 인식 속에서 '개발을 넘어서는 수탈' 혹은 '수탈을 넘어서는 개발' 중 어느 쪽에 주목했느냐는 점이 중요했다. 여기서도 지역주의적 맥락에서의 수탈과 개발에 대한 인식과 평가가 필요하다. 또한 이들의 시각에서 물적 기반은 인정하되, 인적 기반의 개발은 부인하여 수탈을 인정한다는 점에서 보면, 훈련된 조선인의 부족은 자립능력의 부족이라는 약점으로 나타난다. 이런 점에서 정치구조는 식민지적 구조에서 벗어나지 못했으나, 경제, 사회구조는 근대성을 획득했던 이중구조에 대한 분석이 필요하다.

4. 조선 독립 가능성에 대한 인식과 지역주의적 재해석

그라즈단제브는 해방 조선이 자립할 수 있는 충분한 물적 자원을 가지고 있다고 보았지만, 소수의 친일적 대지주와 산업자본가가 신생한국에서 권력을 잡게 되면 일제하와 동일한 상황이 재현되거나 더 악화될 가능성이 있었다고 보았다. 이를 제어하기 위해서는 공업 부문과 토지의 국유화와 협동조합의 뚜렷한 발전을 통해 중앙집권적인 민주공화국을 수립할 필요가 있다고 보았다. 한국을 위해서는 국영과 개인기업체의 분리가 더 현저한 민주화와 자유에 공헌할 것이라고 보았다.

---

38) Alfred Evenisky, op. cit., 1947.1, p. 397.

장차 독립할 한국에 수립될 사회조직으로 협동체 국가(a cooperative state)를 구상하면서, 그라즈단제브는 즉시 독립을 주장하였다.[39] 조선 독립의 미래를 전망하며, 협동체 국가(혹은 조합 국가) 건설에 관심을 가지고, 공사기업과 토지를 몰수하고 나서, 이를 조합으로 운영함으로써 사적 이윤에 입각한 시스템보다 협동조합적 체제가 한국에 신속한 경제성장을 가능케 할 것이라는 그라즈단제브의 전망에 대해, 노블은 쉽지 않을 문제라고 비판했다.[40] 맥퀸도 그라즈단제브가 제시한 협동체적 국가에 대해 부정적인 입장이었다. 협동체 국가의 수립 근거로서 일제하 금융조합에서 조신인이 참여한 경험을 성공사례로 들고 있지만, 이것은 그라즈단제브가 한국인들이 금융조합에 가진 부정적 태도를 충분히 파악하지 못해서 나타난 것이라고 비판했다. 오히려 많은 마을에서 과거부터 뿌리를 내린 조선인의 협동조직('associations' or 'cooperatives')에 주목해야 한다고 주장했다.[41]

한편, 번스는 한국에서 독립국가를 유지할 능력이 있는지 여부에 대해서, 일제 통치하에서도 많은 조선인들이 정부기관, 은행, 철도, 전력설비, 치수, 관개 등 분야에서 효과적인 운용자로서 활동하고 있었으므로, 이들이 소수이긴 하지만 조선의 지도권을 신속하게 넘겨받을 수 있는 집단이 될 것이라고 평가하며, 이들이 행정실무를 담당할 수 있을 것으로 파악하였다. 해외독립운동세력은 정부수립 과정에서 잠재적 지도력을 행사할 수 있을 것으로 평가하였다. 하지만 독립국가의 정상적인 운용을 위해 추가로 조선인 전문가를 훈련할 필요성도 인정했다. 사회구조적으로는, 식민지하에서 형성된 일본의 독점 및 통제정책으로 형

39) A. J. 그라즈단제브, 이기백 역, 앞의 책, 348~352쪽.

40) Harold J. Noble, op. cit., 1945.11, p. 68.

41) George M. McCune, op. cit., 1945.3., p. 104.

성된 경제구조를 그대로 둔다면 소수의 사적 소유자에 경제력이 집중되거나 독점될 위험성이 노정될 것으로 평가하여, 이를 회피하면서도 생산력을 최대로 발전시키기 위해서는 자본주의와 사회주의를 대립이 아니라 종합함으로써 사회적인 소유와 사적 소유가 혼합된 경제로 나아가야 한다고 주장했다.[42] 따라서 그라즈단제브가 수탈에 집중한 나머지 개발 부분을 파악하지 못했다는 점을 지적하면서도, 일본에 의존하지 않으면서도 일제하의 독점적 경제지배의 물적, 인적 자원을 최대한 활용하기 위해서는, 사회주의와 자본주의의 혼합된 경제 체제로 이행할 필요성이 있다는 점에는 번스 역시 인식을 같이 하고 있었다고 파악된다.

고정휴는 조선의 독립가능성을 인정하는 인식을, (1) 라티모어(Owen Lattimore)와 같이 도의적 입장에서 일본의 야만적 통치에 고통을 받았던 약소국의 문제를 바로잡아야 한다는 입장, (2) 비슨(Thomas A. Bisson)과 같이 패전국 일본의 철저한 개혁을 위해서 청일전쟁 이래 일본이 획득한 영토를 반환시켜야 한다는 연장선상에서 조선의 독립문제를 다룬 입장, 그리고 (3) 그라즈단제브와 같이 조선의 독립문제를 물적, 인적으로 독자적 독립유지 능력에 따라 독립가능성을 인정해야 한다는 입장 등으로 구분할 수 있다고 정리했다. 이 세 입장은 모두 전후 일본제국의 해체와 전면적인 개혁, 분열된 중국의 통합과 재건, 여기에 한국의 독립과 민주적인 국가의 수립이 한 세트를 이루어 동아시아의 안정과 평화를 추구하려 했다는 것이다.[43] 즉, 한국의 독립 문제를 동아시아 지역질서의 재편과정에서 '일본의 세력 약화=중국의 세력 안정'이란 개념 속에서 그 위치를 매긴 것이었다고 할 수 있다.

---

42) Arthur C. Bunce, "The Future of Korea: Part I," *Far Eastern Survey* 13(8), 1944, pp. 68~69.

43) 고정휴, 앞의 글, 2005, 138~142쪽.

하지만, 정연태는 조선의 자치역량에 대한 부정적 인식하에서 즉시 독립이 아니라 열강에 의한 신탁통치를 거쳐야 한다는 판단이 우세했다고 파악하였다. 이런 인식의 전제가 된 것은 먼저, 자치역량부족론이었다. 이런 인식은 사실상 19세기 말부터 태평양전쟁 직후에 이르기까지 조선사회에 대한 미국의 일반적인 인식에 속하는 것이라고 파악했다. 물적 역량에 대한 낙관적 인식에도 불구하고, 자치경험과 능력에 속하는 인적역량에 대해서는 회의적이었다는 것이다. 이런 인적역량에 대한 회의의 기저에는 우리 민족에 대한 '당파적 민족성론'이 자리하고 있었다는 것이었다. 부족한 국가경영 인력의 교육과 더불어 여기에 일본 경제에 완전히 통합되어 전쟁 수행을 위해 기능했던 조선 경제를 일본으로부터 분리하기 위해서도 일정 정도 열강의 보호하에 신탁통치를 실시해야 한다는 것이 이들의 논리였다던 것이다.[44]

아울러 국내적으로는 당파적 민족성과 함께 첨예한 계급대립에서 발생한 국내 정치적 긴장이 안정적인 신정부의 존립을 위협할 것이고, 국제적으로는 한반도를 둘러싼 개항 이래의 중국, 일본, 러시아의 지정학적 각축이 동아시아 지역의 안정성을 위협할 것이라는 점에서 국제적 신탁통치가 필요할 것이라는 논리가 등장했다는 것이다.[45] 그라즈단제브에 따르면, 한국의 독립을 위협할 일본, 중국, 러시아 중 하나가 한국을 보유한다면 나머지 나라들은 위협을 느낄 것이며, 이러한 상태

44) 정연태, 앞의 글, 2006, 294~296쪽. 이런 경향의 의구심은 조선인 전체로부터 그 권리를 박탈하여, 일본인 지배 밑에서 현존하는 상태를 재현시키고, 따라서 그 주인을 변경함에 지나지 않는 독재제도를 출현시킬 것이며, 시민으로 자립하지 못한 개인이 정치조직에 의해 완전히 좌우되리라는 의구심에 연결되었다. 이를 통해 개인적인 독창력이 억압되고 결과적으로 한국의 발전이 방해되리라는 것이었다. A. J. 그라즈단제브, 이기백 역, 앞의 책, 356쪽.

45) 정연태, 앞의 글, 2006, 296~298쪽.

에서는 한국의 독립과 영토의 보전을 미 · 영 · 중 · 소 · 일이 공동으로 보장하는 것이 최선의 방법이라는 것이다. 한국의 안전을 위한 최선의 보장은 주변의 여러 강대국에 대항하기 위한 강력한 군대를 창건하는 것이 아니라, 모든 주변 국가들에 대해서 평화롭고 우호적인 정책으로 그들의 호의를 얻는데 있다는 것이었다.[46]

식민통치의 총결산으로서의 신탁통치 즉 조선의 자율적 운영이 가능한 독립가능성에 대한 부정과 회의라는 점은 수탈의 강조 부분에 해당하는 문제이다. 한편, 수탈로 인해 개발이라는 부분을 유효 활용할 수 없다는 점이 강조되면, 그 개발은 지역주의적 맥락 속에서 가능했던 것이라 볼 수 있다. 식민지 조선에서 완결되는 개발계획이 아닌, 일본제국주의의 동아시아 지역단위 계획 속에서 조선의 개발이 이루어졌기 때문이다. 수탈이라는 부분도 이에 따라 지역주의적 맥락 속에서 살펴보아야 한다는 것이다. 동아시아 지역 개발/수탈 구조가 전시기와 다른 방식으로 전개된다면, 여기서도 독립과 신탁통치 문제는 지역주의적 맥락에서 등장하는 것으로 볼 수 있다.

5. 맺음말

자신들의 통치성을 강조하기 위해 조선인의 자치능력을 부정했던 일제의 논리와 함께, 미국의 인식 속에서도 자치능력에 대해서는 부정적이었다. 예를 들면, 대한제국의 통치능력에 대한 부정적 평가는 일제의 한국병합 즉 식민지화의 긍정으로 이어졌다. 한국병합의 전제는 자

46) A. J. 그라즈단제브, 이기백 역, 앞의 책, 356쪽.

연권적 권리를 실현시켜줄 외부의 통치를 일제에 기대한다는 것이었다. 따라서 일제의 통치성 부정이 조선의 자치(self-government) 즉 독립(independence)을 긍정하는 것으로 나아가기 위해서는 자연권적 삶의 질을 담보해 줄 제반 통치 '능력' 부분에 대한 신뢰가 존재해야 했다. 이에 대한 미국의 부정적 인식으로 말미암아 해방된 조선이 다시 외부의 통치에 의존해야 한다는 인식이 생겨났다. 즉 이번에는 '신탁통치'론이 등장한 것이다. 미국의 인식 속에서 자치는 권리가 아니라 능력의 영역이었다. 자결권이라는 자연권적 권리와 그 권리의 실현능력 사이의 관계성이 중요했던 것이다. 실제로 '권리'의 실현 능력이 부족할 때는 외부의 통치에 의해 '권리'의 실현을 도모해야 한다는 것이다.

식민성의 정치, 경제적 분리와 관련된 문제 즉 정치적 차원에서 분리상태(일본과 식민지의 분리 통치)와 경제의 통합적 속성 즉 경제의 통합이란 측면은 전시기 미국의 조선-일본의 구조 파악과 일치할 것이다. 정치적 자립능력 즉 정치적 자치 능력을 담보할 인적 자원의 존재를 부정적으로 평가하면서, 경제적 개발이 자립능력과 직결되지 않는다는 논리는 일본의 '대동아공영권'이라는 지역경제적 프레임 속에서 가동되었던 조선 경제에 주목하여 자립능력을 부정하는 논리로 연결될 것이다.

일제하 식민통치의 '성과'를 부정하는 민족주의적 역사해석 경향이 강한 수탈론적 시각은, 당시 미국인의 시각에서는 논리적으로 조선의 자립능력 부족론에 바탕을 둔 신탁통치 긍정론으로 귀결된다. 민족주의적 시각이 견지했던 신탁통치 부정론과 모순구조가 발생하는 것이다. 한편, 일제하 식민통치의 '성과'를 긍정하며 민족주의적 역사해석에 거리를 두는 개발론적 시각이 논리적으로 자립능력의 긍정과 즉시독립론으로 이어져 신탁통치 부정론으로 이어진다는 점은 기존의 사학사적 역사해석이나 식민지 근대화론 논쟁과는 또 다른 접근법이 필요하다는 것을 드러낸다. 여기서 개발론적 시각 속에서도 신탁통치로 가는 논리가 개발되었고, 그 매개 고리로서 '일본'이라는 요인이 들어갈 수 있다. 즉, 한국의 독립이 중요했던 것이 아니라 일본의 전쟁 능력 약화가 중요했다는 논리가 여기서 추가될 필요가 있다. 이것이 동아시아에서 지역주의적 맥락(regionalism)이 등장하는 지점일 것이다. 사실 1940년대에 나타난 미국의 동아시아 지역에 대한 지역주의적 인식은 미국의 동아시아 지역에 대한 역사적 인식에서 예외적인 시기이기도 하다. 이 시기에 등장한 '일본과 대립하여', '조선을 독립시키고', '중국을 중심으로' 동아시아 지역을 '재편'하려는 인식은 그 이전과 이후와 확연히 다르다고 할 수 있다.

현대 중국의 한국전쟁 인식 변화

중학교 역사 교과서의 서술 변화를 중심으로

김 지 훈

1. 머리말

한국과 중국은 동서 냉전과 한국전쟁을 겪으면서 공식적인 관계가 단절되었으나 1992년 8월 한중 수교 이후 정치와 경제를 비롯한 모든 분야에서 교류와 협력이 크게 확대되었다.

최근 한중 관계는 중국의 영향력 확대와 이에 대한 미국의 견제라는 대립 구조 속에서 동요하고 있다. 미국과 중국이 협력에서 대립 관계로 전환하면서 남북관계도 평화체제로의 이행에 어려움을 겪고 있다.

1950년 6월 25일에 발발한 한국전쟁은 남북한과 미국, 중국, 소련 등 주변의 강대국들이 직간접적으로 참여하는 국제전으로 비화하였다. 제2차 세계대전 이후 구축된 냉전 체제는 20세기 후반부터 해체되었지만 한국전쟁으로 심화된 동아시아의 냉전체제는 여전히 해소되지 않고 있다. 이 때문에 남북한과 중국을 비롯한 동아시아 각국의 한국전쟁에 대한 인식은 여전히 큰 차이를 보이고 있다.

중국의 시진핑 주석은 2017년 중국인민해방군 건군 90주년 기념 경축대회에서 한국전쟁 당시 중국이 북한을 도와 승리로 이끌었다고 하였다.[1] 이러한 중국의 한국전쟁 인식은 우리와는 상당히 다른 것이다. 중국의 한국전쟁에 대한 인식은 1950년 한국전쟁에 참전한 이후 일관된 태도를 보이고 있다.

한국과 중국은 고구려와 발해 등 고대사를 둘러싼 역사인식에서 시각의 차이가 있지만 한국전쟁의 발발과정과 평가 등 현대사 부분에서도 상당한 차이를 보이고 있다.[2]

1992년 한중 수교 이후 양국의 교류가 확대되면서 중국의 역사교육과 역사교과서에 대한 연구도 진전되었다.[3] 그 동안의 연구는 주로 중국의 역사교과과정과 역사교과서의 변천,[4] 중국교과서의 한국 관련 서술[5], 중국역사교과서의 내용 서술[6]과 통일된 다민족 국가론[7] 등 교과

---

1) 시진핑 주석은 "인민군대가 사회주의 건설과 혁명에 적극 투신하고 조국과 인민을 지키는 기능을 전면 이행하며 항미원조 전쟁과 여러 차례 변경(국경) 수호 작전을 승리로 이끌어 국위와 군위를 떨쳤다"고 하였다. 「시진핑 '한국전쟁 북한 지원 역사' 강조」, 『한겨레신문』(2017.08.01), http://www.hani.co.kr/arti/international/china/805159.html.

2) 유용태, 「중국 역사교과서의 현대사 인식과 국가주의: 현대 한국사를 중심으로」, 『歷史教育』 84, 2002.

3) 국내 학계의 중국 역사교과서와 관련한 연구에 대해서는 다음의 글을 참고할 수 있다. 오병수, 「국내 학계의 중국 역사교과서 연구 경향과 과제」, 『동북아역사논총』 53, 2016.

4) 중국의 역사 교육과정의 변화에 대해서는 다음의 글을 참고할 수 있다. 김유리, 「중국 교육과정의 변천과 역사교육」, 『근대중국연구』 2, 2001; 오병수, 「중국 중등학교 역사교과서의 서술양식과 역사인식」, 『歷史教育』 80, 2001; 오병수, 「중국 중등학교 역사 교육과정의 추이와 최근 동향」, 『歷史教育』 84, 2002; 권소연, 「중국 역사교육과정의 변화와 추이: '사상중심 역사학'에서 '실용주의 역사학'으로」, 『중국근현대사연구』 31, 2006; 윤세병, 「중국 세계사교육과정의 변천; 초급중학교 교학대강을 중심으로」, 『역사와 역사교육』 23, 2011; 윤세병, 「중국의 역사과 교육과정의 현황: 2011 · 2017 과정표준을 중심으로」, 『역사교육논집』 65권, 2017.

서에 투영된 역사인식[8] 등에 대한 연구가 많았다.

---

5) 김지훈, 정영순, 「최근 중국 중고등학교 역사교과서 속의 한국과 한국사: 「역사교학대강」 교과서와 「역사과정표준」 교과서의 비교검토」, 『중국근현대사연구』 23, 2004; 김지훈, 정영순, 「중국 실험본 중학교 역사교과서의 한국사인식」, 『사학연구』 78, 2005; 김지훈, 「중국의 역사과정표준 고등학교 실험역사교과서의 한국관련 서술」, 『한국근현대사연구』 36, 2006; 김지훈, 「중화인민공화국 역사교과서에 나타난 고구려・발해사 서술」, 『고구려발해연구』 29, 2007; 김종건, 「中國 역사 교과서상의 한국 관련 서술내용 변화에 대한 검토: 최근 初級中學 『中國歷史』 교과서를 중심으로」, 『중국사연구』 69권. 2010.

6) 장세윤, 「近刊한 한・중 역사교과서의 양국관련 내용 검토」, 『백산학보』 68, 2004; 김종건, 「중국 역사교과서상의 중국근대사 내용과 변화 검토: 최근 초급중학교과서를 중심으로」, 『중국근현대사연구』 23, 2004; 이재령, 「중국 역사교과서로 본 현대한국」, 『중국학보』 64, 2011; 김종건, 「중국 초급중학 『中國歷史』 교과서의 수당사 내용과 변화」, 『동북아역사논총』 46, 2014.

7) 윤휘탁, 「중국학계의 영토・민족・국가 인식; '통일적 다민족국가론'과 그 한계」, 『한국사론』 40, 2004; 金裕利, 「개혁개방 이후 중국의 역사교육과 '통일적다민족국가'론」, 『북방사논총』 6, 2005; 안지영, 「중국 역사교과서의 통일적 다민족국가론 해석과 한국 역사 정체성의 위기」, 『인문과학연구』 18, 대구가톨릭대학교 인문과학연구소, 2012.

8) 박장배, 「근현대 중국의 역사교육과 中華民族 정체성 1: 민국시대의 민족 통합문제를 중심으로」, 『중국근현대사연구』 19, 2003; 박장배, 「근현대 중국의 역사교육과 中華民族 정체성 2: 중화인민공화국 시대의 민족 통합문제를 중심으로」, 『중국근현대사연구』 20, 2003; 이은자, 「아편전쟁과 중국의 '문호개방'에 대한 역사교육과 역사인식」, 『중국근현대사연구』 19, 2003; 박정현, 「청일전쟁에 대한 중국의 역사인식과 역사교육의 방향」, 『중국근현대사연구』 20, 2003; 윤휘탁, 「중국 중, 고교 역사교과서에 반영된 "중화의식"」, 『중국사연구』 45권, 2006; 권소연, 「한・중 양국의 역사인식과 중・고교 역사학습론 비교」, 『역사교육연구』 3, 2006; 이은자, 「중국 근대사 서술에 대한 두 가지 시각: 중국 역사교과서와 대만 역사교과서의 비교분석을 중심으로」, 『사총』 66권. 2008; 이춘복, 「중국 역사교과서에 나타난 민족주의와 동화주의: 북경사범대학 중등역사교과서 분석을 중심으로」, 『다문화콘텐츠연구』, 2009; 이은자, 「중국 고등학교 역사과정표준 실험교과서의 청대사 서술 분석」, 『아시아문화연구』 19, 2010; 윤세병, 「중국의 역사교육과 '민족' 성장의 서사: 「현대중국의 역사교육; 역사교과서의 서사 구조와 이데올로기」, 『역사와 역사교육』 8, 2013; 윤세병, 「중국에서의 근현대사 인식과 역사 교과서 서술: '革命'에서 '現代化'와 '民族'으로」, 『역사와 담론』 69, 2014; 김지훈, 「현대중국 역사교과서의 청일전쟁 인식」, 『역사와 세계』 46, 2014; 김지훈, 「현대중국의 영토인식과 역사교육: 현행 중국 중학교 역사교과서의 지도를 중심으로」, 『사림』 52권, 2015.

최근 중국의 역사교과서는 한국사와 관련된 서술을 거의 하지 않고 있다. 다만 중국의 역사교과서는 자신들이 참전한 한국전쟁에 대해서는 여전히 비중 있게 서술하고 있다. 중국은 9년 의무교육을 실시하고 있기 때문에 중국의 모든 학생들이 공통으로 배우는 중학교 역사교과서의 서술이 중요하다.

중국은 1949년 중화인민공화국 수립 이후 인민교육출판사에서 출판한 단일 교과서를 사용하다가 1990년대부터 각 지역의 여건에 적합한 여러 종류의 교과서를 발행하여 사용하였다.[9] 그러나 지난 40년 동안 개혁 개방이 지속되면서 기존의 국가 중심의 역사인식에 도전하는 일부의 움직임을 우려한 중국정부는 여러 종류의 역사교과서를 사용하던 기존의 방침을 바꾸어 2017년 9월(1학기)에 입학한 중학교 신입생부터 중국 교육부에서 편찬한 단일한 역사교과서를 사용하고 있다.[10]

중국역사교과서의 한국전쟁 서술에 대한 연구는 대부분 중국의 개혁개방 이후의 교과서를 대상으로 하였다. 이 때문에 1949년 중화인민공화국 수립 이후부터 현재까지의 변화를 파악하는데 어려움이 있었다.

한국과 중국의 교류가 지속적으로 확대되고 있는 상황에서 중국의 한반도 인식을 제대로 이해하기 위해서는 중국의 한국전쟁 인식이 어떻게 변화하였는지를 검토할 필요가 있다. 여기서는 중화인민공화국 수립 초기부터 프롤레타리아 문화대혁명을 거쳐 현재에 이르기까지

---

9) 김지훈, 「현대중국 역사교과서의 역사: 1949-2006년 중고등학교 교과서를 중심으로」, 『백산학보』 75집, 2006; 김지훈, 「중국의 신교육과정과 역사과정표준 실험교과서」, 『동북아역사논총』 17, 2007.

10) 중국은 2017년 9월 1일부터 모든 초중등학교의 『어문』, 『역사』, 『도덕과 법치』 세 교과목을 교육부에서 편찬한 단일 교과서(部編本)를 사용하기로 하였다. 「全国中小学统一使用“部编本”教材,“人教版”“苏教版”即将成为历史」, 『南方週末』(2017.08.31.), http://www.infzm.com/content/128156.

중국의 중학교 역사교과서에서 한국전쟁 서술의 특징과 변화를 검토하여 보겠다.

2. 1950년대의 한국전쟁 서술

중국의 역사교과서는 한국전쟁이 진행되고 있던 1950년대 초반부터 중국과 북한의 우호관계를 강조하고 미국을 비판하는 입장에서 한국전쟁을 서술하였다.

1952년에 출판된 중국의 초등학교 역사교과서인 『고급소학역사과본』 제4책은 원래 화북인민정부 교육부에서 발간했던 초등학교 교과서였으나 중화인민공화국 수립 초기에도 일부 내용이 수정되어 사용되었다. 이 『고급소학역사과본』 제4책은 "항미원조(抗美援朝)의 정의의 투쟁"이라는 절에서 한국전쟁에 대해 다음과 같이 서술하였다.

> 중국인민이 자신의 국가를 중건하려던 시기에 중국인민혁명의 승리를 달가워하지 않았던 미제국주의는 다시 신중국에 대해 새로운 침략을 하였다. 1950년 6월 그들은 한편으로 조선에 무장간섭을 하고 다른 한편 중국의 타이완성(臺灣省)을 점령하였다. 10월 조선에 무장 간섭을 한 미국 침략군은 중조 변경의 압록강과 도문강 부근을 공격하여 우리나라 동북 국경의 안전을 엄중하게 위협하였다. 중국인민은 더는 참을 수 없어서 항미원조(抗美援朝), 보가위국(保家衛國)의 지원 행동을 할 것을 요구하였다. 중국공산당 등 민주당파는 공동 선언을 발표하고, 인민군중의 이러한 애국적 요구를 지지하였다. 중국인민은 비할 바 없는 열정으로 장렬하게 항미원조를 위한 정의로운 투쟁을 진행하였다. 중국인민지원군은 1950년 10월 하순에 조선전선에서 조선인민군과 함께 작전을 하여 조선인민이 미제국주의의 미친듯한(瘋狂) 침략에 반대하는 것을 지원하였고, 조선인민의 반침략전쟁에서의 위험한 정세를 전환시켰다. 중국인민지원군은 조선에서

> 이러한 용감한 표현을 통하여 전 중국과 전 조선 및 전 세계 인민의 환호를 받았다. 중국인민은 항미원조라는 정의의 전쟁이 신중국경제 회복과 경제건설을 보장할 뿐 아니라 세계 평화 의 중요한 구성부분이라는 것을 깊이 믿고 있다.[11]

『고급소학역사과본』은 한국전쟁이 1950년 6월 미국의 북한 침략과 타이완 점령으로 시작되었다고 한다. 이러한 미국의 행동이 중국의 안전을 위협했기 때문에 중국은 "항미원조의 정의로운 전쟁"에 참전하였다고 주장한다. 이러한 서술은 미국의 한반도 침략으로 한국전쟁이 시작되었고 중국은 미국에 대항하고 북한을 돕기 위해 전쟁에 참전하였다고 자국의 입장을 합리화하는 것이다.

『고급소학역사과본』은 이러한 중국의 행동이 북한과 세계의 지지를 받았다고 주장한다. 또한 이 참전으로 중국의 경제 건설을 보장하고, 세계 평화를 지킬 수 있었다고 긍정적으로 평가하고 있다.

중국의 고등학교 역사교과서에서 한국전쟁이 처음 등장한 것은 랴오가이롱(廖盖隆)이 쓴 『중국인민해방전쟁간사』에서였다. 이 책은 원래 1951년 1월 하이옌서점(海燕書店)에서 출판했었으나 필자의 수정을 거쳐서 1952년 12월 인민교육출판사에서 다시 출판하여 고등학교 중국근대사 교과서로 사용되었다. 『중국인민해방전쟁간사』는 원래 1945년 8월부터 1949년 10월 중화인민공화국의 수립까지를 다루고 있었지만 1952년에 수정판을 출판하면서 "제6장 경제회복의 완성"이라는 장을 추가하였다. 이 수정판 제6장의 제2절 "항미원조투쟁의 승리"에서 한국전쟁이 발발한 과정에 대해서 다음과 같이 서술하고 있다.

---

11) 前華北人民政府教育部 教科書編審委員會, 『高級小學歷史課本』 第四册, 人民教育出版社, 1952, 47쪽.

> 1950년 6월 25일, 미국정부는 괴뢰 남조선의 이승만 적군(匪軍)이 38선을 넘어 인민 민주의 북조선을 공격하도록 사주하였다. 미국정부는 6월 27일 공개적으로 조선민주주의인민공화국에 대한 침략전쟁을 일으켰다. 미국이 조선을 침략한 것은 전 조선을 중화인민공화국을 향한 육해공군기지로 만들고 나아가 중화인민공화국을 침략하기 위한 것이었다. 바로 이렇게 미국정부는 조선을 무력 침략하는 동시에 해공군으로 중국의 영토인 타이완을 침략하여 점령하고 인도 차이나전쟁에 간섭하였다. 이러한 상황 아래 중국인민은 조국의 안전을 보위하고, 국내 경제 건설을 위한 평화로운 환경을 보장하기 위하여 미국의 침략과 도발(挑釁)에 반대하지 않을 수 없었다.[12]

『중국인민해방전쟁간사』는 1950년 6월에 발발한 한국전쟁은 미국이 남한을 사주하여 북한을 침략한 전쟁이라고 주장하고 있다. 그리고 미국은 북한을 점령하여 중국을 침략하기 위한 기지를 만들려는 의도를 가지고 있었다는 점을 강조하고 있다. 아울러 미국은 중국의 영토인 타이완을 침략하였고 인도차이나에도 간섭하였다고 한다. 이 때문에 중국은 자국의 안전과 경제 건설의 평화로운 환경을 보장하기 위해 미국의 침략에 반대하였다는 것이다.

이 교과서는 1950년 6월 28일 마오쩌둥(毛澤東)주석이 중앙인민정부위원회 회의에서 전 중국이 피침략자의 입장에 서야 하고, 전국과 전세계의 인민이 단결하고 충분히 준비하여 미국의 어떤 도발도 패배시켜야 한다고 한 발언을 소개하였다. 이후 7월부터 전국 각지의 미국의 타이완과 조선을 침략하는 것에 항의하는 운동이 전개되어 미국을 패퇴시킬 준비를 하였다고 한다.[13] 이후 1950년 5월부터 11월까지 중국에서는 2억 2,373만 9,554명이 스톡홀름선언(원자무기, 화학무기와 세균

---

12) 廖盖隆, 『中國人民解放戰爭簡史』, 人民教育出版社, 1954, 4판, 122쪽.

13) 廖盖隆, 위의 책, 122~123쪽.

무기의 금지를 요구하는 선언)에 서명하였다고 한다.

『중국인민해방전쟁간사』는 1950년 9월 유엔군이 인천상륙작전을 하였고 10월 2일에 38선을 넘어 20일에 평양을 함락시켰으며, 1950년 10월 7일 미국정부가 유엔을 조종하여 전체 조선을 점령하는 제안을 통과시키면서 중국의 인민들 사이에서 항미원조, 보가위국의 요구가 일어나서 참전하였다고 한다.

이러한 중국 역사교과서의 서술은 당시 중국이 미국의 한반도 침략에 대한 대응으로 전쟁을 시작하였다는 점을 강조한 것이다. 이 때문에 한국전쟁에서 미국의 침략성 등을 강조하지만 전쟁의 당사국인 한국에 대한 서술은 적은 편이다.

『중국인민해방전쟁간사』는 중국인민지원군이 1950년 10월 25일부터 1951년 5월 21일까지 북한인민군과 함께 5차례의 대규모 반격작전을 하여 미국의 영도 아래 있던 영국, 캐나다, 오스트레일리아, 뉴질랜드, 남아프리카연방공화국, 프랑스, 네덜란드, 벨기에, 룩셈부르크, 그리스, 터어키, 아비니시아, 태국, 필리핀, 콜럼비아 등 16개 국가와 한국군 등 "침략군"을 압록강에서 38선 부근까지 패퇴시켰다고 하였다.[14)]

중국은 한국전쟁에 참전하여 북한군과 함께 유엔군을 패퇴시키고 승리했다고 주장한다. 미국을 비롯한 유엔군은 미국이 주도한 한반도 침략에 동참한 "침략군"으로 묘사하고 중국군은 미국의 한반도 침략을 저지하여 승리한 정의의 군대로 서술하고 있다.

『중국인민해방전쟁간사』는 중국인민지원군과 조선인민군이 승리했다고 하면서 다음과 같이 의미를 부여하고 있다. 첫째, 미국이 북한을 멸망시키려는 계획을 분쇄하고 북한의 독립을 보위하였으며, 북한의

14) 廖盖隆, 앞의 책, 124쪽.

1천만 인민을 다시 해방시켰다. 둘째 미국이 조선을 거쳐 중국대륙을 공격하려는 계획을 분쇄하여 중국의 안전을 보위하고 경제회복과 건설, 각종 개혁을 순조롭게 진행 할 수 있게 되었다. 셋째, 아시아 근대역사에서 처음으로 서방제국주의의 침략을 막아서 전 아시아 각국과 세계의 모든 식민지의 제국주의 침략에 반대하고 민족 독립 투쟁이 승리할 수 있다는 믿음을 강화시켰다. 넷째, 미국이 전 세계를 침략하려는 계획을 망쳐버렸고, 한국전쟁이 확대되는 것을 막아서 새로운 대전(大戰)의 발생을 지연시켰다고 한다. 이 책은 한국전쟁은 미국이 세계를 침략하려는 계획의 일부분이었다고 비난하고 있다.[15]

이러한 평가는 결국 미국이 한반도를 침략하고 전 세계를 침략하려는 계획을 중국이 한국전쟁에 참여하여 막았다는 것이다. 이 교과서는 한국전쟁에 참여한 중국이 미국의 이러한 계획을 저지시켰으므로 중국이 승리한 것이고, 세계 전쟁을 방지한 것이라고 의미를 부여하고 있다. 이러한 서술을 통하여 1950년대 한국전쟁 참전 당시 중국이 대외적으로 공표하고 있었던 한국전쟁에 대한 인식을 파악할 수 있다.

이러한 서술은 중국이 한국전쟁에서 승리하였다는 점을 강조하는 등 전쟁의 긍정적인 측면만을 강조하고 있다. 그러나 이 교과서는 전쟁으로 인한 피해와 고통, 타이완 통일의 좌절이나 중국의 국제적 고립 등 전쟁의 부정적인 측면을 회피하고 있다.

『중국인민해방전쟁간사』는 이 시기에 전개된 항미원조운동이 중국에 큰 영향을 미쳤다고 강조하고 있다. 당시 전 중국의 80%의 인구가 각종 형식으로 항미원조운동에 참여했다고 한다. 1951년 5·1 노동절에 항미원조에 참여하고, 일본의 무장에 반대하며, 세계평화를 보장하

---

[15] 廖盖隆, 앞의 책, 124~125쪽.

는 시위에 1억 8,643만 명 이상이 참여하였다고 한다. 또한 5·1 노동절 이전에 거행된 애국시위에도 4,353만 명 이상이 참여하여 합계 2억 2,996만 명 이상이었다고 한다.[16)]

이 책은 "미국은 1951년 겨울부터 한반도 북부에서, 1952년 1월부터 중국 동북에서도 사람들을 멸절시키는 세균전을 벌였다"[17)]고 간단히 서술하고 있다. 한국전쟁 당시 미국을 세균전을 했다는 주장에 대해 미국과 한국 등은 이를 부정하고 있지만 연구자들 사이에서는 논란이 있다.[18)] 그러나 북한과 중국은 한국전쟁 당시 미군이 세균전을 벌였다는 주장을 현재까지 계속하고 있다.[19)]

한국전쟁과 관련하여 2000년 중국의 군사과학원이 편찬한 『항미원조전쟁사』는 1952년 초 미국이 국제법을 위반하고 인도주의에 위배되는 '교살작전'을 실시함과 동시에 한반도 북부와 중국의 일부 지역에서 '세균전'을 실시했다고 한다. 이 책은 북한과 중국군을 살해하고 지원군과 인민군의 방어력을 약화시켜 휴전회담에 영향을 주기 위해 비밀리에 '세균전'을 전개했다고 하였다.[20)]

---

16) 廖盖隆, 앞의 책, 125쪽.

17) 廖盖隆, 앞의 책, 126쪽.

18) 미국과 한국에서는 미군의 세균전에 대해서 대체로 부정적이다. 조성훈, 「한국전쟁의 세균전 논쟁 비판」, 『군사』 41, 국방부 군사편찬연구소, 2000.12, 347~374쪽; 黃永远, 「왜 거짓말을 하였는가?: 한국전쟁기 중국에 의한 미군 세균전 사실 조작의 한 단면」, 『생태환경과역사』 2, 2016. 12, 217~227쪽. 그러나 강정구는 국제과학위원회 조사단의 조사와 각종 증거, 체포된 간첩들의 증언에 의하면 미국이 한반도에서 세균전을 한 것은 거의 99% 사실이라고 한다. 다만 북한이나 중국의 주장처럼 대규모로 진행된 것인지는 좀 더 면밀한 검토가 있다고 하였다. 강정구, 「미국의 한국전쟁 세균전 의혹」, 『월간말』 1992년도 8월호(통권 74호), 1992.8, 68~77쪽; 강정구 「한국전쟁과 미국의 세균전」, 『허물어진 냉전성역 드러난 진실』, 서울, 선인, 2010, 301~337쪽.

19) 张金林, 「反对美国细菌战与社会动员——以『人民日报』为中心的考察」, 『党史研究与教学』 2013.12.25, 60~67쪽.

이 책에 의하면 1952년 1월 28일부터 3월 31일까지 2개 월 동안 미군이 병원균과 바이러스를 지닌 곤충 등을 804차례 넘게 살포하는 것이 목격되었다고 한다. 미군기가 살포한 곤충이 지닌 세균은 페스트, 콜레라 비브리오, 탄저균, 티프스균, 파라티푸스균, 이질 간균, 뇌막염 쌍구균, 뇌염 바이러스, 돼지 콜레라균, 식물 탄저균 등 10여 종이었다고 한다.[21]

이후 중국공산당 중앙위원회와 중앙군사위원회는 미국이 한반도에서 각종 곤충을 살포한 것은 '세균전'을 전개한 것이며 그 목적은 자신들을 위협하고 세균 무기의 성능을 실험하기 위한 것이라고 하였다. 그러나 중국은 미국의 세균전이 중국정부와 북한정부의 방역과 치료로 인하여 1952년 겨울이 되면서 일단락되었으며 미국의 군사목적이 실패하였다고 평가한다.[22]

한국전쟁에서 미군이 세균전을 벌였다는 주장이 계속되고 있으나 최근에는 북한과 중국의 세균전 주장의 신빙성이 낮다고 보는 입장도 있다.[23] 이와 관련하여 2013년 한국전쟁 당시 중국인민지원군 위생부장이었던 우즈리(吳之理)는 한국전쟁 당시 미군이 벌였다는 세균전에 대해서 기존의 중국입장과 다른 견해를 제기하였다.[24]

---

20) 軍事科學院軍事歷史硏究部, 『抗美援朝戰爭史』 第3卷, 北京, 軍事科學出版社, 2000, 199쪽.

21) 軍事科學院軍事歷史硏究部, 앞의 책, 200쪽. 2012년 출판된 수정판 『抗美援朝戰爭史』도 미군의 세균전을 다루고 있다. 軍事科學院軍事歷史硏究部, 『抗美援朝戰爭史(修正版)』 下卷, 北京, 軍事科學出版社, 2012, 216~237쪽.

22) 周恩來, 「兩個月來反細菌戰工作總結報告」(1952.4.15), 『周恩來軍事文選』, 北京, 人民出版社, 1997, 284쪽.

23) 1961년 조너선 머스키가 니덤을 인터뷰했을 때 니덤은 어떤 증거도 보지 못했다는 사실을 인정했지만 자신이 중국 세균학자들로부터 들은 말을 믿었다고 한다. 프랑크 디쾨터, 『해방의 비극: 중국 혁명의 역사 1945-1957』, 고기탁 역, 파주, 열린책들, 2016, 479쪽.

24) 吳之理, 「1952年的细菌战是一场虚惊」, 『炎黃春秋』 11, 2013, 36~39쪽.

그에 의하면 1952년 1월 29일 중국인민지원군 위생부와 42군 사령부는 1월 28일 미군 비행기가 지나간 참호 근처에서 대량의 벼룩 등 벌레를 발견하였지만 병균이 발견되지는 않았다고 한다.

이 시기 『인민일보』는 미군이 여러 차례 중국 동북에 세균이나 죽은 쥐 등을 살포하였고, 미군 전선에서 원인을 알 수 없는 사망자가 나왔다고 보도하였다. 특히 이 신문은 과거 일본군 731부대의 책임자였던 이시이 시로(石井四郎)가 한국에 왔다는 소식을 전하기도 하였다.[25] 1952년 2월 22일 『인민일보』는 중국인민지원군과 북한정부의 명의로 미국이 조선과 중국의 동북에서 대규모 세균전을 전개하였다고 비판하였다.

그 결과 1952년 6월 국제과학위원회 세균전 조사단이 조직되었다. 이 조사단은 영국의 조지프 니덤(Joseph Terence Montgomery Needham, 1900~1995)을 비롯하여, 스웨덴, 프랑스, 이탈리아, 브라질, 소련, 이탈리아, 중국 등 각국의 과학자들로 구성되었다. 이들 조사단은 6월부터 8월까지 중국의 동북과 북한 지역에서 조사를 진행하였고 세균전이 있었다는 조사 결과를 『북한과 중국에서 세균전 사실 조사에 관한 국제과학위원회보고서』라는 제목으로 발간하였다.[26]

그러나 우즈리는 소련의학과학원 부원장 겸 세균학 교수인 주코프(Zhukov)가 이 보고서에 사인하고 소련으로 귀국한 이후 소련공산당 중앙에게 세균전은 사실이 아니라고 보고하였다고 한다.[27] 소련의 세

---

25) 吳之理, 위의 글, 36~39쪽.

26) 黃永远, 「왜 거짓말을 하였는가?: 한국전쟁기 중국에 의한 미군 세균전 사실 조작의 한 단면」, 『생태환경과역사』 2, 2016. 12, 219~222쪽.

27) 당시 소련정보기관의 수장이던 라브렌티 베리야에게 전달된 보고서는 가짜 전염병 지역이 만들어졌고 죽은 사람들의 시체를 매장하는 등 조작이 이뤄졌고 1953년 5월 2일 소련 내각의 비밀 결의안에서 모든 주장을 철회했다. 소련은 미국이

균전 관련 통보를 받은 저우언라이 총리는 황커청(黄克诚) 총참모장과 홍쉐즈(洪学智) 부사령(副司令)에게 당신들이 몰래 손을 쓴 것이냐고 물었고 홍쉐즈가 그렇다고 대답하였다고 한다. 저우언라이는 즉시 유럽에서 세균전에 반대하는 선전을 하는 것을 중지하도록 지시했다고 한다. 그러나 세균전의 실상에 대해서는 중국의 최고위층 이외에는 잘 알지 못하였기 때문에 이후에도 일부 서적들이 미군의 세균전 문제를 계속 서술하고 있다고 한다.[28]

1956년 반포된 「초급중학중국역사교학대강」은 "항미원조운동은 중국인민의 고도의 애국주의와 국제주의정신의 결정이다. 교사는 형상화한 언어로 학생들이 이 운동의 원인, 경과 그리고 의의를 반드시 알도록 한다. 미국제국주의는 중국인민과 세계인민의 가장 흉악한 적이고, 중국인민이 조선인민을 도와 미국 침략에 저항한 결과 조국의 안전을 보위하고 아시아와 세계의 평화를 강화한 것이다. 이 제목의 강의를 통해서 학생들에게 생동하는 애국주의와 국제주의 교육을 할 수 있다"[29]고 하였다. 이 교학대강은 '사회주의 건설의 시작'이라는 장의 '인민민주정권의 공고함'이라는 절에서 "미국의 조선 침략과 타이완 점거, 항미원조운동, 항미원조운동의 승리"[30] 등을 서술하도록 하였다.

이 1956년 「초급중학중국역사교학대강」에 의거하여 1956년 출판된 인민교육출판사의 중학교 『중국역사』 제4권은 제21장 "인민민주정권

한반도에서 세균전 무기를 사용했다는 언론의 보도는 잘못된 정보에 근거한 것이라는 내용을 베이징에 보냈고 세균전과 관련된 주장이 중단되었다고 한다. 프랑크 디쾨터, 『해방의 비극: 중국 혁명의 역사 1945-1957』, 고기탁 역, 241~242쪽.

28) 吳之理, 앞의 글, 36~39쪽.

29) 「初級中學歷史教學大綱(草案)」(1956), 課程教材研究所, 『20世紀中小學課程標準 · 教學大綱匯編: 歷史卷』, 北京, 人民教育出版社, 2001, 152쪽.

30) 앞의 책, 164쪽.

의 공고"의 제1절 "항미원조운동"에서 한국전쟁을 서술하고 있다. 이 교과서는 한국전쟁의 발발과정을 서술하면서 "1950년 6월 25일 미국의 지도 아래 남조선 이승만집단이 38선을 넘어 조선민주주의인민공화국에 전면적인 공격을 시작하였다"[31]고 하여 한국이 북한을 공격한 "북침"이라고 서술하고 있다.

1956년 중학교 『중국역사』 교과서는 1950년 6월 25일 미국의 지도 아래 이승만이 북한을 공격한 것으로 서술하였다. 그러나 1958년 『중국역사』에서는 "1950년 6월 25일 미국제국주의가 조선민주주의인민공화국에 대한 침략전쟁을 일으켰다"[32]라고 하여 한국전쟁에서 한국을 제외하고, 미국과 북한의 대결로 묘사하고 있다.

1956년 『중국역사』 교과서는 미국의 함대가 중국의 영토인 타이완성을 침략하여 점령하였다고 서술하였다. 이러한 상황에서 "중화인민공화국 중앙인민정부 주석 마오쩌둥은 중국인민과 세계 인민이 단결하여 미국제국주의 침략을 격퇴하자고 호소하였고, 정무원 총리 겸 외교부장이었던 저우언라이는 중국인민을 대표하여 중국인민은 결코 외국의 침략을 용인하지 않을 것이며 제국주의국가가 중국의 이웃 국가인 북한을 침략하는 것을 모르는 척 하지 않을 것이라고 경고하였다"[33]고 한다.

1956년 『중국역사』 교과서는 미국이 38선을 넘어 북한을 유린하자 중국의 안보에 위협을 느낀 중국인민들이 항미원조 보가위국의 지원군을 조직하여 북한군과 함께 공동으로 미국에 저항하였다고 한다.

---

31) 姚涌彬 · 蘇壽桐, 『初級中學課本中國歷史』 四册 (北京, 人民教育出版社, 1956), 119쪽.

32) 姚涌彬 · 蘇壽桐, 앞의 책, 74쪽.

33) 姚涌彬 · 蘇壽桐, 앞의 책, 119쪽.

1956년『중국역사』는 중국의 정규군으로 편성된 중국인민지원군을 중국인민들이 자발적으로 조직한 것으로 묘사하고 있다. 또한 중국인들이 높은 애국주의와 국제주의 정신으로 미국의 침략에 대항하는 투쟁을 전개하였다고 강조하였다.

1956년『중국역사』교과서는 북한과 중국인민의 지지 아래 북한 내각 수상 김일성과 중국인민지원군 사령관 펑더화이(彭德懷)가 직접 지휘하여 1950년 10월부터 1951년 5월까지 5차례 전투에서 승리하였다고 한다. 1950년대의 역사교과서는 한국전쟁 과정에서 북한의 김일성과 중국의 펑더화이 등 일반 민중보다는 지도자의 역할을 강조하고 있다.

1956년『중국역사』교과서는「항미원조전쟁형세」라는 지도에서 5차례의 전투지역을 소개하고 제1차 전투에서 13,150명, 제2차 전투에서 34,700명, 제3차 전투에서 13,000명, 제4차 전투에서 78,000명, 제5차 전투에서 46,300명을 섬멸했다고 자신들의 전과를 과시하고 있다.[34)]

1956년『중국역사』교과서는 전쟁에서 이러한 승리를 거두고 있을 때 중국 각지에서 항미원조운동이 일어나 청년과 노동자, 농민, 지식인들도 자원하여 전장으로 나아갔으며, 민중들이 지원군을 위문하고 현금 1,380억 위안(元), 전투기 3,700여 기를 헌납하였다고 한다.[35)]

1956년『중국역사』교과서는 항미원조투쟁이 위대한 승리를 거두어 전세계 평화를 사랑하는 인민들에게 반침략투쟁이 승리한다는 믿음을 주었고 아시아와 세계의 평화사업을 공고하게 했다고 긍정적으로 평가한다.[36)]

『중국역사』교과서의 한국전쟁 서술은 전쟁의 피해와 고통보다는

---

34) 姚涌彬·蘇壽桐, 앞의 책, 120쪽.

35) 姚涌彬·蘇壽桐, 앞의 책, 121쪽.

36) 姚涌彬·蘇壽桐, 앞의 책, 121쪽.

전쟁의 긍정적인 측면만을 부각시켜, 전쟁의 정당성을 강조하는 것으로 보인다. 중국은 전쟁을 정의(正義)와 비정의(非正義)로 구분하고 있다. 정의의 전쟁은 사회의 진보를 이끄는 것이고, 사회의 진보를 저해하는 것이 비정의의 전쟁이라고 한다. 이러한 논리에서 한국전쟁은 미제국주의의 한반도 침략전쟁이고, 이에 맞서 미국의 침략을 막은 중국의 행위는 정의의 전쟁이라는 것이다.

한국전쟁에 대한 서술은 1963년부터 중학교 역사교과서에서 사라지게 된다. 그 이유는 1958년부터 시작된 대약진운동이 실패하면서 중국경제가 큰 타격을 받았고 이에 따라 전체적으로 초중등 교육 과정을 단축하였기 때문이다. 1963년에 발간된 『중국역사』 제4권은 현대사 부분을 수정하여 1949년 10월 1일 중화인민공화국의 수립까지만 서술하였기 때문에 한국전쟁 부분이 없어졌다.[37]

3. 문화대혁명 시기 한국전쟁 서술

중국에서는 1966년부터 본격적으로 프롤레타리아 문화대혁명이 시작되었다. 문화대혁명 시기에는 역사교육이 중지되기도 하였고 통일된 교과서가 사용되지 못하는 등 변화가 발생하였다.

1966년 6월 13일 중공중앙과 국무원은 당시 사용하던 역사와 어문(語文) 등의 교재가 마오쩌둥의 프롤레타리아계급투쟁 학설과 당의 교육방침을 위배했다고 비판하면서 사용을 중지시켰다. 이후 1971년 8월부터 전국교육공작회의에서 교재를 철저하게 개혁하고, 새로운 교재를

37) 姚涌彬 · 蘇壽桐, 『初級中學課本中國歷史』 四册, 참조.

적극적으로 편찬하라는 방침에 따라 지역별로 역사교재를 편찬하기도 하였다.[38)]

그러나 문화대혁명 시기 격렬한 정치투쟁 속에서 중국의 역사교과서는 대부분 정치적으로 민감한 현대사 부분을 서술하지 않았다. 이 때문에 한국전쟁에 대해 서술하고 있는 교과서는 아주 적은 편이다.

1972년 길림성 중소학교재편찬위원회에서 편찬한 『역사(중국현대사)』는 현대 중국의 역사를 서술하고 있다. 이 교과서는 한국전쟁에 대해서 다음과 같이 서술하고 있다.

> 우리나라가 사회주의혁명을 막 시작했을 시기, 미제국주의는 1950년 우리나라의 영토인 타이완을 점령하였다. 6월 25일 그들은 15개 예속국가의 군대를 규합하여 유엔군의 기치를 들고 돌연 조선민주주의인민공화국을 침략하였으며 우리 나라의 동북을 폭격했다. 이는 미국제국주의가 조선인민과 중국인민에게 범한 커다란 죄악이다.
>
> 중조 양국은 산과 물을 함께 접하고 있는 순망치한의 형제이자 이웃으로 조선인민의 생존과 중국의 안전이 엄중하게 위협당하는 긴급한 때에 우리나라의 인민은 단호하게 마오주석의 항미원조라는 위대한 호소에 호응하여 1950년 10월 25일 중국인민지원군을 조직하였으며, 기세도 당당하게 압록강 건너 장렬한 항미원조운동을 일으켰다.
>
> 조선 전장에서 중국인민지원군은 마오주석의 교시를 준수하여 조선의 산천초목을 사랑하고 보호하였다. 조선인민의 생명과 재산을 급히 구조하고 용감하게 싸워서 숭고한 프롤레타리아계급 국제주의의 정신을 발양하였으며 조선인민은 중국인민지원군을 자신의 아들과 형제의 병사로 보게 하였다. 모든 고난에도 불구하고 심지어는 자신의 신체로 적의 총탄을 막아 지원군 전사를 엄호하기도 하였다.
>
> 중조 양국의 인민은 어깨를 나란히 하고 싸웠고, 얼음을 기어가고 눈위에 눕는 어려움(爬冰臥雪)을 함께하면서 적진을 돌격하여 함락시키는 등

---

38) 課程教材研究所, 『新中國中小學教材建設史』, 北京, 人民教育出版社, 2010, 269~270쪽.

3년 동안의 피비린내 나는 전투를 통해서 결국 장비의 열세에도 불구하고 전 세계 인민의 첫 번째 적인 미제국주의와 그 추종세력(幇凶)을 패배시켰다. 적 1,093,800여 명(이 가운데 미군 397,000여 명)을 섬멸하였고 적기 12,000여 대를 격추하였으며, 적 함선 560여 척을 격침시키거나 손상시켰다. 적의 탱크 3,000여 량을 격파하여 조선전쟁은 위대한 승리를 하였고 미제국주의가 1953년 7월 27일 정전협정에 서명하도록 하였다. 항미원조전쟁은 조선인민의 항미전쟁의 승리를 지원하였을 뿐만 아니라 우리나라의 안전을 보위하였고, 미제국주의가 단지 종이호랑이라는 것을 까발려서, 미제국주의의 "불패"의 신화를 타파하였으며, 전세계 피압박 인민의 해방투쟁을 크게 고무시켰고, 당대 반제투쟁의 발전을 힘있게 이끌었다.39)

1972년『역사(중국현대사)』교과서는 1950년 미국이 타이완을 점령하고 6월 25일 15개 국과 함께 북한을 침략하였으며 중국의 동북을 폭격했다고 주장한다. 그러나 미 제7함대의 타이완 해협 진입과 UN군 조직은 6월 25일 이후이므로 이 교과서는 시간 순서를 무시하고 있다고 할 수 있다.

또한 미국이 15개 예속국가의 군대를 규합하여 유엔군의 기치를 들고 북한을 공격했다는 주장을 하고 있는데 유엔 참전국을 미국의 예속국가로 보는 인식을 보여주고 있다.

1972년『역사(중국현대사)』교과서는 한국전쟁에서 마오쩌둥이 한 역할을 강조하고 있다. 예를 들면 이 교과서는 마오쩌둥의 항미원조 호소에 호응하여 중국인민지원군이 조직되었고 마오쩌둥의 교시를 준수하여 중국군이 북한의 산천초목을 보호하였다고 하고 있다.

실제로 중국공산당은 한국전쟁이 발발한 후 동북변방군을 창설하고 북한에 투입될 부대에 정치 사상 교육을 강화하였다. 중국군이 한국전

---

39) 吉林省中, 小學教材編寫組,『歷史(中國現代史)』, 長春, 吉林人民出版社, 1972, 90~91쪽.

쟁 참전을 준비하고 있던 1950년 8월 13일 션양군사회의에서 가오강(高崗)은 "조선의 산천초목을 사랑하고 보호하라"[40]고 하였다. 따라서 이 교과서는 1954년 숙청된 가오강이 한 발언을 마오쩌둥이 한 교시로 바꾸어 설명하고 있다고 할 수 있다.

또한 이 교과서는 1950년대에 김일성과 함께 펑더화이의 활약에 대해서는 서술하지 않고 있다. 이는 국방부장이었던 펑더화이가 이미 실각하여 프롤레타리아 문화대혁명 기간에 박해를 받다가 희생되었기 때문에 서술하지 않은 것으로 보인다.

1972년『역사(중국현대사)』교과서는 프롤레타리아 국제주의를 강조하면서 중국인민지원군의 희생을 강조하고 있다. 여기서 자신의 신체로 적의 총탄을 막은 일을 소개하고 있는데 그가 구체적으로 누구인지 설명하지는 않고 있다. 이 교과서의 설명으로 볼 때 중국인민지원군의 황지광(黃繼光)[41]을 묘사한 것으로 보인다.

1972년『역사(중국현대사)』교과서는 한국전쟁의 성과에 대해서 군인 1,093,800여 명(이 가운데 미군 397,000여 명)을 섬멸하고, 12,000여 대의 항공기, 함선 560여 척, 탱크 3,000여 량을 파괴하였다고 비교적 자세하게 전과를 설명하고 있다.

그러나 이 교과서에서 열거한 성과는 다소 과장된 것으로 보인다. 1990년 중국군사과학원에서 편찬한『중국인민지원군 항미원조전쟁사』에 의하면 1950년 10월 25일부터 1953년 7월 27일까지 파괴한 항공기는 10,640대(11대 노획), 탱크는 2,251(245량 노획)량으로 되어 있다.[42]

---

40) 軍事科學院軍事歷史研究部,『抗美援朝戰爭史(修正版)』下卷, 北京, 軍事科學出版社, 2012, 104쪽.

41) 황지광은 중국 쓰촨성 중장현(中江縣) 출신으로 중국인민지원군 제45사단 135연대 9중대 소속으로 1952년 10월 19일 상감령지구 597.9고지에서 사망했다.

4. 개혁 개방 이후 한국전쟁 서술

프롤레타리아 문화대혁명이 종결된 이후 1979년 처음으로 중학교 『중국역사』 교과서가 출판되었다. 1979년 『중국역사』는 "1950년 6월 미제국주의가 조선을 침략하는 전쟁을 일으켰고, 동시에 무력으로 우리나라의 신성한 영토인 타이완을 무력으로 점령하였다"[43]고 하여 미국이 북한을 침략하고 타이완을 점령했다고 서술 하고 있다. 이 교과서는 김일성과 마오쩌둥, 저우언라이 등 지도자의 활약에 대해서도 서술하였지만 적진으로 돌격하다 희생당한 양건쓰(楊根思), 총구를 몸으로 막은 황지광(黃繼光), 소리를 내지 않고 잠복하다 불에 타 죽은 쵸샤오윈(邱少雲), 부상당한 채 적진으로 들어가 함께 자폭한 쑨잔위엔(孫占元), 북한 아동을 구하다 죽은 뤄청자오(羅盛教) 등에 대해서도 간단하게 소개하고 있다.[44]

그러나 당시 중국은 문화대혁명의 후유증으로 경제사정이 어려운 상황 속에서 초중등 교육과정을 10년으로 단축하였다. 교육과정이 단축되면서 역사 교과서의 서술 분량도 감소하였다. 1982년에 발간된 중학교 『중국역사』 교과서는 1949년 10월 중화인민공화국 수립까지만 서술하였기 때문에 한국전쟁이 교과서 서술에서 제외되었다.

중국역사교과서의 한국전쟁에 대한 서술은 1992년 8월 24일 한국과 중국이 수교를 하면서 일부 내용에 변화가 발생하였다. 1992년 10월에

---

42) 軍事科學院軍事歷史研究部, 『中國人民志愿軍抗美援朝戰爭史』, 北京, 軍事科學出版社, 1990, 부록3 1쪽.

43) 中小學通用教材歷史編寫組, 『全日制十年制初中課本 中國歷史』 四册, 北京, 人民教育出版社, 1979, 129쪽.

44) 中小學通用教材歷史編寫組, 앞의 책, 131쪽.

인쇄된 『중국역사』는 한국전쟁의 발발과정을 설명하면서 "1950년 조선전쟁이 발발했다"는 내용을 추가하였다.

> 미제국주의는 인민의 혁명운동을 진압하고 신생의 사회주의국가를 압살하기 위하여, 조선을 침략하는 전쟁을 일으켰다. **1950년 조선전쟁이 발발(爆發)하였고**, 미제국주의는 이른바 "유엔군"을 지휘하여 38선을 넘어, 조선민주주의인민공화국을 침입하였다. 그들은 중국의 변경에까지 쳐들어와 우리 나라의 안전을 엄중히 위협하였다. 동시에 미제국주의는 해군 제7함대를 우리 나라의 타이완해협에 파견하여 인민해방군의 타이완 해방을 저지하였다.[45]

이 서술에 의하면 미국이 혁명운동을 진압하고 사회주의 국가를 압살하기 위하여 조선을 침략하는 전쟁을 일으켰다는 내용을 유지하면서 1950년 조선전쟁이 발발했다는 내용을 추가하고 그 다음에 미국이 유엔군을 지휘하여 전쟁에 참전했다고 서술하고 있다. 그러나 전쟁을 누가 먼저 일으킨 것인가에 대해서는 언급하지 않고 있다.

한중 수교 다음 해인 1993년 5월에 인쇄된 중학교 『중국역사』 교과서는 다음과 같이 한국전쟁 부분의 서술을 다시 수정하였다.

> **1950년 조선내전이 발발(爆發)하였다**. 미제국주의는 신생의 사회주의국가를 압살하기 위하여, 이른바 "유엔군"을 지휘하여 조선을 침략하는 전쟁을 일으켰다. 그들은 38선을 넘어, 중국의 변경에까지 쳐들어와 우리 나라의 안전을 엄중히 위협하였다. 동시에 미제국주의는 해군 제7함대를 우리 나라의 타이완해협에 파견하여 인민해방군의 타이완해방을 저지하려 기도하였다.[46]

---

45) 人民教育出版社歷史室, 『義務教育三年制四年制中國歷史 第4册』, 北京, 人民教育出版社, 1992, 1992년 4월 2판, 1992년 10월 2쇄, 132~133쪽.

46) 人民教育出版社歷史室, 『義務教育三年制四年制中國歷史 第4册』, 北京, 人民教育出版社, 1992, 1992년 4월 1판, 1993년 5월 1쇄, 132~133쪽.

1992년 10월 판『중국역사』는 "**1950년 조선전쟁이 발발했다**"고 하였는데 1993년『중국역사』는 "**1950년 조선내전이 발발하였다**"고 수정하여 한국전쟁이 내전의 성격으로 일어난 전쟁이라는 점을 강조하고 있다. 이 교과서는 1950년에 한반도에서 내전이 발생하였고 그 다음에 미국이 한반도를 침략했다는 방식으로 서술을 수정한 것이다. 중국은 1992년 8월 한국과 수교를 한 이후 남북한 동시 수교를 감안하여 북침이나 남침이라는 표현을 피하고 전쟁이 발발했다는 표현을 사용하고 있다.

한편 이 교과서는 중국이 전쟁에 직접 참전하게 된 계기에 대해서 다음과 같이 서술하고 있다.

> 조선민주주의인민공화국정부는 중국정부에 군대를 파견하여 원조해 줄 것을 요구하였다. 항미원조, 보가위국을 위하여 1950년 10월에 펑더화이를 사령관으로 하는 중국인민지원군은 조선으로 진출하여 조선군민과 함께 미제 침략자들에게 반격을 가하였다.[47]

이 교과서는 북한정부가 중국정부에 참전을 요청하여 참전한 것이라고 하여 이웃 국가를 돕기 위한 참전이었다고 서술하고 있다. 유엔군의 인천상륙작전으로 열세에 놓인 북한은 1950년 9월 말에 소련의 스탈린에게 지원을 요청하였으나 스탈린은 한국전쟁에 직접 개입하는 것을 원하지 않았다. 스탈린의 의견에 따라 북한정부는 김일성과 박헌영 명의로 1950년 10월 1일 중국에 파병요청을 하였다.[48]

1992년『중국역사』교과서는「중국인민지원군 전가(中国人民志愿军

---

47) 人民教育出版社歷史室,『義務教育三年制四年制中國歷史 第4册』, 北京, 人民教育出版社, 1992, 1992년 4월 2판, 1992년 10월 2쇄, 133쪽.

48) 沈志華,『毛澤東 · 斯大林與朝鮮戰爭』, 廣州, 廣東人民出版社, 2003, 222~229쪽.

战歌)」와 함께 "10월 25일 밤에 중국인민지원군의 한 개 연대가 조선 북부의 양수동에서 적군과 조우하여 적의 한 개 대대를 전멸시켜 출국 후 첫 총소리를 울렸다. 후에 10월 25일을 지원군 출국 작전 기념일로 정하였다"[49]고 하였다. 1992년 『중국역사』 교과서는 1950년 10월 25일 중국인민지원군이 첫 전투를 한 날이고, 중국인민지원군 출국 작전 기념일이라고 하고 있다. 이전의 교과서들이 1950년 10월에 참전했다고 서술한 것에 비하면 좀 더 구체적으로 묘사하고 있다고 할 수 있다.

아울러 이 교과서는 1950년대 이후 실각하여 문화대혁명 시기 비판을 받다 죽은 펑더화이에 대한 서술을 다시 하고 있다. 문화대혁명이 종결된 이후 중국에서 펑더화이의 명예가 회복되면서 교과서에 다시 수록된 것으로 보인다.

1992년 『중국역사』 교과서는 중국인민지원군이 조선군민과 함께 5차례의 대규모 전투에서 승리하였고, 1951년 6월까지 미군을 38선 이남으로 몰아냈으며, 북한 영토를 수복하였다고 한다. 특히 이 교과서는 상감령 전투에서 승리를 거두었다는 사실을 강조하고 있다. 1992년 『중국역사』 교과서의 부문(副文)은 상감령 전투를 다음과 같이 설명하고 있다.

> 1952년 10월 미국침략군은 김화(金化)전투를 일으켰는데 중부전선의 전략요지인 오성산진지를 탈취하여 중조(中朝)부대를 물러서게 함으로써 담판에서 유리한 지위를 차지하려 시도하였다. 상감령 동서 양측의 두 고지는 오성산의 주요 진지였다. 이 진지를 지켜내는가 하는 것은 전체 중부전선의 안위와 관계있었다. 미제침략은 먼저 300여 문의 대포로 상감령 진지를 두 시간 남짓 맹렬히 포격하였는데 30여 만 발의 포탄을 쏘았다. 그리

49) 人民教育出版社歷史室, 『義務教育三年制四年制中國歷史 第4册』, 北京, 人民教育出版社, 1992, 1992년 4월 2판, 1992년 10월 2쇄, 133쪽.

> 고 비행기로 500여 개의 폭탄을 투하하였다. 뒤이어 적들은 40여 대의 비행기와 30여대의 탱크의 엄호를 받으며 7개 연대의 병력으로 상감령을 공격하여 상감령의 지상 진지를 점령하였다. 지원군은 갱도에 들어가 계속 싸웠다. 적들은 수원(水源)을 끊는 등 갱도를 파괴하였다. 지원군 전사들은 식량과 물, 산소 부족 등 심각한 곤란을 극복하면서 갱도에서 계속 싸웠다. 반달 후에 지원군은 반격을 가하여 잃은 진지를 되찾고 상감령 전투에서 승리를 거두었다. 상감령전투는 40여 일간 진행되었는데 적들은 선후로 6만 여 명의 병력을 투입하였으며, 3.7평방킬로미터의 진지에 5,000여 개의 폭탄을 투하했고 190여 만 발의 포탄을 쏘았다. 상감령은 온통 초토화하였고 산꼭대기는 2미터 남짓 낮아졌다. 지원군 전사들은 혁명적 영웅주의 정신을 발양하여 용감하고 완강하게 싸워 최후에 승리를 거두었다.[50)]

중국은 한국전쟁에서 핵심적인 전투를 상감령전투라고 보고 있기 때문에 교과서에서 자세하게 전투 상황을 묘사하고 있다. 이 교과서는 1952년 10월부터 11월까지 유엔군이 상감령전투에 6만여 명의 병력과 300여 문의 화포, 약 200대의 탱크, 3,000대의 항공기를 투입했고 포탄 190여 만 발을 발사하였으며 폭탄 5,000여 발을 투하했으나 중국군이 상감령 진지를 방어하였다고 한다. 상감령 전투는 43일 동안 계속되었지만 중국인민지원군은 갱도를 핵심으로 견고한 방어 진지에 의지하여 1만 1,000여 명이 희생되었지만 25,000여 명을 살상하고, 274대의 항공기를 격추시키거나 손상을 입혔고, 대포 61문, 탱크 14대를 파괴하거나 손상을 입혔다고 한다.[51)]

중국에서는 이 전투를 상감령 전투라고 하지만 한국에서는 저격능선 전투라고 한다. 전쟁에 승패에 대해서도 한국은 저격능선 전투에서

---

50) 人民教育出版社歷史室, 『義務教育三年制四年制中國歷史 第4册』, 北京, 人民教育出版社, 1992, 1992년 4월 2판, 1992년 10월 2쇄, 134~135쪽.

51) 軍事科學院軍事歷史研究部, 『抗美援朝戰爭史』第3卷, 北京, 軍事科學出版社, 2000, 304쪽.

승리했다고 한다. 한국에서 생각하는 저격능선 전투는 '강원도 철원군 오성산 남쪽에 있던 저격능선에서 1952년 10월 14일부터 11월 24일까지 국군 2사단이 중공군 15군과 치열한 격전 끝에 아군이 승리한 전투' 라는 것이다.[52)]

저격능선전투에 대해서 1975년 국방부 전사편찬위원회에서 편찬한 『한국전쟁사: 대진중기) 제8권』은 당시 제15군단장이었던 친지웨이(秦基偉)가 전투 이후 본국으로 돌아가 "상감령전투(저격능선과 삼각고지 전투)에서 3개 사단의 전투력을 상실하였다"고 하는 등 유엔군이 승리한 것으로 서술하고 있다.[53)]

그런데 중국이 말하는 상감령전투는 저격능선 전투와 삼각고지 전투를 포괄하는 전투를 의미한다. 철원 오성산(1062고지)과 남대천 사이에는 상감령과 하감령 등 2개의 고지가 있다. 이 두 고개 사이에 남북 방향으로 산줄기가 2㎞ 간격으로 나란히 자리잡고 있으며, 서쪽에 있는 것이 삼각고지(598고지)이고 동쪽에 있는 것이 538고지다. 그 538고지에서 북쪽으로 연결된 고지를 한국에서 저격능선이라고 하고, 미국에서는 스나이퍼 리지(Sniper Ridge)라고 부른다.

1952년 10월 초 밴플리트 미8군사령관은 미 7사단으로 삼각고지를 공격하고, 국군 2사단으로 저격능선을 공격하였지만 실제 전투는 쉽게 끝나지 않았다. 결국 미 7사단은 작전 개시 12일 만에 삼각고지 탈환임무를 국군 2사단에 인계했다. 국군 2사단은 저격능선과 삼각고지에서도 격전을 치렀으나 결국 11월 5일 삼각고지 작전을 중지하고 저격능

52) 「상감령 전투의 진실」, 『국방일보』(2013.01.05), http://kookbang.dema.mil.kr/kookbangWeb/m/view.do?ntt_writ_date=20111010&parent_no=1&bbs_id=BBSMSTR_000000000208

53) 국방부 전사편찬위원회, 『韓國戰爭史: 對陣中期(1952. 4. 1.~1952. 12. 31) 제8권』(국방부, 1975), 437쪽.

선 방어에 주력하였다. 이 때문에 삼각고지를 중국군이 고수하여 승리했다고 볼 여지가 있다.

저격능선 전투의 경우 A고지, 돌바위 고지는 최종적으로 국군 2사단이 점령하는 데 성공했으나, Y고지의 경우 중국군이 점령한 상태에서 전투가 끝났다. 국군의 입장에서는 목표의 절반을 탈취했기 때문에 아군의 승리로 기억하고 있다.[54]

그러나 저격능선 전투에서 패배한 것으로 보는 입장도 있다. 수도사단이 주저항선을 상실하여 공방을 벌였지만 "상부에서는 더 이상 무모한 손실을 방지하기 위하여 제29연대를 제2선으로 투입 배치하는 동시에 저격능선의 제28연대를 철수시켰던 것이다"라고 회상하면서 43일간의 저격능선 전투에서 5,000여 명에 가까운 사상자를 내고 고지를 빼앗겼다는 지적이 있다.[55]

이 전투에 대해서 한국과 중국측의 주장은 차이가 있고 전투의 승패에 대해서도 논란이 있다.[56] 그러나 중국이 상감령전투에서 거두었다는 전과는 과장되어 있다는 지적이 있다. 중국은 상감령전투에 참전한 유엔군과 국군이 6만 명이라고 하였으나 실제로 국군 2사단과 미 7사단의 병력 합계는 2만 명 정도로 중국군 병력 4만 명의 약 절반에 불과했다. 이 때문에 중국이 주장하는 전과 2만5000명도 과장된 것이라고 한다.[57]

---

54) 「상감령 전투의 진실」, 『국방일보』 (2013.01.05).

55) 李秀松, 「狙擊稜線戰鬪參戰記」, 『군사』 21, 국방부 군사편찬연구소, 1990.12, 227쪽.

56) 오규열, 「중공군의 상감령(上甘嶺)전투에 대한 재평가」, 『군사』 46, 국방부 군사편찬연구소, 2002. 8, 31~59쪽.

57) 「상감령 전투의 진실」, 『국방일보』 (2013.01.05).

〈표 1〉 저격능선전투의 전과와 손실[58)]

구분	중국군	유엔군
중국군 자료	11,529명	25,498명
한국군 자료	14,867명	4,830명(국군 2사단 피해)
유엔군 자료	19,000명	9,000명

그러나 전체적으로 유엔군은 상당한 손실을 입으면서 저격능선의 작은 고지를 탈취했지만 중국군을 제압하는데 성공하지 못하였고 더 이상 대규모 공세를 할 수 없게 되었기 때문에 중국군의 전략적 목표가 달성되었다고 평가하고 있다.[59)]

1992년 『중국역사』 교과서는 한국전쟁에 참전했던 일반 병사들의 영웅적인 희생을 강조하고 있다. 1992년 『중국역사』 교과서는 항미원조전쟁에서 중국인민지원군이 높은 국제주의정신을 발양하였다고 하면서 몸으로 적의 기관총 화구를 막은 황지광(黃繼光)과 잠복규율을 지켜내기 위하여 불에 타 죽은 쵸샤오윈(邱少雲) 등을 "가장 사랑스러운 사람"이라고 하였다. 이 가운데 상감령전투에서 전사한 황지광에 대해서 다음과 같이 서술하고 있다.

> 상감령 전투에서 황지광이 소속된 대대에서는 적들에게 점령된 한 고지를 탈환하라는 명령을 받았다. 돌격부대가 적의 화력에 막혀 전진할 수 없게 되자 황지광은 용감히 나서서 적의 토치카로 돌진하였다. 그는 수류탄으로 적의 기관총좌 몇 개를 파괴하였다. 그런데 한 기관총에서 계속 사격을 하여 부대의 전진에 큰 영향을 주었다. 이때 황지광은 이미 부상을 입었고 수류탄도 다 써 버렸다. 그는 전체 부대의 전진을 위하여 상처의 아픔을 참아가며 전진하여 가슴으로 적의 기관총구를 막아서 부대의 전진을

58) 오규열, 앞의 글, 58쪽.

59) 오규열, 위의 글, 59쪽.

엄호하였다. 황지광은 장렬하게 희생되었다. 지원군 지도기관에서는 그에게 특급 영웅이라는 영예로운 칭호를 수여하였다.[60]

황지광은 중국 쓰촨성 중장현(中江縣) 출신이고, 중국인민지원군 제45사단 135연대 9중대 소속으로 1952년 10월 19일 상감령지구 597.9고지에서 사망했다. 1952년 11월 21일 『인민일보』는 「마트로소프(Alexander Matrosov)식의 중국인민지원군 전투 영웅」이라는 제목으로 황지광의 죽음에 대해 보도하였다.[61] 이 신문은 황지광을 중국의 알렉산더 마트로소프(Alexander Matrosov)라고 하면서 영웅적인 죽음을 찬양하였다. 그러나 황지광의 활약에 대한 언론보도는 보도 시기에 따라 다소 차이가 있다.

1952년 11월 21일 『인민일보』의 첫 보도에 의하면 황지광은 적의 맹렬한 기총소사로 돌격한 지 얼마 되지 않아 몸에 총탄을 맞고 적의 토치카로 가서 몸으로 기관총 총구를 막았다고 한다. 그의 전우들이 돌격할 때 적의 다른 기관총 2정에서 소리가 나기 시작하자 팔을 뻗어 수류탄을 진지에 던져 넣어 폭파시켰다고 한다. 『인민일보』는 치열한 전투가 끝난 후 황지광의 시신에는 몸을 관통한 9개의 기관총탄 구멍이 있었다고 보도하였다.

그러나 약 1개월 후인 1952년 12월 21일 『인민일보』의 「마트로소프식의 영웅 황지광」이라는 기사에 의하면 황지광은 이미 아무런 무기도 남아있지 않았고 몸에 7개의 총구멍이 난 상태로 돌연 활시위를 떠난 활과 같이 적 진지로 뛰어 들어 자신의 가슴으로 2정의 기관총좌를 막았다고 보도하였다.[62]

---

60) 人民教育出版社歷史室, 『義務教育三年制四年制中國歷史 第4册』, 北京, 人民教育出版社, 1992, 1992년 4월 2판, 1992년 10월 2쇄, 135~136쪽.

61) 「馬特洛索夫式的中國人民志願軍戰鬪英雄 黃繼光捨身炸敵堡掃清進軍道路」, 『人民日報』(1952. 11. 21).

황지광의 이야기는 『인민일보』의 보도 사이에도 차이가 있고 제2차 세계대전시기 소련 군인 알렉산더 마트로소프의 이야기와 매우 유사하여 사실 관계에 의문을 제기하기는 의견도 있다.[63]

5. 2000년대 이후의 한국전쟁 서술

2001년 『역사과정표준』에 의거하여 2004년 편찬된 인민교육출판사의 중학교 역사교과서는 『중국역사』 8학년 하책 제2과 "가장 사랑스러운 사람들"에서 한국전쟁을 서술하고 있다. 2004년 『중국역사』 교과서는 가장 먼저 「중국인민지원군 전가(中国人民志愿军战歌)」라는 노래를 소개하고 있다.

> 기세도 당당하게 압록강 건너
> 평화와 내 조국, 내 고향을 지키자!
> 중국의 아들딸 굳게 뭉치어
> 항미원조로 탐욕스러운 미제국주의를 물리치자![64]

이 「중국인민지원군전가(中国人民志愿军战歌)」는 1950년 10월 포병 1사단(師)[65] 26연대(團) 5중대(連) 정치지도원 마푸야오(麻扶摇)가 쓴

---

62) 石峰 · 王玉章, 「馬特洛索夫式的英雄黃繼光」, 『人民日報』(1952. 12. 21).

63) 「堵枪眼的苏联英雄可靠吗?」(20150702), 『中文網』, http://www.ftchinese.com/story/001062797?full=y.

64) 課程教材研究所 · 歷史課程教材研究開發中心, 『義務教育課程標準實驗教科書 中國歷史 八年級 下册』, 北京, 人民教育出版社, 2004, 7쪽.

65) 중국군은 야전군(兵團), 군단(軍), 사단(師), 연대(團), 대대(營), 중대(連), 소대(排), 분대(班)로 호칭한다.

시를 일부 수정하여 가사로 하였고, 중국의 저명한 음악가인 저우웨이스(周巍峙)가 작곡한 노래이다. 이 노래는 1950년 11월 30일 『인민일보』 등에 소개되었고, 이후 중국에서 널리 불리게 되었다.[66)]

2004년 『중국역사』 교과서에 의하면 1950년 10월 중국인민지원군은 이 노래를 부르며 조선전선으로 달려가서 항미원조(抗美援朝), 보가위국(保家衛國)을 위하여 조선군민과 함께 싸웠다고 한다. 이 교과서는 이 전쟁 속에서 많은 영웅적인 인물들의 이야기를 알고 싶은가?[67)]라고 묻고 있다.

2004년 『중국역사』 교과서는 '항미원조보가위국'이라는 제목의 절에서 한국전쟁의 과정을 다음과 같이 서술하고 있다.

> 1950년 6월 조선내전이 발발하였다. 미국은 공공연히 군대를 파견하여 조선을 침략하였다. 미군이 주도한 소위 "UN군"은 38선을 넘어 중국 변경의 압록강변까지 쳐들어왔으며, 미군 비행기는 중국 영공에 침입하여 중국 동북의 변경 도시를 폭격하고 기총소사를 하였으며, 미국 제7함대는 중국의 타이완해협에 침입하여 인민해방군이 타이완을 해방하는 것을 저지하였다. 미국의 침략활동은 중국의 안전을 엄중히 위협하였다.
>
> 조선민주주의인민공화국은 중국정부에 군대를 파견하여 원조하여 줄 것을 요청하였다. 항미원조, 보가위국을 위하여 1950년 10월에 펑더화이(彭德懷)를 사령관으로 하는 중국인민지원군은 조선전선에 진출하여 조선군민과 함께 미국 침략자에 대해 반격하였다.
>
> 중국인민지원군이 조선에 들어간 후 25일 밤에 지원군의 한 개 연대는 조선 북부에서 적군과 조우하여 적군 한 개 대대를 섬멸함으로써, 첫 전투에서 승리를 거두었다. 그 후 10월 25일은 지원군 출국 작전 기념일이 되었다. 중국인민지원군은 조선 군민과 함께 싸우면서 다섯 차례의 대규모 전

---

66) 「『中国人民志愿军战歌』的诞生: 先有诗后有歌」(2010.11.01), 『中國新聞網』, http://www.chinanews.com/cul/2010/11-01/2626207.shtml

67) 課程教材研究所 · 歷史課程教材研究開發中心, 앞의 책, 7쪽.

투를 하여 5전 5승하고 미국 침략군을 38선 부근까지 몰아내었다.[68]

1992년 한중 수교 이후 중국의 역사교과서는 미국이 북한을 침략했다는 서술의 앞에 "1950년 6월 조선내전이 발발하였다"고 하여 어느 쪽이 먼저 전쟁을 시작했는가에 대해서는 따로 언급하지 않고 있다. 또한 한반도에 내전이 발발한 이후 미국이 한반도의 전쟁에 개입하여 미군이 주도한 UN군이 38선을 넘어 압록강변까지 들어왔으며, 중국 영공을 침입하여 중국 영공을 침범하고 중국의 도시들을 폭격하거나 기총소사를 하였다고 한다. 특히 미 해군 제7함대가 타이완해협에 침입하여 인민해방군의 "타이완 해방"을 저지하여 중국의 안전을 심각하게 침해했다고 한다.

2004년『중국역사』교과서는 한국전쟁이 중국의 안전을 얼마나 심각하게 위협하였는가를 보여주기 위하여 마오쩌둥(毛澤東)의 다음과 같은 말을 인용하고 있다.

> 만일 우리가 출병하지 않아 적들이 압록강변까지 들어오게 놔둔다면 국내, 국제의 반동 분위기가 고조되어 모두에게 불리하게 될 것이다. 먼저 동북에 불리해지며 전체 동북변방군이 끌려들어 가게 될 것이고 남만주의 전력도 통제당하게 될 것이다.
>
> 총체적으로 우리는 응당 참전하여야 하고 반드시 참전하여야 하며, 참전하면 이익이 극히 클 것이고 참전하지 않으면 손해가 극히 클 것이다.[69]

중국은 한국전쟁이 발발한 초기에는 관망하면서 동북변방군을 창설하여 만약의 사태를 준비하고 있었다. 1950년 9월 인천상륙작전으로

---

68) 課程教材研究所·歷史課程教材研究開發中心, 앞의 책, 7~8쪽.

69) 課程教材研究所·歷史課程教材研究開發中心, 앞의 책, 8쪽.

전세가 뒤바뀌게 되고, 10월 1일 북한이 중국군의 참전 요청을 하자 본격적으로 중국군의 참전에 대한 논의가 있었다. 그러나 중국공산당 내부에서 참전 반대론도 있었기 때문에 논의가 지속되었다.

1950년 10월 13일 밤 10시 마오쩌둥은 저우언라이에게 소련공군의 엄호 지원이 없어도 중국군은 참전하기로 결정했다는 사실을 스탈린에게 통보하라는 전문을 보냈다.[70] 2004년『중국역사』교과서에 실린 글은 마오쩌둥이 저우언라이에게 보낸 전문의 일부로 한국전쟁 참전의 필요성을 강조하고 있다. 당시 마오쩌둥은 가오강(高崗)과 펑더화이 등 정치국원들과 상의한 결과 중국이 한국전쟁에 참전하는 것이 유리하다고 하면서 국제정세와 참전할 경우의 장점을 강조하고 있다.[71]

중국의 한국전쟁 참전 문제는 전쟁 참전의 정당성 문제와 북한과의 외교관계 등을 고려해야 하는 민감한 문제이다. 그래서 중국의 역사교과서는 마오쩌둥의 말을 빌어서 중국의 참전이 정당하였다는 것을 주장하고 있다.

2004년『중국역사』교과서는「사고문제」에서도 중국인민지원군은 그 당시 출병하지 않을 수 있었는가? 그들의 말이 맞는가? 무엇 때문인가?를 학생들에게 묻고 있다.

그에 대한 두 학생의 대답은 다음과 같다.

> "출병하지 않으면 안돼. 조선은 중국의 이웃이야. 미국이 조선을 침략하여 점령하면 중국의 안전도 위협을 받게 되었어. 미국의 제7함대는 타이완 해협에 침입하여 중국 인민이 타이완을 해방하는 것을 저지하였어, 중국인

---

70) 서상문,『毛澤東과 6.25전쟁: 파병 결정과정과 개입동기』, 국방부 군사편찬연구소, 2006, 221쪽.

71) 毛澤東,「中國人民志愿軍應當和必須入朝參戰」(1950.10.13), 中共中央文獻研究室,『毛澤東文集』6卷, 北京, 人民出版社, 1999), 103~104쪽.

민은 반드시 미국의 침략을 저지해야 했어"

"조선정부가 중국에 출병하여 지원해 줄 것을 요청하였으니 응당 출병하여 도와주어야 했어. 조선을 원조한 것은 조국과 고향을 지킨 것이기도 해"[72]

2004년 『중국역사』 교과서는 마오쩌둥의 한국전쟁 참전 논리의 연장선상에서 두 학생의 대답을 통하여 전쟁 참전의 불가피성을 강조하고 있다. 조선은 중국의 이웃이고 미국이 조선과 타이완해협에 침입했기 때문에 미국의 침략을 저지해야 했다고 한다. 또한 북한정부에서 중국에 출병 요청을 하였기 때문에 도와주어야 했다는 것이다.

이러한 중국 역사교과서의 서술은 임진왜란이 일어나자 조선에서 원병을 요청하여 명나라가 군대를 파병하였고, 동학농민전쟁을 진압하지 못한 조선에서 파병을 요청을 받고 청나라가 군대를 파병하여 청일전쟁을 겪었으며, 북한이 파병요청을 하여 중국이 군대를 파병하였다는 시혜자와 수혜자의 논리이다. 중국 교과서의 이러한 서술은 역사적으로 중국은 어려운 이웃을 돕는 시혜자이고 한국은 수혜자이며 전쟁 참전은 이웃을 돕는 정당한 행위라는 인식을 중국학생들에게 심어 줄 수도 있다.

2004년 『중국역사』 교과서는 이전의 교과서와 마찬가지로 중국군이 승리했다고 하는 상감령전투와 이 전투에서 전사한 두 명의 "전쟁영웅"에 대해서 자세하게 소개하고 있다. 이 교과서의 "전투영웅 황지광(黃繼光)과 쵸샤오윈(邱少雲)"이라는 절에서는 중국인민지원군의 두 전쟁영웅을 소개하고 있다.

중국은 한국전쟁 당시의 상감령 전투를 통해서 '상감령 정신'을 만들어 냈다. '상감령 정신'은 "조국과 인민과 승리를 위해 봉헌하는 정신,

---

72) 課程敎材硏究所 · 歷史課程敎材硏究開發中心, 앞의 책, 8쪽.

불요불굴의 의지와 일치단결로 어려움을 극복하고 끝까지 싸우는 정신, 용감하고 완강하게 전투에 임해 끝까지 승리를 쟁취하겠다는 정신"[73]이라고 한다. 황지광과 쵸샤오윈 등은 이러한 '상감령 정신'의 상징으로 중국의 교과서에 등장하고 있는 것이다.

2004년 『중국역사』 교과서는 사고문제에서 "무엇 때문에 중국인민지원군을 '가장 사랑스러운 사람들'이라고 하는가?"[74]라고 물어보고 있다. 또한 활동과 탐구에서는 「상감령」과 「영웅 아들딸」과 같은 영화를 관람하라고 하였고, 중국인민지원군의 영웅적 활동을 보도한 「누가 가장 사랑스러운 사람인가?」 등의 작품을 낭송하라고 하고 있다.[75]

2018년 중국 교육부에서 편찬한 중학교 『중국역사』 교과서는 2004년 『중국역사』 교과서와 대체로 유사한 서술을 하고 있다. 이 교과서의 제2과 '항미원조'에서는 「중국인민지원군전가(中国人民志愿军战歌)」를 먼저 소개하고 1950년 6월 조선내전이 발발하였으며, 미국이 군대를 파견하여 조선을 침략하였다고 한다. 미군이 주도한 소위 "UN군"은 38선을 넘어 중국 변경의 압록강변까지 쳐들어왔고, 미군 비행기는 중국 영공에 침입하여 중국 동북의 변경 도시를 폭격하고 기총소사를 하였으며 미국 제7함대는 중국의 타이완해협에 침입하여 인민해방군이 타이완을 해방하는 것을 저지하였다고 한다. 이 교과서는 미국의 침략활동이 중국의 안전을 엄중히 위협하였다고 하여 2004년 판과 같은 서술을 하고 있다.[76]

---

73) 軍事科學院軍事歷史研究部, 『抗美援朝戰爭史』 第3卷, 北京, 軍事科學出版社, 2000, 304쪽.

74) 課程教材研究所 · 歷史課程教材研究開發中心, 앞의 책, 9쪽.

75) 課程教材研究所 · 歷史課程教材研究開發中心, 앞의 책, 10쪽.

76) 教育部, 『義務教育教科書 中國歷史 八年級 下册』, 北京, 人民教育出版社, 2018, 8쪽.

2018년 『중국역사』는 2004년 『중국역사』와 같이 마오쩌둥이 한국전쟁에 참전해야 한다고 강조한 「중국인민지원군은 당연히 반드시 조선에 참전해야 한다」[77]는 글을 소개하고 있다. 2018년 『중국역사』는 이전의 교과서와 마찬가지로 황지광과 쵸샤오윈이 상감령전투에서 희생된 사실도 자세하게 소개하고 있다.[78]

그러나 2018년 『중국역사』 교과서는 이전의 교과서와 달라진 부분들도 있다. 예를 들면 이 교과서는 중국인민지원군의 한국전쟁 참전일시를 명확하게 서술하고 있다. 이 교과서는 "1950년 10월 19일 밤 중국인민지원군은 은밀하게 조선으로 들어갔다. 25일 밤 지원군의 한 연대가 조선 북부에서 적군과 조우하여 적 1개 대대를 섬멸하였고 서전에서 승리하였다. 이후 10월 25일을 항미원조기념일로 정하였다"[79]고 하였다.

2011년 중국 군사과학원에서 출판한 『항미원조전쟁사』에 의하면 중국인민지원군 제13병단은 10월 12일 10시에 제40군 선두 사단에게 10월 14일 저녁 도강을 하여 정주까지 이동하도록 예비 명령을 하였다.[80] 이후 1950년 10월 16일 밤 중국인민지원군 제42군 124사단 370연대가 샤오젠페이(簫劍飛) 부사단장의 인솔 아래 집안(輯安)의 압록강을 넘어 북한 영토 안의 30km까지 진입했다고 하고 있다.[81]

그러나 2011년 『항미원조전쟁사』는 10월 16일에 일부 전초 부대가 압록강을 건너 한반도에 들어왔지만 중국군이 본격적으로 압록강을

---

77) 毛澤東, 「中國人民志愿軍應當和必須入朝參戰」(1950. 10. 13), 中共中央文獻研究室, 『毛澤東文集』 6卷, 北京, 人民出版社, 1999, 103~104쪽.

78) 教育部, 앞의 책, 10~11쪽.

79) 教育部, 앞의 책, 9쪽.

80) 軍事科學院軍事歷史研究所, 『抗美援朝戰爭史(修訂版)』 上卷, 軍事科學出版社, 2011, 216쪽.

81) 軍事科學院軍事歷史研究所, 앞의 책, 217쪽.

건너 전쟁에 개입한 날을 10월 19일이라고 하고 있다.

2011년 『항미원조전쟁사』는 10월 14일 중앙군사위원회에서 10월 19일 출병을 결정하였고 이에 따라 펑더화이(彭德懷) 총사령관의 지휘 아래 19일 밤 중국인민지원군이 안동(安東), 창쉰(長甸), 지안(輯安)에서 압록강을 건너 조선에 진입하여 항미원조전쟁이 시작되었다고 한다.[82] 『항미원조전쟁사』에 의하면 중국인민지원군은 10월 19일에 압록강 도강을 했고 10월 25일에 한반도에서 첫 교전을 하였다[83].

2018년 『중국역사』 교과서는 미국이 근본적으로 중국이 참전하는 것을 파악하지 못했다고 비판하고 있다. 이 교과서는 유엔군 총사령관 맥아더가 중국이 참전할 것을 예상하지 못하는 등 당시의 정세를 잘못 판단한 장군으로 묘사하고 있다. 2018년 『중국역사』 교과서에 의하면 유엔군 총사령관 맥아더는 2주일 이내에 한국전쟁이 끝나고 미국으로 돌아가 성탄절을 지내게 될 것이라고 하였다[84]고 하였다. 또한 중국인민지원군이 조선군민들과 함께 작전을 하여 연속으로 5차례 승리하여 미군을 38선 부근으로 몰아내는 등 자신들이 승리한 것으로 묘사하고 있다.

6. 맺음말

중국은 1950년 한국전쟁 참전이 미국의 한반도 침략을 막기 위한 정

---

82) 軍事科學院軍事歷史研究所, 앞의 책, 216~220쪽.

83) 주지안룽, 『모택동은 왜 한국전쟁에 개입했을까』, 주건영, 서각수 역, 서울, 역사넷, 2005, 352쪽.

84) 敎育部, 앞의 책, 9쪽.

당한 행위였다는 점을 강조하고 있다. 이 때문에 중국의 교과서들은 1950년대부터 한국전쟁이 미국의 계획에 따라 "북침"에 의해 발발한 것으로 서술하고 있다. 1950년대 중반까지의 교과서는 미국의 지도 아래 이승만정부가 "북침"을 한 것으로 서술하다가 1958년 이후에는 이승만 정부에 관한 내용을 삭제하였다.

미국의 한반도 침략으로 한국전쟁이 일어난 것으로 서술하던 중국의 역사교과서는 1992년 8월 한중 수교 이후부터 1950년 조선내전이 발발했다는 내용을 추가하였다. 그러나 이들 교과서는 한국에서 내전이 발발했다고 서술하고 있을 뿐이고 남북한 어느 쪽이 전쟁을 일으켰는가에 대한 언급은 외교관계 등을 고려하여 회피하고 있다.

중학교 역사교과서의 한국전쟁 서술에서 한국의 존재는 희미한 편이다. 중국은 자신들이 미국과 싸워서 이겼다는 점을 강조하려 하기 때문에 한국이나 한국군의 존재를 부각시키지 않고 있다. 또한 중국의 역사교과서는 미국이 한반도를 침략했고 북한의 요청으로 중국이 참전하여 이를 저지시켰기 때문에 한국전쟁에서 중국과 북한이 승리하였다고 주장하고 있다.

중국의 역사교과서는 한국전쟁의 발발과 타이완 문제를 미국의 동아시아 침략이라고 하면서 함께 연관시켜 설명하고 있다. 또한 1950년대 초의 일부 교과서는 한국전쟁에서 미군이 세균전을 했다는 주장을 서술하기도 하였다. 그러나 1956년 인민교육출판사에서 역사교과서를 직접 편찬한 이후에는 세균전에 관한 서술이 사라졌다.

한국전쟁과 관련된 인물에 대해서는 중국의 마오쩌둥과 펑더화이 등 지도자와 북한의 김일성 등이 강조되었다. 특히 1950년대 교과서에는 김일성과 펑더화이가 만나서 이야기를 하는 그림이 수록되어 있었다. 1950년대와 1979년에 편찬된 역사교과서는 한국전쟁에서 북한의 김일성을 언급하고 있었으나 그 이후의 교과서들은 김일성에 대해서 서술하지 않고 있다. 펑더화이의 경우 1950년대 교과서에는 그의 활약이 서술되었으나 대약진운동의 문제점을 지적하다 실각한 이후에는 교과서에서 언급되지 않다가 개혁 개방 이후 명예가 회복되면서 1992년 교과서부터 다시 수록되었다.

중국의 중학교 역사교과서는 한국전쟁의 상징적 인물로 초기에는 마오쩌둥과 김일성, 펑더화이 등을 언급하였지만 개혁 개방 이후에는 중국의 지도자 이외에 일반 사병으로 참전하여 전투에서 자신을 희생한 황지광과 쵸샤오윈 등의 희생을 부각시키면서 애국주의 교육을 강화하고 있다. 중국의 교과서에서 미국의 장군 맥아더 등이 등장하고 있으나 정세를 제대로 파악하지 못한 부정적인 인물로 묘사하고 있다.

1950년대부터 1970년대까지의 중국 역사교과서는 애국주의와 함께 프롤레타리아 국제주의를 강조하는 경향을 보였다. 그러나 개혁 개방 이후에는 프롤레타리아 국제주의에 대한 언급은 사라지고 애국주의를 강조하는 경향을 보이고 있다.

중국 교과서의 한국전쟁 서술은 현재까지도 여전히 북중관계를 포함한 정치외교적 문제를 고려하고 있는 것으로 보인다. 이 때문에 한국전쟁에 대한 한국과 중국의 시각은 역사교과서 서술에서도 뚜렷한 차이를 보이고 있다.

중국 역사교과서의 한국전쟁 서술은 전쟁으로 인한 고통과 상처보다는 전쟁 참전의 정당성과 국가를 위한 개인의 희생, 전쟁의 승리 등을 강조하여 전쟁을 합리화할 수 있는 위험성을 내포하고 있다. 한국전쟁이라는 고통스러운 전쟁의 기억을 통해서 전쟁의 폭력성과 평화의 소중함을 느낄 수 있도록 교과서 서술이 변화할 필요가 있다.

앞으로 동아시아의 평화와 안정을 위해서도 한국전쟁에 대한 서술이 정치외교와 국익의 영역에서 벗어나 보다 역사적인 시각에서 평화를 지향하는 방향으로 쓰여질 수 있기를 기대한다.

제3부
탈식민 운동과 지역

이정식과 브루스 커밍스 저술에 대한 대위법(對位法)적 독해

옥 창 준 · 최 규 진

1. 머리말

1966년, 이정식(李庭植, 1931~)은 도미(渡美) 13년 만에 귀국길에 올랐다. 그야말로 금의환향이었다. 한국을 떠날 때는 대학교 졸업장도 없었지만, 이제는 캘리포니아대학교(버클리)의 박사학위와 하버드대학교의 에드워드 와그너(Edward Wagner)가 써준 추천장, 미국 사회과학협의회(Social Science Research Council, SSRC)의 든든한 연구비 지원도 함께였다.

귀국한 뒤에 이정식은 1년 남짓 고려대학교 아세아문제연구소에 거점을 두고, 생존해 있던 독립운동가와 전향 인사들을 만나 인터뷰를 했다. 박사학위 논문을 정리하여 출간한 『한국 민족주의의 정치학』(*The Politics of Korean Nationalism*, 1963)이 일본 자료에 크게 의거하고 있으며, 민족의 감정을 잘 반영하지 못했다는 일각의 지적을 받아들인 것이었다.[1)]

그러나 그 무렵 이정식의 작업이 단순히 학위 논문을 보완하려는 것만은 아니었다. 이는 로버트 스칼라피노(Robert A. Scalapino, 1919~2011)와 공저로 세상에 나올 『한국 공산주의운동사』(*Communism in Korea*, 1973) 집필에 필요한 자료 수집의 성격을 띠었다. 이처럼 이정식의 활동은 지도교수인 로버트 스칼라피노의 강력한 영향력 아래 있었다. 물론 이정식은 자신의 경험을 "은사의 혜택을 많이 받은 행운아"로 표현했지만 말이다.[2]

이정식은 캘리포니아대학교(로스앤젤레스)에서 정치학을 전공하기는 했지만, 한국 현대사에 별다른 관심이 없었다. 그가 한국 현대사 분야 연구자로 입문한 계기도 1957년에 스칼라피노의 연구 조교를 맡기 시작하면서부터였다.[3] 이정식의 박사학위 논문 주제가 한국 민족주의운동이 된 것도 스칼라피노가 이를 적극적으로 권유했기 때문이다.[4] 이 논문은 1961년 "Korean Nationalist Movement, 1905-1945"(한국 민족주의운동, 1905~1945)로 마무리된다.[5] 이 논문에서 이정식은 개항기부터 일제 식민지 시기까지 한국 민족주의운동의 전개 과정과 특징을 다루

---

1) 이정식 면담, 김학준 책임 편집, 『혁명가들의 항일회상: 김창숙, 장건상, 정화암, 이강훈』, 서울, 민음사, 1988, 11쪽. 최근에 출간된 『이정식 자서전』에 따르면 이는 손보기(孫寶基)의 지적이었다. 이정식, 『이정식 자서전: 만주 벌판의 소년 가장, 아이비리그 교수 되다』, 서울, 일조각, 2020, 348쪽.

2) 이정식, 「나의 한국 현대사 입문」, 『한국사시민강좌』 21, 1997, 168쪽.

3) 이정식은 만약 스칼라피노의 제안이 없었다면 로스앤젤레스의 도시 문제를 연구하는 도시계획 전문가가 되었을 것이라 회고했다. 이정식, 『이정식 자서전』, 340쪽.

4) 이정식, 위의 책, 342쪽.

5) 이정식, 위의 책, 343쪽. 이 학위 논문은 소정의 편집 과정을 거쳐 1963년에 캘리포니아대학교 출판부에서 *The Politics of Korean Nationalism*으로 출간되었다. 이 책은 『한국 민족주의의 정치학』이라는 제목으로 1982년 한밭 출판사에서 출간했다. 1986년에 『한국 민족주의운동사』로 미래사에서 다시 출간했다. 이 글에서는 1963년에 나온 원저를 활용한다.

었지만, 이는 일종의 중간 기착지일 뿐이었다.

1960년대 스칼라피노의 연구 목표는 아시아 공산 정권의 기원과 속성을 비교정치학적으로 분석하는 일이었다. 한국어, 일본어, 중국어 문헌을 능숙하게 읽을 수 있으며 영어에도 능통했던 이정식은 스칼라피노의 연구에 도움을 줄 수 있는 최고의 협력자였다. 1963년 6월 이 둘은 *The China Quarterly*를 통해 북한을 단독으로 다루는 최초의 학술 기획을 선보였다. 여기에 이정식은 「한국전쟁 이전의 북한의 정치」, 「토지 개혁, 집단화 그리고 농민」을, 스칼라피노는 「북한의 외교정책」을 실었다.[6]

1965년 스칼라피노는 『아시아 공산주의 혁명: 전술, 목표 그리고 성취』(*The Communist Revolution in Asia: Tactics, Goals and Achievements*)에서 아시아 공산주의의 유형화를 시도했다. 스칼라피노는 아시아의 여러 공산당이 중국공산당의 경험과 전술을 채택하고 있다고 보았다.[7] 그런 의미에서 스칼라피노는 아시아 공산주의 운동을 이해하려면 중국공산당의 동학을 파악해야 한다고 보았다.[8]

그 점에서 볼 때 북한은 매우 특별한 사례였다. 북한 공산주의자는

---

6) Chong-Sik Lee, "Politics in North Korea: Pre-Korean War Stage", *The China Quarterly*, Vol.14, 1963; Chong-Sik Lee, "Land Reform, Collectivization and the Peasants", *The China Quarterly*, Vol.14, 1963; Robert A. Scalapino, "The Foreign Policy of North Korea", *The China Quarterly*, Vol.14, 1963. 이 논문은 Robert A. Scalapino ed., *North Korea Today*, New York, Frederick A. Praeger, 1963로 출간된다.

7) Robert A. Scalapino, "Communism in Asia: Toward A Comparative Analysis", Robert A. Scalapino ed., *The Communist Revolution in Asia*, Englewood Cliffs, Prentice-Hall, 1969, p. 27.

8) 이정식도 중국공산당의 혁명을 '자생적'이라 파악했다. Chong-Sik Lee, *Revolutionary Struggle in Manchuria: Chinese Communism and Soviet Interest, 1922-1945*, Berkeley, University of California Press, 1983. 이 책은 이정식 저, 허원 역, 『만주혁명운동과 통일전선』, 서울, 사계절, 1989로 번역되었다.

현지의 조건이 아니라 소련이라는 외부의 힘을 통해 권력을 장악했기 때문이다.[9] 같은 책에 북한 공산주의를 다룬 글을 실은 이정식은 북한 공산주의가 소련의 후원으로 건설되었다고 단언했다. 북한 공산주의는 '동쪽의 스탈린주의'일 따름이었다.[10]

비슷한 시기에 한 명의 미국인이 한국에서 활동하고 있었다. 컬럼비아대학교 정치학과 박사과정에 입학하자마자 평화봉사단(Peace Corps Volunteers) 3기로 1967년부터 1968년까지 서울의 선린 상업학교에서 영어 교사를 하고 있던 브루스 커밍스(Bruce G. Cumings, 1943~)였다. 커밍스는 평화봉사단 근무 지역으로 한국을 지원했다. 이는 커밍스가 본디 중국 연구자가 되고 싶었기에 한자 계열의 언어를 쓰는 나라에 가고 싶었고, 한국에도 화교가 많이 있으리라 생각했기 때문이었다.[11]

1년 동안의 평화봉사단 활동을 마치고 컬럼비아대학교로 돌아간 커밍스는 1968년부터 제임스 팔레(James Palais), 게리 레드야드(Gary Ledyard), 프랭크 볼드윈(Frank Baldwin)과 함께 한국어를 공부했다. 하지만 이들 가운데 그 누구도 근현대 한국과 관련된 지식을 지니고 있지는 못했기에 커밍스의 지적 갈증을 해소해주지 못했다.[12] 여전히 커밍스는 현대 중국 전문가가 되고 싶었지만, 중국 관련 자료를 장악하고 있는 CIA와 협업을 탐탁지 않게 여겼기 때문에 중국학에 견주어 '체계가 덜 잡힌' 한국 관련 주제로 학위 논문을 쓸 계획을 세웠다.[13]

---

9) Robert A. Scalapino, "Communism in Asia: Toward A Comparative Analysis", p. 28.

10) Chong-Sik Lee, "Stalinism in the East", Robert A. Scalapino ed., *The Communist Revolution in Asia*, Englewood Cliffs, Prentice-Hall, 1969.

11) Bruce Cumings and Michael D. Shin, "An Interview with Bruce Cumings", *The Review of Korean Studies*, Vol.7-1, 2004, p. 121.

12) 브루스 커밍스 · 해리 하루투니안, 「대담: 미국 아시아학의 비판적 검토」, 『역사비평』 54, 2000, 136쪽.

이정식이 지도교수 스칼라피노의 의견에 따라 학위 논문과 그 뒤의 공부 주제를 결정했던 것과 달리, 커밍스는 그 누구의 조언을 받지 않고 미군정기(1945~1948)를 박사학위 논문 주제로 잡았다.[14] 특히 커밍스는 미국의 지역연구 흐름에 비판적이었다. 그는 남한, 대만을 연구하는 데에는 근대화론을 적용하고, 북한, 중국 연구에는 크레믈린론을 분절적으로 적용하는 미국 학계에 의문을 품었다.[15] 커밍스가 볼 때 이정식과 스칼라피노의 작업은 역사적 접근법과 더불어 비교정치학적 접근법을 활용하고 있다는 장점이 있었지만, 소련-중국-북한을 이해하는 기존 학계의 인식틀에 대한 비판적인 문제의식이 전혀 없었다.

그 뒤 커밍스는 식민지 시기 한국 민족주의를 저항의 관점에서 연구해 나갔다. 커밍스는 미국이 한반도에 개입한 경위를 이해하고 싶었다. 그러려면 미군정기부터 연구를 출발해야 한다고 생각했다. 이는 일본학의 최신 연구 경향에서 영감을 얻은 것이었다. 커밍스는 미군정이 일본의 전후 경험에서 핵심이라고 말한다. 마찬가지로 한국의 전후 경험의 비밀은 미군정기에 있었다.[16]

커밍스는 미군정의 점령과 이에 대한 한국인의 반응에 천착한 결과, 세간의 인식과 달리 한국은 전후의 역사 흐름에서 변종이 아니었다는

---

13) 브루스 커밍스·해리 하루투니안, 위의 글, 137쪽. 이 대목에서 커밍스는 한국학 학자로 CIA와 함께 일하던 로버트 스칼라피노와 북한에 대해 책을 쓴 이정식을 언급한다.

14) 브루스 커밍스·해리 하루투니안, 위의 글, 139쪽.

15) 브루스 커밍스·해리 하루투니안, 위의 글, 141쪽.

16) 브루스 커밍스·백낙청, 「대담: 세계사 속의 한국전쟁과 통일한국」, 『창작과비평』 20-1, 1992, 371쪽. 뒷날 커밍스와 교분을 쌓게 되는 최상용도 비슷한 시기에 일본 유학을 통해 미군정 연구에 대한 문제의식을 얻는다. 최상용, 『미군정과 한국 민족주의』, 서울, 나남, 1988, 12쪽.

사실을 발견했다. 한국에도 베트남과 마찬가지로 강고한 혁명적 민족주의 세력이 있었으며, 한국은 식민지였다가 독립한 국가의 '전형적'인 사례였다.[17]

커밍스는 이를 증명하려고 25년의 시차를 두고 기밀 해제되는 미국의 문서를 대거 활용했다. 이는 미국적 '편향'을 지닌 미국 자료로도 당대의 한반도의 혁명적 상황을 재구성할 수 있다는 자신감의 표현이었다.[18] 커밍스는 1972년부터 미국 국립문서보관소를 이용했다. "30년 동안 아무도 열지 않았던 미군정에 관한 자료 상자를 열 수 있었고, 그런 의미에서 행운이었다."[19] 마침내 커밍스는 1975년 박사학위 논문으로 "The Politics of Liberation: Korea, 1945~1947"(해방의 정치: 코리아, 1945~1947)을 마무리했다.[20] 그는 이 논문을 보완하여 1981년 『한국전쟁의 기원』(*The Origins of the Korean War*)을 출간했다.[21]

---

17) 브루스 커밍스 · 백낙청, 앞의 글, 372쪽.

18) 커밍스는 이정식과 스칼라피노의 작업이 월남자의 저널리스틱한 증언에 지나치게 의존하고 있다는 약점이 있다고 지적했다. 이는 『한국 공산주의운동사』의 구성의 약점과도 통했는데, 커밍스는 『한국 공산주의운동사』의 방대한 분량에 견주어 해방 후 남한의 좌익 활동과 북한의 형성에 대해서 지나치게 소략하게 다루었다고 비판했다. Bruce Cumings, "Korean-American Relations", Warren I. Cohen ed., *New Frontiers in American-East Asian Relations*, New York, Columbia University Press, 1983, p. 266.

19) 브루스 커밍스 · 해리 하루투니안, 앞의 글, 157쪽.

20) 커밍스는 자신의 박사학위 논문 서론에서 자신의 연구 목적을 세 가지로 설정했다. 첫째는 제2차 세계대전 뒤에 소련과 처음으로 마주했던 한반도에서 미국의 정책과 냉전의 기원을 따지는 작업이다. 둘째는 한반도에 두 개의 정권이 등장했던 1948년과 남북한이 전쟁을 벌이는 1950년까지의 상황을 다루면서, '한국인' 전쟁(Korean War)의 기원을 탐구하는 것이다. 셋째는 아시아 혁명과 농민 혁명의 근원을 분석하는 일이었다. Bruce Cumings, "The Politics of Liberation", Columbia University Ph.D. Dissertation, 1975, p. 1.

21) 커밍스의 책은 1986년 청사(김주환 역)와 일월서각(김자동 역)에서 경쟁적으로 번역하여 소개했다. 이 글에서는 일월서각판을 활용한다.

이는 학자로서 성장하던 이정식과 브루스 커밍스의 초기 이력이다. 이정식은 미국 유학생으로 로버트 스칼라피노라는 대가를 만나 미국 국회도서관이 수집한 일본 제국의 자료를 쥐고, 미국의 아시아 연구자로 성장했다. 이에 견주어 커밍스는 한국을 전혀 모르다가 평화봉사단 경험을 거쳐, 미국 자료를 중심으로 미국-한국 관계사를 다룬 획기적인 저작을 써냈다. 현재까지 이 둘은 미국의 아시아 연구, 특히 한국학에서 큰 발자취를 남겼다.

이 글은 에드워드 사이드(Edward W. Said)의 '대위법적 독해'(contrapuntal reading)를 원용하여 이정식과 브루스 커밍스의 저술을 분석하고자 한다. 대위법은 본디 두 개 이상의 선율을 독립적으로 활용하여 조화로운 음악을 만드는 서양 음악의 작곡 기법이다. 대위법적 독해는 사이드의 해석 작업 전반에 녹아있다.[22] 사이드는 그 자신의 해석이 지닌 정치적 목적을 "이데올로기적이고 문화적인 제약으로 서로 무관심한 채 끝나는 견해와 경험, 그리도 다른 견해와 경험에 대해 서로 거리를 두거나 억압하고자 할 뿐인 견해와 경험을 서로 병치시키고, 서로 경쟁하게 함으로써 함께 공존하게 하는 것"이라 밝혔다.[23] 이어 그는 대위법적 관점이 "서로 괴리되는 경험들이 각각 그 독자(獨自)의 미래상과 발전 속도를 가지고, 그 독자의 내적 구조를 가지며, 그 독자의 내적 일관성과 외부 관계 시스템을 가짐과 동시에, 그 모두가 서로 공존하고 상호 작용하고 있는 것"을 생각하고 해석할 수 있는 비교론적 관점이라 말했다.[24]

---

22) 사이드의 해석과 비평에 대해서는 김현식, 「사이드의 '인문학적 해석학'에 대한 비판적 논고」, 『역사학보』 234, 2017.

23) 에드워드 사이드 저, 박홍규 역, 『문화와 제국주의』, 서울, 문예출판사, 2005, 99쪽.

지금까지 이정식과 브루스 커밍스의 저술은 상호 독립적으로 이해되어왔다. 냉전 연구의 구분법을 차용하여 이정식의 작업에는 '전통주의', 브루스 커밍스의 작업에는 '수정주의'라는 딱지가 붙기도 했다.[25] 이는 냉전 식 진영 논리의 측면에서 볼 때 각자가 어느 위치에 있냐에 따른 답에 가까웠다. 오히려 접근 방식을 달리하면 이 둘의 관계도 새롭게 보일 수 있다. 이정식과 커밍스는 모두 냉전의 '중심부'인 미국의 학계의 관점에서 '주변부'인 한국과 관련된 지식을 생산하는 역할을 맡았다.[26] 이들이 생산해낸 한국과 관련된 '지식'은 한국의 문화와 전통이 자명하게 존재한다고 가정한다. 하지만 동시에 한국과 관련된 지식은 한국을 바라보는 주체의 시선에 따라 재구성되기도 한다.

특히 이 글은 식민지 시기의 한국 민족주의를 분석하는 이정식과 커밍스의 시선을 대위법적으로 따라가면서, 이 둘의 특징을 분석하고자

24) 에드워드 사이드, 위의 책, 99쪽. 에드워드 사이드는 다른 글에서 '망명자'(exile)의 시선을 언급하면서 "어떤 생각이나 경험은 항상 또 다른 한 가지와 대치되며, 따라서 두 가지 대치되는 것들이 어느 시점에 새롭고, 예측 불가능한 빛을 받으면서 나타나게 만든다는 것입니다. 이러한 사고의 병치를 통해 사유 방식에 대한 더 나은, 아마도 더 보편적인 아이디어를 얻게 됩니다"라고 말했다. 에드워드 사이드 저, 최유준 역, 「지적 망명: 추방자와 주변인들」, 『지식인의 표상』, 서울, 마티, 2012, 73쪽.

25) 브루스 커밍스를 수정주의 연구로 규정한 대표적 연구로는 유영익, 「수정주의와 한국 현대사 연구」, 유영익 편, 『수정주의와 한국 현대사』, 서울, 연세대학교 출판부, 1998.

26) 최근 학술사의 측면에서 냉전기 지역학과 한국(북한)학을 분석하는 여러 연구가 진행되고 있다. 황동연, 「냉전시기 미국의 지역연구와 아시아 인식」, 『동북아역사논총』 33, 2011; 김성보, 「미국·한국의 냉전 지식 연결망과 북한 연구의 학술장 진입」, 『사이』 22, 2017; 김인수, 「1960~1970년대 한국학의 토대와 네트워크」, 『인문논총』 77-3, 2020; 류기현, 「한국전쟁기 미 국무부 정보조사국의 북한 현지조사와 북한 연구의 태동」, 『역사문제연구』 44, 2020. 냉전기 지식정치의 네트워크를 캐묻는 학술사 연구에 기초하여, 당대의 연구서에 반영된 서사를 정밀하게 독해하는 작업이 가능해질 것이다.

한다.[27] 해방 뒤에 한국에서 식민지 시기에 대한 저술 작업은 '민족' 서사를 요구받는 경우가 많았다. 그렇다면 미국에서 한국 민족주의에 관한 연구를 해온 이정식과 커밍스의 경우는 어떠했을까.

2. 이정식의 '분파'

이정식은 『한국 민족주의의 정치학』을 알렉시스 드 토크빌(Alexis de Toqueville)의 말을 빌려 시작한다. "나는 개인이나 계층의 감정을 훼손하거나, 아무리 존중할만한 의견이나 충성심이라도 이를 건드리는 것을 두려워하지 않았음을 솔직히 고백한다. 유감스러운 일일망정 후회는 없다."[28] 이 책은 한국인이 독립을 회복하려고 외세와 싸운 경험을 '민족주의적'으로 서술하는 데 목표를 두지 않았다. 오히려 이정식은 일반적인 정치 운동으로서 민족주의를 이해하는 데 이바지할 수 있는 '통일성'과 '반복적 양식'을 발견하고자 했다.[29]

먼저 이정식이 민족주의의 모델로 삼은 국가는 일본이었다. 일본에는 기존 도쿠가와 막부 정권에 불만을 품고 있는 무사 계급이 존재했고, 경제적 부를 축적한 신흥 상인 계급이 있었다. 또 이들은 막부 체제가 아니라 기존의 일본의 전통에 존재했던 천황제를 통해서 국가적 단합의 상징을 재창출할 수 있었다.[30]

---

27) 커밍스에 관한 기존의 연구는 주로 한국전쟁의 기원과 관련된 커밍스의 주장에 대한 비평을 제기했다. 커밍스의 논의에 대한 포괄적인 비평으로는 전상인, 「브루스 커밍스의 한국사회, 한국사의 인식」, 『한국과 국제정치』 8-1, 1992.

28) Chong-Sik Lee, *The Politics of Nationalism*, Berkeley, University of California Press, 1963, p. x.

29) Chong-Sik Lee, 위의 책, pp. vii~viii.

즉 민족주의가 등장하려면 기존의 신분 제도가 약해지면서 '민족'이라는 의식을 담지할 수 있는 새로운 주체가 성장해야만 했다. 그러나 성리학적 질서를 구현해내겠다는 목표를 중심으로 구성된 조선의 양반 제도는 문약했고 양반 이외의 계급이 숨 쉴 수 있는 틈이 부족했다. 또 양반 계급의 잇따른 당쟁으로 거의 모든 관리의 관심사는 가족, 일가, 당파의 이익으로 축소되었고, 국가 전체의 복지 증진은 무시되었다.[31] 조선 왕실은 정권 부패의 핵심이라 인식되었기 때문에, 조선 국왕은 일본 천황처럼 국가적 단합의 상징이 되지 못했다. 그렇기에 한국의 근대 민족주의운동은 왕실과 결합하지 못한 형태의 저항운동으로 시작할 수밖에 없었다.[32]

1910년 조선은 스스로 개혁을 이루지 못하고, 일본의 식민지가 되었다. 그러나 조선인은 일본의 문명이 조선보다 뒤떨어진다고 생각했고 자신들의 문화에 대한 긍지를 지니고 있었다. 그렇기에 조선인은 일본에 완전히 정복되었다고 여기지 않았고 일본의 지배를 '임시적'인 것으로 여겼다.[33] 조선인이 일본인에 견주어 차별 대우를 받고 있다는 불만이 쌓이면서 이는 1919년 3·1운동으로 분출되었다.[34]

1919년 3·1운동은 한국 민족주의가 한 단계 도약하는 결정적 계기였다. 3·1운동은 1894~1895년의 '동학난'이나 1895~1912년의 의병투쟁

---

30) Chong-Sik Lee, 위의 책, p. 13. 조선의 왕권이 중국의 황제나 일본의 천황과 비교하여 미약했다는 인식은 이정식의 박사학위 논문에 논평을 준 에드워드 와그너의 시선이었다. 에드워드 와그너의 조선왕조사 인식에 대해서는 에드워드 와그너, 「한국의 근대화 과정에 대한 역사적 고찰」(1963), 에드워드 와그너 저, 이훈상·손숙경 역, 『조선왕조 사회의 성취와 귀속』, 서울, 일조각, 2007, 397~398쪽.

31) Chong-Sik Lee, 위의 책, p. 8.

32) Chong-Sik Lee, 위의 책, p. 14.

33) Chong-Sik Lee, 위의 책, p. 95.

34) Chong-Sik Lee, 위의 책, p. 96.

과 달리, 사회 각계각층이 참여했다는 점에서 거족적인 운동이었으며, 구세대와 신세대, 남성과 여성이 모두 참여한 운동이었다. 또 이 운동은 전통적인 유교 사상이 아니라 서양에서 들어온 민족자결원칙에 의지했다는 점에서 일본의 식민지가 된 뒤에 한국인의 사회, 문화, 사고방식이 얼마나 현격히 바뀌었는지를 잘 보여주는 사례였다.[35]

적어도 3·1운동 뒤에 조선인들은 "개인이나 집단으로서 민족이라는 성원의식"을 느끼게 되었고 "민족의 힘과 자유와 번영을 촉진하려는 열망"을 지니게 되었다.[36] 전통 민족주의가 단순히 외세에 대한 반응적 저항이었다면, 근대 민족주의는 민족의 독립과 평등 확립을 지향하는 감정, 활동, 그리고 조직의 발전을 지향했다.[37]

이정식은 현대 민족주의의 경우, 서구화한 인물들이 민족주의운동을 지도해야 하며, 이를 통해 비로소 민족주의운동이 근대적인 정치 개념과 이상을 지향하는 운동이 된다고 보았다. 민족자결주의에 따른 3·1운동은 그런 의미에서 볼 때 현대 민족주의의 시험대를 통과했다. 그 뒤에 해외에 독립운동 거점이 마련되었고 한국 민족주의운동이 본격적으로 시작된다.

상하이에 수립한 임시정부는 한국 민족주의운동의 구심점이었다. 그러나 이정식은 임시정부 지도자들 사이의 단합이 이루어지지 않았다고 평가한다. 이는 먼저 일본의 탄압을 피해 한반도를 떠난 한국 민족주의자들의 문화변용(acculturation)의 차이 때문이었다. 일부는 미국

---

35) Chong-Sik Lee, 위의 책, pp. 124~125.

36) Chong-Sik Lee, 위의 책, p. ix.

37) Chong-Sik Lee, 위의 책, p. 298. 이정식은 James S. Coleman, *Nigeria: Background to Nationalism*, Berkeley, University of California Press, 1958, pp. 169~170의 정의를 차용했다.

으로, 일부는 시베리아로, 일부는 중국으로 흩어진 지도자들은 서로 다른 신념과 가치, 사고방식을 익혔다. 그렇기에 이들은 한국인이었지만 행동과 사고에서 '전형적'인 한국인은 아니었다.[38)]

이정식은 카리스마적 지도자가 존재했어야 '전형적인' 한국인들을 통합할 수 있다고 생각했다. 임시정부는 카리스마를 지닌 지도자가 존재하기 어려운 구조였다. 오히려 한국인의 분파투쟁은 외국의 지원과 결합하면서 더 심각해졌다. 또 임시정부의 분파주의는 한반도 안의 지역적 분파주의와 결합하면서 심각한 폐단을 낳았다. 임시정부는 기호파, 서북파, 삼남파로 나뉘어 줄곧 대립했다.[39)]

특히 1917년 러시아 혁명의 여파로 시베리아를 거쳐 유입된 공산주의가 중요한 정치적 변수로 떠올랐다. 많은 한국인은 민족주의적 열망으로 공산주의자가 되었다. 공산주의를 택한 많은 한국인은 독립을 이루려는 뜻에서 그 사상을 받아들였다.[40)] 공산주의는 한반도와 일본의 조선인 유학생에게 유행했을 뿐만 아니라, 급진적인 해외의 독립운동가들에게도 매력적이었다. 이제 한국 민족주의자들은 일본과 싸우는 동시에 공산주의자들과도 독립운동의 주도권을 두고 경쟁을 해야만 했다.[41)]

결과적으로 해외에서 망명하고 있는 독립운동가들을 통합할 수 있

---

38) Chong-Sik Lee, 위의 책, p. 154. 이정식은 *Journal of Asian Studies*, Vol. 29-1, 1960에 발표한 글에서도 이와 비슷한 평가를 했다. 한국 공산주의운동의 분파 문제도 심각했다. "한국 공산계열 안의 파벌주의는 주요한 정도에 있어서 이러한 전통적인 요소, 즉 개인적 충성, 사적 의무, 지연(地緣) 등의 제 요소의 산물"이었다. "한국의 민족주의자들은 세계 곳곳에 분산되어 있었으며 그리하여 그들이 상이한 문화와 사고방식에 적응됨에 따라 차츰 서로 멀어지게 되었다." 로버트 스칼라피노 · 이정식, 『한국 공산주의운동의 기원』, 서울, 한국연구도서관, 1961, 41쪽.

39) Chong-Sik Lee, 앞의 책, p. 154.

40) Chong-Sik Lee, 위의 책, p. ix.

41) Chong-Sik Lee, 위의 책, pp. 178~179.

는 지도력은 없었고, 이들 사이의 분파투쟁은 그치지 않았다.[42] 민족주의운동에 공산주의가 침투한 뒤에, 우익 진영과 좌익 진영의 골은 깊어졌다. 이정식은 미국과 소련의 한반도 분할 점령이 없었다고 하더라도, 전후 좌우익의 협력은 어려웠으리라고 진단했다. 각 집단은 더 많은 권력과 대중을 확보하려고 폭력에 의존할 터였다. 분파투쟁에 익숙한 한국인들은 타협의 전통을 형성하지 못했다. 40년 남짓 진행된 해외 독립운동의 역사는 이를 보여주는 사례였다.[43]

해외 독립운동과 마찬가지로 국내 민족주의운동도 단결하지 못했다. 이념, 정책 방향, 개인적 배경의 차이 때문에 국내 민족주의운동은 분열했다. 이미 식민지 시기 한국은 이념이 갈라진 민족이었다. 결과적으로 1945년 '해방' 뒤에 해외 지도자와 단체가 귀국하면서 지도력을 둘러싼 경쟁과 투쟁은 더욱 치열해졌다.[44]

1973년에 이정식과 로버트 스칼라피노가 함께 발간한 『한국 공산주의운동사』(*Communism in Korea*)는 독립운동으로서 진행된 한국 공산주의의 역사를 일종의 분파투쟁으로 서술했다. 한반도의 공산주의는 '공산주의'였지만 한국의 '전통'인 분파성을 반영했다는 것이 이정식의 기본 구도이자 서사였다.

초기의 동부 시베리아와 만주에서 출현한 한인 공산주의자들은 마르크스주의 이론에 대한 지식이 거의 없었다. 이들의 일차적 관심은 독립과 국권 회복이었지, 이들에게 공산주의라는 개념은 아주 모호했

---

42) Chong-Sik Lee, 위의 책, p. 231. 이정식은 김구가 주도하는 국민당 계열과 김원봉의 민족혁명당 사이의 불화도 있었지만, 같은 김구 계열 안에서도 김구 계열과 조소앙 계열의 갈등이 심했다고 지적한다. 이정식, 「열강의 한국 임시정부에 대한 태도, 1937~1945」, 『대한민국의 기원』, 서울, 일조각, 2006, 74쪽.

43) Chong-Sik Lee, 앞의 책, p. 232.

44) Chong-Sik Lee, 위의 책, p. 273.

다.[45] 이런 한국 공산주의의 특성 탓에 소련 지도부가 볼 때 한국 공산주의는 민족주의적 성향이 강한 '소부르주아'나 '우익 기회주의자'의 운동처럼 보였다. 그러나 민족주의자들이 보기에 공산주의자들은 '좌익 극단주의자'였다. 그 점에서 초기 한국 공산주의운동은 민족주의 지향과 공산주의 지향 사이에서 분열적이었고, 매우 불안정한 상태에 놓일 수밖에 없었다.[46]

민족주의운동으로 시작한 한국 공산주의운동은 한국 민족주의운동이 지닌 약점을 그대로 안고 있었다. 전통 한국 사회의 성격, 즉 계급제도와 유교가 깊게 뿌리내리고 있는 농촌의 보수 사회에서 공산주의가 배양되기는 어려웠다. 조선인의 75%가 농민이었고, 소수의 도시 노동계급과 중산계급만이 존재했다. 대부분의 공산주의자는 일반 대중과 연결 고리가 별로 없는 학생과 지식인이었다는 한계를 보였다.[47]

지식인들은 자아가 아주 강하고, 사태에 민감하며 파벌주의에 빠지기 쉬운 속성을 지니고 있었다. 미래에 대해 근심밖에 할 일이 없던 사람들은 얼마 안 가서 서로 싸우기 마련이었다. 이정식은 파벌과 종파 문제는 이미 한국인의 생활 속에 깊이 스며들어 있어서 어떤 운동가 개인에게만 한정되지 않는 보편적인 문제라 보았다.[48]

---

45) 로버트 스칼라피노 · 이정식 저, 한홍구 역, 『한국 공산주의운동사』, 파주, 돌베개, 2015, 69쪽.

46) 로버트 스칼라피노 · 이정식, 위의 책, 150쪽.

47) 로버트 스칼라피노 · 이정식, 위의 책, 151~152쪽.

48) 로버트 스칼라피노 · 이정식, 위의 책, 152쪽. 한국 사회주의 운동사 연구에서 '분파' 문제는 민감한 연구 주제 가운데 하나이다. 대부분의 연구에서 분파는 계급론의 차이 또는 통일전선 전술과 당면투쟁 방침의 차이 등에서 비롯된 것으로 본다. 이에 대해서는 임경석, 『한국 사회주의의 기원』, 서울, 역사비평사, 2003; 전명혁, 『1920년대 한국사회주의운동 연구』, 서울, 선인, 2006; 최규진, 『조선공산당 재건운동』, 천안, 독립기념관 한국독립운동사연구소, 2009.

코민테른 노선의 실패 등으로 1930년대 동북아시아의 공산주의운동은 일본, 중국, 조선에서 모두 절망적인 상황에 놓였다. 일본에서는 민족주의운동을 공산주의자들이 장악할 기회조차 없었다. 중국에서는 통일전선을 통해서 민족주의를 공산주의의 무기로 만드는 데 거의 성공했지만, 국공합작은 끝내 결렬되었다. 조선에서 기대를 모았던 신간회는 젊은 공산주의자들이 반발하면서 해산되었다.[49] 코민테른 노선을 따르며 자금원과 운동기지를 외부에 거의 모두 의존하고 있던 조선공산당은 이 세상에서 기반이 '가장 약한' 공산당이었다.[50]

이정식이 보기에 1920년대 한국 공산주의운동은 이론에 흠뻑 취한 젊은이들이 전개한 소부르주아 운동이었고, 학생, 노동자, 농민에게 영향을 미치기 위한 산발적인 행동을 하는 사상단체의 운동일 따름이었다.[51] 농민은 거의 조직되지 못했다. 몇몇 노동자 운동만이 산업의 중심지에서 조직된 정도였다.[52] 논리적으로 볼 때 한국 공산주의자들이 지배적인 위치가 되거나 권력을 차지할 가능성은 없었다. 공산주의자들이 권력을 거머쥐려면 이정식이 '세계사적인 사건'이라고 부른 외부의 충격이 필요했다.[53]

1930년대의 공산주의운동은 주로 해외의 거점에서 이루어졌다. 국내에 강력한 기지를 구축하고 유지할 수 없는 상황에서 한국 공산주의자들은 다시 만주와 일본, 시베리아, 중국 본토 등에 널리 분산된 기지에서 활동해야만 했다.[54] 1929년 코민테른의 주도로 만주의 한인 공산주

---

49) 로버트 스칼라피노 · 이정식, 위의 책, 250쪽.
50) 로버트 스칼라피노 · 이정식, 위의 책, 248쪽.
51) 로버트 스칼라피노 · 이정식, 위의 책, 250쪽.
52) 로버트 스칼라피노 · 이정식, 위의 책, 250~251쪽.
53) 로버트 스칼라피노 · 이정식, 위의 책, 251쪽.

의자들은 중국공산당의 지휘 아래 들어갔다.[55] 그러나 공산주의운동의 내분은 여전히 사라지지 않았고 노선의 혼란은 이어졌다. 공산당은 혼란과 곤경, 좌절에 빠져 허우적대고 있었다.[56] 국내에서와 마찬가지로, 만주의 공산주의운동도 일본의 철저한 탄압 속에서 중국 민중의 지원을 받지 못했다. 물고기 떼가 헤엄칠 수 있는 물은 이미 말라버렸다.[57] 사기가 떨어진 공산주의 지도자들은 편집증적 증상을 보였고 민생단(民生團) 사건이 일어나 밀고와 내부고발이 이루어지기도 했다.[58] 1936년 뒤부터, 당과 공산 유격대는 간도를 완전히 포기하고 소련 접경지대의 만주 동북부의 오지나 한국 국경지대의 남만주로 이동했다.

1930년대에 식민지 조선 안에서 공산주의자들이 혁명역량을 동원하기는 여전히 어려웠으며 공산주의자들은 가족, 학교, 지연, 직업 등의 관계망을 통해서만 조직원을 확보할 수 있었다. 이는 강력한 운동역량의 원천이기도 했지만 한꺼번에 모두 검거될 수 있는 악조건이 되기도 했다.[59] 1937년 중일전쟁이 터지자, 한국 공산주의운동은 더욱 쇠퇴했다. 코민테른 제7차 대회의 '반파쇼 인민전선'을 결성하라는 요구는 아무런 의미를 지니지 못했다.[60] 제2차 세계대전 무렵 일본이 의식한 유일한 항일 운동은 김일성의 '적색 유격대'뿐이었다.[61]

---

54) 로버트 스칼라피노 · 이정식, 위의 책, 256쪽.

55) 로버트 스칼라피노 · 이정식, 위의 책, 271쪽.

56) 로버트 스칼라피노 · 이정식, 위의 책, 283쪽.

57) 로버트 스칼라피노 · 이정식, 위의 책, 291쪽. 이정식은 랜드연구소의 지원을 받아 만주에서 일본군의 빨치산 소탕 작전을 다룬 연구를 하기도 했다. Chong-Sik Lee, *Counterinsurgency in Manchuria: The Japanese Experience, 1931-1940*, Santa Monica, Rand Corporation, 1967.

58) 로버트 스칼라피노 · 이정식, 위의 책, 292~293쪽.

59) 로버트 스칼라피노 · 이정식, 위의 책, 334쪽.

60) 로버트 스칼라피노 · 이정식, 위의 책, 337쪽.

이정식은 일본의 통제력 때문에 식민지 조선에서 도시 노동자계급을 중심으로 공산주의운동을 조직할 수 없다고 보았다. 결국, 공산주의자가 선택할 수 있는 유일한 대안은 만주의 일부 지역에서 성공을 거둔 방법에 따라 지역에서 농민을 조직하는 일이었다. 농민은 전통적인 조직구조를 거의 완전히 유지하고 있었지만, 혁명적 잠재력이 숨을 쉬고 있는 집단이었다.[62]

하지만 이정식은 농민이 스스로 저항을 할 수 있는 주체라 인정하지 않았다. 한국 공산주의자들이 그나마 농민층에 깊숙이 뿌리 내리고 많은 성과를 올릴 수 있었던 것은 만주-한반도 국경지대의 간도와 함경남도 일부에 국한되었다. "이들은 중앙의 통제력이 잘 미치지 않는 변경지대였고, 정부에 대한 농민층의 반항이 전통적으로 강했으며, 일본정부가 이에 대처할 수단을 별로 갖추지 못한 지역"이었다.[63] 지방에서 지도자들이 때때로 거둔 승리는 모두가 일시적이었다. 어느 한때 지역 농민의 자부심을 충족시켜주었을지 몰라도 이는 곧바로 일제의 탄압으로 깨어졌다.[64]

공산주의자들은 국내에서 확고한 거점을 확보하지 못했고 해외에서 활동하는 공산주의자들은 중국, 일본, 소련 등 외국 공산당에 입당할 수밖에 없었다. 이들이 해방 뒤에 '국외 변수'에 커다란 영향을 받는 것은 자연스러운 순서였다.[65] 이정식은 일본이 항복하기 직전의 한반도

---

61) 로버트 스칼라피노 · 이정식, 위의 책, 338쪽.

62) 로버트 스칼라피노 · 이정식, 위의 책, 335쪽.

63) 로버트 스칼라피노 · 이정식, 위의 책, 376쪽. 이정식의 논의와 비슷한 구도에서 식민지 조선의 한인 공산주의 활동과 농민운동을 분석한 연구로는 Se Hee YOO, "The Korean Communist Movement and the Peasantry under Japanese Rule", Columbia University Ph. D Dissertation, 1974.

64) 이정식 저, 김성환 역, 『조선노동당 약사』, 서울, 이론과 실천, 1986, 71쪽.

를 외부의 시선에서 관찰했을 때 아무도 공산주의운동이 한국 사회에서 중대한 비중을 차지할 수 있으리라고는 예상하지 못했을 것이라고 주장했다. “보수적이고, 가난하고, 유교의 가르침에 깊이 젖어 있고, 지식계급이 매우 드물며, 산업노동자계급이 미미한 한국은 정통 마르크스주의들이 지적한 사회주의를 위한 필요조건을 모두 결여하고 있었다.”[66)]

이는 1945년까지의 한국 공산주의운동을 총결하는 이정식의 최종진단이었다. 일본의 지배력과 통제력은 강고했으며, 노동자 · 농민 계급을 대표할 수 없었던 조선공산당의 사회적 근간은 무척 허약했다. 지식인 계급을 중심으로 게토화한 한국 공산주의운동은 자멸적인 파벌투쟁으로 약해지곤 했다.

그러나 해방 뒤에 공산당 세력이 재건되어 정치적 주도권을 쥔 것은 역사적 사실이었다. 이는 이정식의 서술방식으로는 도저히 설명할 수 없는 치명적인 반례였다. 해방의 에너지에서 더 힘을 얻은 것은 좌익이었다. 미군정이 자리 잡기 전에도 이미 공산주의자들이 남한의 조직된 노동운동을 독점하려는 조짐이 나타났으며,[67)] 농촌에서도 공산주의자들의 활동이 활발해졌다. 1930년대부터 강력한 탄압을 받아 허약해진 공산주의자들이 어떻게 해방 직후 그토록 빠르게 세력을 확장할 수 있었을까.

이정식은 농촌에서 축적된 정당한 불만이 미군정 시기에 해결되지 못하고 방치되었다고 말했다. 미 점령군은 군(郡) 수준에서는 거의 활동을 하지 않았고, 한국말을 거의 하지 못하는 ‘통역’ 정부였다. 그렇기에 지방으로 내려갈수록 자격과 도덕성이 의심스러운 한국인들이 미

---

65) 로버트 스칼라피노 · 이정식, 앞의 책, 377쪽.

66) 로버트 스칼라피노 · 이정식, 위의 책, 484쪽.

67) 로버트 스칼라피노 · 이정식, 위의 책, 416쪽.

군정의 대리로서 활동하는 것이 눈에 띄었다. 이는 농촌 지역에서 공산당 선전가들이 활동할 수 있는 기름진 토양이 되었다.[68]

다시 말하면, 이정식은 자신의 틀을 일관되게 활용하여 공산주의자들이 가진 장점보다는 미군정의 정책적 실책을 강조하는 방향으로 해방 뒤의 역사를 설명했다. 이정식은 선거가 대중의 감정을 측정할 수 있는 수단이 아니라고 전제하면서도, 어느 시점에서나 남한 주민이 조선공산당을 전적으로 지지했다는 증거는 없었다고 단언했다. 좌익은 지방 선거에서도 언제나 미미한 결과만을 얻었을 뿐이었다.[69] 남한 공산주의자는 소군정의 지시와 강요에 따라 미국과 대립하는 노선을 선택하면서 여러 가지 전술적, 전략적 과오를 범했다.[70] 극단적인 투쟁노선 때문에 당과 대중은 유리되고 말았다. 일제 하의 공산주의운동과 마찬가지 상황이었다.

이정식은 『한국 민족주의의 정치학』에서 신생 독립국가의 민족주의가 오늘날 가장 중요한 힘 가운데 하나임을 인정하고 20세기는 '민족혁명의 시대'였다고 말했다.[71] 하지만 이정식의 논의는 식민지 시기 민족주의운동의 주도권을 둘러싼 민족주의자와 공산주의자의 투쟁, 여러 운동 내부의 분파투쟁, 이들을 효과적으로 억제한 일본의 통제력만을 부각하는 매우 기이한 결과로 이어졌다. 이는 일본이 생산한 자료를 적극적으로 활용한 이정식의 아포리아였다. 이정식이 지나치게 성실한 학자였기 때문에 나타난 역설적인 현상이기도 했다. 일본 관헌이

---

68) 로버트 스칼라피노 · 이정식, 위의 책, 424~425쪽.

69) 로버트 스칼라피노 · 이정식, 위의 책, 485쪽. 전상인, 「1946년경 남한주민의 사회의식」, 『고개 숙인 수정주의』, 서울, 전통과현대, 2001은 이 주장을 세련된 형태로 표현했다 할 수 있다.

70) 로버트 스칼라피노 · 이정식, 위의 책, 486쪽.

71) Chong-Sik Lee, *The Politics of Nationalism,* p. vii.

작성한 자료에 '실증적'으로 매달릴 때 한국 민족주의가 지닌 생생함을 독해하기는 힘들었다. 사회주의 이론에 대한 그릇된 인식과 사회주의 운동가들에 대한 편견도 작용하여 한국 사회주의운동의 본질을 곡해할 가능성이 컸다. 한국인 사이의 파벌 다툼과 밀정, 그리고 배신을 한국의 오랜 전통과 본질적인 요소로서 해석하는 것이 이정식의 핵심 서사였다.

3. 브루스 커밍스의 '식민지 압력솥'

브루스 커밍스는 「민족주의의 이율배반」이라는 글에서 한국 민족주의와 관련해서 짧은 언급을 했다. 이 글은 널리 알려지지 않았지만, 한국 민족주의를 바라보는 커밍스의 시각을 요약하는 핵심 자료이다. 이 글에서 커밍스는 그 자신이 민족주의에 대해 별다른 지적 · 학문적 흥미를 느낀 적이 없었다고 고백했다. 제2차 세계대전 뒤에 몇십 년 동안 미국 학계에서 '민족주의'가 지닌 밋밋한 위상 때문이었다. 제국주의와 공산주의와 같은 민감한 주제와 달리, 미국 학계에서 민족주의를 다루는 연구는 별다른 고민도 필요 없고, 큰 학문적 용기 없이도 진행할 수 있는 주제였다. 대만과 남한, 필리핀, 베트남 등 냉전기 동아시아의 미국 동맹국 연구는 모두 자연스럽게 '민족주의' 연구를 구성했다.[72)]

커밍스가 보기에 아시아 민족주의를 다루는 밋밋한 박사학위 논문과 저술 작업을 후원한 대표적인 기관이 바로 로버트 스칼라피노가 재직하고 이정식이 박사학위를 받은 캘리포니아대학교(버클리)의 정치

72) 브루스 커밍스, 「민족주의의 이율배반」, 최상용 편, 『민족주의, 평화, 중용』, 서울, 까치, 2007, 67쪽.

학과였다.[73] 대부분의 아시아 민족주의운동이 공산주의와의 관련 속에서 전개되었다는 사실을 고려할 때, 스칼라피노와 이정식의 지적 작업은 이론을 적용할 수 없는 지역에서 연구 주제를 찾는 격이었다.[74] 커밍스는 한국의 강한 민족주의도 일종의 '만들어진 전통'으로 여기며 이정식의 『한국 민족주의의 정치학』을 그와 같은 관점에서 독해했다.

커밍스는 이정식의 논의에 따라 임시정부는 대단하지 않은 조직이었고, 해외로 망명한 민족주의자들의 무장 투쟁은 그다지 성공적이지 못했다고 평가했다.[75] 여기에서 커밍스는 이정식의 논의를 빌려 식민지 시기 한국의 민족주의운동이 세계적인 추세에서 볼 때 그렇게 대단한 수준은 아니었다고 결론 내린다. "식민지 내부의 저항은 1919년을 제외하고는 베트남보다도 약했다. 강한 저항보다는 한국인 지배층의 친일 협력이 더 일반적이었다. 무장투쟁, 심지어 암살이나 폭탄 투척과 같이 한 명이 할 수 있는 일조차도 거의 일어나지 않았고, 만주 국경 지역의 몇 차례 습격을 제외한다면 제2차 세계대전 동안 한국 내에서 무장 투쟁은 거의 없었다."[76]

그런 의미에서 커밍스가 보기에 한국 민족주의의 이율배반은 해방 뒤에 일어난다. 먼저 대한민국 국가주의자들의 처지에서는 '비(非)－한국인'일 수밖에 없는, 소련과 중국의 괴뢰인 조선민주주의인민공화국

73) 브루스 커밍스, 위의 글, 68쪽. 커밍스가 볼 때 캘리포니아대학교(버클리) 정치학과에서 아시아 민족주의를 제대로 이해하고 있는 유일한 인물은 중국의 농민 민족주의를 논한 찰머스 존슨(Chalmers Johnson)이었다. Chalmers Johnson, *Peasant Nationalism and Communist Power: The Emergence of Revolutionary China, 1937-1945*, Stanford University Press, 1962. 이 책은 『중국 혁명과 농민민족주의』, 서울, 한겨레, 1985로 번역되었다.

74) 브루스 커밍스, 「민족주의의 이율배반」, 68쪽.

75) 브루스 커밍스, 위의 글, 73쪽.

76) 브루스 커밍스, 위의 글, 65쪽.

이 한국 민족주의의 보고(寶庫)가 되었다는 사실이다.[77] 커밍스가 보기에 북한은 형식적으로는 공산주의자의 나라라고 했지만 실제로는 민족주의자의 나라였다.[78] 일본에 이어 미국이라는 외세에 기대면서 북한을 의식할 수밖에 없던 대한민국의 지배자들은 정당성의 결여를 감추려고 민족주의가 아닌 '국가주의'를 내세울 수밖에 없었다는 것이 커밍스의 진단이었다.[79]

남북한에서 민족(국가)주의가 구축되면서 식민지 시기 일본의 역할이 역사의 시야에서 사라졌다. 민족주의의 관점에서 볼 때 좋은 식민지 유산(colonial legacy)이란 존재하지 않기 때문이다. 일본은 한국의 자생적인 근대화의 길을 좌절시킨 존재일 뿐이었다.[80] 그러나 커밍스는 외국인의 시선으로 볼 때 일본이 저지른 잔학 행위와 식민지 시기에 기원을 둔 긍정적이고 지속적인 효과를 비교한다면, 결과적으로는 긍정적인 효과가 더 의미가 있다고 보았다.[81]

커밍스는 이를 '외부자'(outsider)의 시각이라 전제하면서도, 한국에는 일본의 긍정적인 식민지 유산이 존재한다고 단언했다.[82] 인도차이나의 프랑스나 인도네시아의 네덜란드 등은 식민지 모국의 이익만을 추

---

77) 브루스 커밍스, 위의 글, 75쪽.

78) 브루스 커밍스, 위의 글, 76쪽.

79) 브루스 커밍스, 위의 글, 83쪽.

80) Bruce Cumings, "Colonial Formations and Deformations", *Parallax Visions: Making Sense of American-East Asian Relations at the End of the Century*, Durham, Duke University Press, 1999, p. 70.

81) Bruce Cumings, 위의 글, p. 74. 커밍스는 "일본이 한국을 발전시켰다라거나 전후 남한의 성장이 일본에 빚지고 있다고 주장하려는 것은 아니다"라는 단서 조항을 달았다.

82) Bruce Cumings, "The Legacy of Japanese Colonialism in Korea", Ramon H. Myers and Mark R. Peattie eds., *The Japanese Colonial Empire, 1895~1945*, Princeton, Princeton University Press, 1984, p. 481.

구하는 탐욕적인 식민지 지배자들이었지만, 일본은 개발 식민통치자들(developmental colonizer)이라는 독특함이 있기 때문이었다.[83] 일본의 지배는 조선과 대만의 '근대화'라는 유산을 남겼다. '근대화'는 분명 일본의 이익을 위한 것이었지만, 1945년의 시점에서 조선은 동아시아의 어느 국가보다도 더 많은 도로와 철도를 갖춘 것도 사실이었다.[84]

커밍스는 1895년부터 1945년까지 일본이 통치한 대만을 일본 식민지의 모델로 파악했다. 대만에서 일본은 정복자라기보다는 행정가의 역할을 했다.[85] 조선에서도 일본은 대만 식민지배와 비슷한 역할을 했다. 그렇다면 대만과 한국에서 일본 제국주의에 대한 인식의 차이가 나타난 까닭은 무엇인가. 그것은 간단했다. 조선은 일본의 식민지가 되기 전부터 '민족국가'였고 대만은 아니었기 때문이었다.[86]

바로 이 점에서 한국의 식민지 경험은 독특했다. 한국은 유럽 민족들보다 훨씬 먼저 민족적, 언어적 통일성과 오래전부터 인정된 국경을 지녔다. 더구나 중국과 가까운 탓에 한국인들은 늘 일본보다 우월하거나 적어도 동등하다고 느끼며 살았다.[87] 그런 상황에서 일본이 식민지 조선에서 했던 모든 일은 비판을 받았고, 식민지 지배에 따른 '근대성'은 부인되었다. 해방 뒤에 지난날 일본이 했던 역할을 철저히 삭제했지만, 대한민국의 지도자들은 일본인들이 지향했던 것과 비슷한 '근대성'을 추구해 나갔다.[88]

---

83) 브루스 커밍스, 「민족주의의 이율배반」, 84쪽; 브루스 커밍스, 『브루스 커밍스의 한국 현대사』, 230쪽.

84) 브루스 커밍스, 「민족주의의 이율배반」, 84쪽.

85) 브루스 커밍스, 위의 글, 87쪽.

86) 브루스 커밍스, 위의 글, 85쪽.

87) 브루스 커밍스, 「독특한 식민지, 한국: 식민화는 가장 늦게, 봉기는 가장 먼저」, 『창작과비평』 47-2, 2019, 324쪽.

88) 브루스 커밍스, 「민족주의의 이율배반」, 89쪽.

커밍스는 전후의 남한은 반(反)식민 체제와는 거리가 멀고 그 안에 다양한 '일본적 복제품'을 많이 포함했다고 분석했다. 전후의 북한은 반(反)식민 체제를 지향했지만, 오히려 일본적인 것을 부정하려다가 역설적으로 일본을 거울상처럼 닮은 제도들을 창출했다. "한국인의 피부 아래에는 일본이 깊이 침투해있었다." 비교 식민지적 관점에서 볼 때 이는 놀라운 일이 아니다. 오직 이는 한국 민족주의의 관점에서만 보이지 않는 사례였다.[89)]

커밍스가 '식민지 근대화'론처럼 독해할 수 있는 주장을 한 배경에는 미국 학계의 풍토가 있었다는 점을 고려해야 한다. 미국 경제학자들은 동아시아의 경제발전을 설명할 때 이를 각국이 신고전주의적 견해를 받아들인 뒤에 기하급수적인 경제 도약을 해왔다고 주장했다.[90)] 그러나 커밍스는 일본, 대만, 한국에서 나타나는 동아시아 발전 모델은 1960년대 초반 미국의 근대화 이론가인 로스토우가 '이륙기'라고 부른 시기 훨씬 이전으로 거슬러 올라가며, 그 기원은 근대 일본과 일본의 식민지배 경험에서 찾는 것이 합리적이라고 보았다.[91)]

커밍스는 일본이 세계열강이 식민지 쟁탈전을 벌이던 19세기 세계체제 속에서 발전했다고 보았다. 제국주의 국가들이 중국의 이권에 집중하는 동안, 일본은 국내 자원을 동원할 수 있는 '겨를'을 얻었다. 일본은 서양과의 경쟁을 의식하면서 국내 개편을 넘어서 해외 진출을 기획했다. 일본의 경제발전은 압축적이고 빨랐지만, 이미 세계 식민지 분할은 거의 끝나가고 있었다.[92)] 세계에서 일본이 팽창할 수 있는 유일한

---

89) Bruce Cumings, "Colonial Formations and Deformations", pp. 76~77.

90) Bruce Cumings, 위의 글, p. 86.

91) Bruce Cumings, 위의 글, p. 88. 커밍스는 북한의 경제성장 역시도 일본 식민지 시기와의 관련성 하에서 분석할 수 있다고 보았다. Bruce Cumings, "The Legacy of Japanese Colonialism in Korea", p. 481.

지역은 같은 지역 안의 대만과 조선뿐이었다. 후발 공업화를 위해 강력한 국가를 창설했고, 국가가 부르주아 역할을 떠맡았다.[93] 이는 "욕심 많은 어머니가 억지로 천재 자식을 만드는 꼴"이었다. 무리한 양육은 기형적인 결과를 낳을 수밖에 없었다.[94]

뒤늦게 식민지배로 뛰어든 일본은 국제적 차원의 반제국주의와 한국인의 해외 독립운동이라는 압력을 받기 시작했다. 조선을 병합한 지 몇 년 만에 일본은 민족자결을 주장하는 윌슨식 이상주의의 압력, 식민지 민중에 대한 볼셰비키의 지원과 마주했다. 그렇기에 일본은 식민지 조선을 강요하고 유지하는 데 유럽의 제국주의 국가들보다 더 많은 곤란을 겪었다.[95]

일본은 식민지 조선에서 상황에 맞는 새로운 창조를 이루어내는 대신, 조선의 제도를 일본식으로 대체하여 식민지를 통치했다.[96] 조선은 '농업적 관료국가'라는 특성이 있었기에 일본의 통치는 더 많은 문제를 일으켰다. 봉건 제도가 존재했던 일본과 달리 조선은 형식적으로는 강력한 중앙 권력을 지녔으나, 실제로는 지방에서 양반 겸 지주와 권력 경쟁을 할 때 그다지 강하지 못했다.[97] 그러나 메이지 일본이 경험하

92) 브루스 커밍스 저, 김자동 역, 『한국전쟁의 기원』, 서울, 일월서각, 1986, 31쪽.

93) 브루스 커밍스, 위의 책, 32쪽.

94) 브루스 커밍스, 위의 책, 33쪽.

95) 브루스 커밍스, 위의 책, 37쪽.

96) 브루스 커밍스, 위의 책, 38쪽.

97) 브루스 커밍스, 위의 책, 39쪽. 커밍스는 이 부분에서 James Palais, *Politics and Policy in Traditional Korea*, Cambridge, Harvard University Press, 1976에 의존한다. 팔레는 조선왕조가 왕과 귀족 사이의 권력의 균형을 이루어 안정성을 지속하는 데에는 장점이 있었지만, 조선이 발전과 방위를 위하여 재원을 동원할 수 있도록 중앙의 권력을 확장해야 할 필요성에 직면했을 때는 하나의 장애물로서 작동했다. 제임스 팔레 저, 이훈상 역, 『전통 한국의 정치와 정책: 조선왕조 사회의 정치, 경제, 이데올로기와 대원군의 개혁』, 서울, 신원문화사, 1993, 21~22쪽.

고 식민지 조선으로 온 식민지적 국가기구는 매우 권위적이고 위압적인 권력을 행사했다. 이제 식민지 조선에는 지방과 희미하게 연결된 허약한 관료 체제가 아니라 위에서부터 아래까지 침투할 수 있는 강력한 명령 계통이 확립되었다.[98]

커밍스는 일본이 '이웃 국가'를 식민화했다는 특수성 때문에 식민지 조선에 대규모 철로를 건설했다고 설명한다. 철도의 효과로 "조선과 만주 농업의 상업화가 촉진되었고, 이 두 지역은 세계경제 체제의 일부가 되었다."라고 진단했다.[99] "일반적인 식민지에서 저개발이 개발된다면, 식민지 조선은 과잉 개발(over-development)의 면모를 보여주었다."[100] 커밍스는 조선의 산업 구조가 동북아시아 지역경제 전체에서 결정적인 역할을 했다는 점을 강조한다.[101] 그 결과 1945년 무렵 한국은 식민 중심부에 유리하도록 편향되기는 했지만 제3세계에서 가장 발전한 국가에 속하는 산업기반 시설을 지니고 있었다.[102]

식민지 시기에 접근하는 커밍스의 주장 가운데 이정식의 주장과 겹치는 부분이 있다. 임시정부의 미약한 세력, 부진한 국내 항일운동 등이 그 보기이다. 그러나 두 사람의 핵심 주장은 크게 다르다.

먼저 이정식은 식민지 시기 한국 민족주의운동의 '정치학'을 주로 한국인 엘리트 사이의 파벌투쟁으로 해석했다. 이정식은 이를 한국적인 특성으로 본질화한다. 한국 공산주의자들도 이와 같은 파벌성을 공유

---

98) 브루스 커밍스, 『한국전쟁의 기원』, 41쪽.

99) 브루스 커밍스, 위의 책, 43쪽. 이는 훗날 도로와 철도를 통해 농민정치운동이 확산하는 배경이 되기도 한다.

100) Bruce Cumings, "The Legacy of Japanese Colonialism in Korea", p. 489

101) 브루스 커밍스, 「독특한 식민지, 한국: 식민화는 가장 늦게, 봉기는 가장 먼저」, 331쪽.

102) 브루스 커밍스, 위의 글, 332쪽.

했고, 이는 공산주의운동의 끊임없는 분파투쟁으로 이어졌다. 이정식은 공산주의운동을 분석할 때 농민운동과 결합했던 중국공산당의 혁명 노선을 일종의 모델로 두었다.

하지만 중국공산당의 혁명 노선과 비슷한 노선을 걷기에는 한반도의 지리적 조건은 중국과 무척 달랐다. 그 결과 이정식은 일본의 강력한 통제력과 실패한 민족주의 투쟁이라는 핵심 서사를 벗어날 수 없었다. 따라서 해방 이전과 이후의 설명 방식에서 이정식에게는 일종의 아포리아가 발생한다. 이정식은 해방 뒤에 나타난 폭발적인 에너지를 자신의 틀로 설명할 수 없기에 공산당 노선의 미숙함과 소련의 지원과 지령이라는 외부 변수를 강조했다. 식민지 시기에 대한 이정식의 관점은 명백하게 신생 독립국가인 북한 정권이 표방한 민족주의의 정당성을 겨냥했다.

그러나 커밍스는 본질적으로 '한국적인 것'이 존재한다고 보지는 않았다. 오히려 커밍스가 보기에 '한국적인 것'에 대한 강조는 일본이라는 가까운 국가의 식민지 지배를 받은 역사적 결과물이었다. 한국의 주요 역사책이 "기본 사료를 무시한 채 20세기를 결과론으로 다루는 가운데 식민지 시기를 고통스러운 시기 또는 '저항의 신화'로 주조하고 있다."라고 평가했다.[103] 이른바 '수탈론'에 대한 비판적인 견해를 제출한 셈이다. 또 북한은 김일성 신화로 역사를 날조하고 있으며 "남한 역사연구에서 1935년에서 1945년 사이는 비어있는 찬장"과 같다고 했다.[104]

---

103) 브루스 커밍스, 『브루스 커밍스의 한국 현대사』, 198~199쪽.

104) 브루스 커밍스, 위의 책, 199쪽. 요즈음 전시체제에 대한 연구가 활발하게 진행되는 것을 고려하면 '비어있는 찬장'이라는 말은 적절하지 않지만, 아직 해명하지 못한 문제가 많다는 것은 사실이다. 하지만 커밍스도 1935~45년 사이의 민중투쟁과 사회주의운동의 진행 과정을 세밀하게 파악하고 있지는 못하다.

커밍스는 '저항의 신화'보다는 일본 제국을 통해 세계경제 체제의 일부로 편입된 식민지 조선의 '준주변부적' 성격을 주목하자고 제안한다. 다른 지평을 통해서 본다면 한국 민족주의운동에 대한 다른 평가가 가능해진다. 한국 민족주의 투쟁은 일본 제국주의의 강력한 지배력과 비교할 때는 일정한 성공을 거두었다는 새로운 평가이다.[105]

식민지 조선의 '준주변부적' 위치에 대한 커밍스의 시야를 따라가 보자. 일본을 중심부로 대만과 조선, 그리고 만주를 연결하는 경제권이 형성되면서, 한국 역사상 유례없는 대규모 인구 이동이 발생했다. 제1차 동원은 1920년대와 1930년대에 농토를 잃은 농민이 본고장을 떠나야만 했던 '아래로부터의 동원'이었고 제2차 동원은 1937년 중일전쟁 발발 이후 전쟁 수행을 위한 '위로부터의 동원'이었다.[106] 이는 한반도의 경제 개편에 따른 결과물이었다. 이들은 만주로 가서 농사짓기를 하거나, 북한 지역이나 만주국으로 가서 공업 활동에 종사했다.[107] 1944년에 이르면 조선 인구의 11.6%가 국외에 거주하고 있었으며, 이는 세계사에서도 유례없는 상황이었다.[108]

인구의 대규모 이동에 대한 커밍스의 지적은 지도자층의 동향에만 신경을 곤두세우는 이정식이 전혀 주목하지 못한 변수였다. 일본, 만주, 북한 지역으로 이동했던 사람들은 식민지 통치가 끝나자 고향으로 돌아왔다. 이들 대부분은 토지 상실과 인구 과잉으로 고향을 떠난 농

---

105) 커밍스는 국내 좌익운동 가운데 1930년대 '적색 농민조합' 활동에 대해서 "농민 불안을 조성하는 데 제법 성공했다"라고 평가했다. 이는 해방 후 지방인민위원회를 바라보는 커밍스 인식에도 영향을 미친다. 브루스 커밍스, 『한국전쟁의 기원』, 67쪽.

106) 브루스 커밍스, 위의 책, 60쪽.

107) 브루스 커밍스, 위의 책, 92쪽.

108) 브루스 커밍스, 위의 책, 91쪽.

민이었다. 커밍스에 따르면 이들은 노동자라는 자각이 없었다. 오히려 커밍스가 인용하고 있는 에릭 울프의 표현처럼 "농촌 생활에 밀착해 있던 공업 노동력의 발전"으로 혁명적 활동에 참여하게 되었다.109)

지주－소작 관계에 얽매이어 가혹한 착취를 당했던 빈농, 그리고 완전한 농민도 아니고 완전히 정식 노동자도 아닌 귀환한 농민, 부르주아지가 되지 못한 지주들, 억압적인 국가 관료기구의 존재는 한반도를 '내부 분열'로 이끌어가게 한 배경이 되었다. 이정식이 한국인의 분파성을 강조했다면, 커밍스는 오히려 일본이 실시한 식민지 정책 때문에 일본에 협력한 한국인과 뿌리 뽑힌 한국인의 분열이 조장되고 구체화했다고 보았다.110) 커밍스가 볼 때 1945년 이후의 역사는 식민지 조선에서 잠재적으로 축적된 "압력이 방출되는 시기"였다.111)

커밍스에게도 시야에서 놓쳤거나, 아니면 그의 연구방법론에 근본적인 문제가 있는 영역이 있다.112) 그의 '노동자 인식'이다. 커밍스 저술에서 농민에 대한 계급분석과 농민운동에 할애한 분량에 견주어 노동자계급과 노동운동에 대한 서술은 매우 적다. 커밍스가 한국전쟁의 전사(前史)로서만 식민지 시기를 다루었기 때문에 나타난 결과일까. 딱히 그런 것만은 아니다. 거기에는 식민지 조선의 '사회성격' 문제가 자리 잡고 있다. 커밍스는 말한다. 일제강점기에 "정치적으로 한국인들은 거의 숨을 쉴 수 없었지만, 경제적으로는 비록 고르게 분배되지는 않았

---

109) 브루스 커밍스, 위의 책, 98쪽.

110) Bruce Cumings, "The Legacy of Japanese Colonialism in Korea", p. 496.

111) 브루스 커밍스, 브루스 커밍스, 『한국전쟁의 기원』, 104쪽.

112) 손호철은 커밍스의 농민 계급 운동 분석과 '비교혁명론적 분석'은 높게 평가한다. 그러나 커밍스가 일본과 한국에 대한 이론적용에서 일관성이 없고 1차 자료를 위주로 한 실증적 연구로서 경험주의와 주관적 문화주의 경향을 보인다고 비판했다. 손호철, 「브루스 커밍스의 한국 현대사연구 비판」, 『실천문학』 15, 1989.

지만, 의미 있는 성장을 했다. 농업생산은 1920년대에 실질적으로 증가했으며, 온실 안의 산업화가 1930년대에 뿌리내렸다."[113] 나아가 커밍스는 여러 곳에서 '개발 식민주의'의 내용을 설명한다.

'개발 식민지' 정책에 따른 '산업화'로 조선에 1930년대에 자본주의가 뿌리를 내렸다면 당연히 노동문제가 그의 시야에 들어왔어야 했다. 그러나 그의 저술에서는 눈에 띄지 않는다. 커밍스가 1930년대의 혁명적 농민조합 운동을 말할 때조차 1930년대 공업지역에서 활발하게 일어났던 혁명적 노동조합 운동은 거론하지 않는다.[114] 커밍스가 1924년 노농총동맹의 설립, 1926년 노동총동맹과 농민총동맹의 분립, 그리고 1929년 원산총파업을 거론하는 문단에서도 1930년대 노동운동은 완벽하게 빠져있다.[115] 그에게 1930년대 노동운동은 그의 말을 빌리자면 '비어있는 찬장'이 되고 말았다.

그 결과 커밍스는 "해방 이후 그토록 빨리 성장한 노동운동",[116]그리고 "지도자들이 대중보다 뒤떨어졌던"[117] 노동대중의 역동성을 제대로 설명할 수 없었다. 커밍스에게 1920년대와 1930년대에 토지에서 쫓겨나 취업한 사람들, 그리고 1937년 중일전쟁 뒤에 일제가 '인적 자원'으로 산업현장에 보급한 노동자들은 여전히 '농민'일 따름이었다. 바로 이 지점에서 커밍스가 받아들인 1930년대 자본주의론 또는 '개발식민주의' 논지는 모호해진다.

커밍스의 '노동자 부재의 식민지' 인식은 그가 식민지 사회성격에 대

113) 브루스 커밍스, 『브루스 커밍스의 한국 현대사』, 210쪽.

114) 브루스 커밍스, 『한국전쟁의 기원』, 67쪽.

115) 브루스 커밍스, 위의 책, 118쪽.

116) 브루스 커밍스, 위의 책, 117쪽.

117) 브루스 커밍스, 위의 책, 118쪽.

해 모호한 태도를 보인 것에서 비롯된 것일 수 있다. 아니면 해방 공간에 대한 커밍스의 '농민편향의 혁명이론'[118]이나 남한을 '지주의 국가'라고 본 그의 해방 이후 입론에서 비롯된 것일 수도 있다.[119] 어찌 되었든 노동자 부재의 '식민지 압력솥'론이나 해방 이후 '농민편향의 혁명론'은 서로 짝을 이루면서 커밍스의 역사해석에서 일정한 맹점을 드러낸다.

4. 맺음말

이 글은 이정식과 브루스 커밍스라는 두 학자의 저술에 나타난 수많은 쟁점 가운데 식민지 시대 인식에 관련된 입론만을 견주어 비교했다. 비교는 에드워드 사이드가 말한 대위법적 독해를 원용하며 이정식과 브루스 커밍스의 텍스트 속에 숨겨진 시선을 살펴보는 방식을 택했다. 각 쟁점에 대한 여러 연구성과를 모두 점검하고 필자의 의견을 제시하는 것은 이 글의 범위를 벗어난다. 이 글의 목표는 이정식의 '분파'라는 렌즈, 그리고 커밍스의 '식민지 압력솥'이라는 렌즈에 비친 역사의 관점 또는 운동사 연구의 시각을 점검하는 것이었다.

1931년 평안남도에 태어난 이정식은 중국 내륙과 만주의 유년 시절을 거쳐, 해방 직후의 평양을 경험하고 한국전쟁 때 피난 생활을 하고 미국으로 유학을 떠났다. 그리고 평생의 은사 로버트 스칼라피노를 만나 자신이 경험한 생생한 체험을 연구하는 정치학자의 길을 걷는다.

---

118) 손호철, 「브루스 커밍스의 한국 현대사연구 비판」, 326쪽.

119) 박명림, 『한국 1950: 전쟁과 평화』, 서울, 나남, 2002, 26쪽.

이정식은 '고향'을 상실했지만, 새로운 세계에 적응하고 생존하는 데 성공했다. 사이드의 표현을 빌린다면 이정식은 "태어난 고향에 대한 사랑과, 태어난 고향에 대한 강력한 끈"[120]을 탐구했다. 『한국 민족주의운동의 정치학』, 『한국 공산주의운동사』, 『대한민국의 기원』 등 일련의 작업은 이와 같은 '기원'을 추적하는 작업이었다. 그는 한국과 미국이라는 두 세계 사이를 능숙하게 연결했지만, '고향'의 장소와 시대를 바라보는 비판적인 질문은 약했다.

이정식의 '분파'라는 렌즈는 냉전이라는 시대의 렌즈였다. '분파 렌즈'를 통과한 한국 공산주의운동은 엘리트 공산주의자들의 막후 역사였다. 그래서 『한국 공산주의운동사』는 운동가 개인의 행적을 좇는 데 많은 지면을 쓴다. 이정식처럼 사람들 사이의 관계나 개인의 막후 행적을 추적하다 보면, 운동가들 사이의 '분파' 문제는 더욱 두드러지기 마련이다. 게다가 '파벌성'이 한국인의 습속처럼 굳어진 것이라고 설명하는 곳에서는 일본 제국 통치자의 시선마저 겹쳐진다.

이정식은 식민지 조선에 미친 소련의 해악을 지적하는 데 힘을 쏟는다. 『한국 공산주의운동사』에서 자주 등장하는 단어 가운데 하나가 소련의 지령이라는 사실이 그것을 증명한다. 해방 뒤의 한반도에 미친 '대외적 압력'도 미국보다 소련을 훨씬 더 가혹하게 다룬다. 아예 미국은 처음부터 비판의 대상으로 삼을 뜻이 없었던 것으로 읽히기도 한다. "공산당의 좌경화는 미군정 측의 강경대응을 가져왔다"[121]는 평가가 그 보기이다. "불안정한 정치 상황, 이는 대부분 공산당에 의해 조장된 것이다."[122] 이러한 주장은 마치 미군정과 우익은 아무런 잘못도 없는

120) 에드워드 사이드, 『문화와 제국주의』, 628쪽.
121) 로버트 스칼라피노 · 이정식, 『한국 공산주의운동사』, 473쪽.
122) 로버트 스칼라피노 · 이정식, 위의 책, 475쪽.

것처럼 읽힌다. 이정식은 기껏해야 미군정에 대해 '실수와 오판' 정도로만 스쳐 가며 비판했다.

미국인으로서 미국인에게 그나마 익숙한 중국이나 일본이 아닌, 한국을 전공한 커밍스는 이정식과는 또 다른 길을 걸었다. 이정식이 그의 삶 내내 지리적 이동을 경험하면서, 한국적인 것을 추적해왔다면 미국인으로서 커밍스는 한국을 연구 방법 또는 지렛대로 삼아 커밍스 자신의 장소와 시대를 해석하고자 했다. 특히 한국의 역사를 다루면서도 일본 제국주의의 지배와의 '상호연관성' 속에서 한국 민족주의운동의 태동에 다가가는 방식은 커밍스 분석의 묘미다. 커밍스에게 일본 제국과 식민지 조선의 관계는 냉전기 미국과 한국의 관계를 바라보는 비판적인 틀로서도 작동했다.[123] 커밍스는 식민지 시기를 '압력솥'으로 비유하면서 식민지 모순과 해방 공간의 격동을 연결했다. 이 비유는 '시간의 과정' 속에서 모순의 기원과 폭발의 지점을 포착해내려는 연구방법론을 보여준다.

123) 커밍스는 자신의 미국－동아시아 관계 연구를, 천문학의 용어를 빌려 '시차'적 관점으로 명명한다. 동일한 대상이라고 하더라도 주체가 어떤 위치에서 보느냐에 따라 그 대상에 대한 이해가 달라진다는 뜻이다. Bruce Cumings, *Parallax Visions: Making Sense of American-East Asian Relations at the End of the Century*, Durham, Duke University Press, 1999. 커밍스는 자신의 연구 주제를 한국학에 국한하지 않았고, 훗날 미국 패권의 역사를 '대서양주의'와 '태평양주의'의 관점에서 정리하기도 했다. 브루스 커밍스 저, 김동노 외 역, 『미국 패권의 역사』, 서해문집, 2011.

조선사회단체중앙협의회 상설 · 비상설 논쟁

임 경 석

1. 머리말

이 글의 목적은 1927년 식민지 조선 사회를 떠들썩하게 만들었던 조선사회단체중앙협의회(이하 중앙협의회) 상설 · 비상설 논쟁의 주체와 성격을 재검토하는 데에 있다. 중앙협의회 상설 · 비상설 논쟁이란 그 해 5월 16일 경성에서 열린, '조선사회단체중앙협의회 창립대회'라는 긴 이름을 가진 옥내 대중 집회에서 벌어진 논쟁을 가리킨다. 식민지 시대 사회운동의 미래를 좌우하는 논쟁이었다. 논쟁의 향배에 따라서 사회운동의 진로가 결정될 터였다.

사회운동이란 일제 식민지 시대에 합법 영역에서 공개적으로 존재하던 사회단체들의 집단행동을 뜻한다. 그 단체 구성원들은 조선총독부가 허용한 협소한 범위 내에서나마 조직 · 선전 활동과 대중 캠페인을 수행했다. 3 · 1운동 직후에 조선인의 혁명적 열기를 체제 내부로 끌어들이려는 일본의 정책적 의도 때문에 허용된 이 사회단체들은 경찰의 승인과 입회하에서만 집회를 개최할 수 있었다. 이런 제한성에도 불구하고 사회단체는 대중과의 접점을 제공했기 때문에, 반일 혁명운동을 꾀하는 비밀결사 구성원들은 그를 중시했다. 합법 · 비합법 운동의 배합 거점으로 삼았다. 특히 공산주의 그룹이 그를 선호했다. 사회단체들의 대규모 집회는 으레 비밀 공산그룹들이 자신의 정치적, 조직적 방침을 구현하는 활동 공간의 역할을 하곤 했다.

중앙협의회 상설 · 비상설 논쟁은 사회단체의 존재 양태와 사회운동의 방향에 일대 전환을 가져왔다. 이 논쟁을 계기로 하여 '사상단체'라고 불리던 합법적인 이데올로기 연구 단체가 더 이상 존재하지 않게 됐다. 그 대신에 합법적인 민족통일전선 단체가 각 지방별로 활발히 등장했다. 합법 국면에서 사회주의 연구를 표방하는 단체들이 자취를 감추고 그 자리에 '민족유일당' 단체가 들어서는 현상이 나타났다. 신간회 지회 설립이 바로 이 논쟁을 거친 뒤에야 전국에 걸쳐서 본격적으로 이뤄질 수 있었던 것이다.

적지 않은 연구자들이 이 논쟁에 관한 연구 성과를 남겼다. 그 덕분에 중앙협의회 창립대회가 개최되기까지의 사실관계는 충분히 밝혀져 있다. 중앙협의회 창립대회를 열자는 최초 발의가 1년 3개월 전에 이미 이뤄졌는데, 도중에 6 · 10만세운동과 공산당 검거사건 탓에 실행이 연기됐고, 1927년에 접어든 이후 다시 개최 준비가 이뤄졌다는 점이 해명됐다. 또 대회 석상에서 이뤄진 논쟁이 왜 어떤 사람들에 의해서 이뤄졌는지도 연구자들의 관심의 대상이 됐다.

기존 연구 성과에 따르면, 논쟁 당사자가 실질적으로 누구를 대표했는지를 둘러싸고 두 가지 견해가 제기되어 있다. 하나는 상설론과 비상설론이 각각 '서울파 공산그룹'과 '엠엘파 조선공산당'에 의해서 제기됐다고 보는 견해다.[1] 사회주의 운동을 양분하던 두 개의 비밀결사가 이 논쟁을 주도했다고 해석했다. 이 견해는 합법 공개영역의 사회운동 논쟁이 실제로는 비밀 공산그룹 상호간의 다툼을 반영하는 것임을 밝힌 점에서 주목할 만한 의의가 있다.

다른 하나는 논쟁 당사자를 '서울파 공산그룹의 구파'와 '엠엘파 조선공산당'로 지목하는 견해다.[2] 상설론을 견지한 사람들이 서울파 공산그룹 전체가 아니라는 의견이었다. 그즈음 서울파 공산그룹이 두 갈래로 분화됐는데 그중에서도 '구파'라고 불리던 그룹이 상설론을 역설했다는 것이다. 이 견해는 사회주의 비밀결사들의 조직 정황이 매우 유동적이었음을 발견한 점에서 진일보한 것이라고 생각된다. 서울파 공산그룹의 조직 변동을 추적한 몇몇 연구자들은 더 나아갔다. 상설론자들은 '서울파 공산그룹의 구파'가 아니라 그 잔류파나 고수파에 해당한다고 해석했다.[3] 서울파 공산그룹의 일부였다는 판단에는 일치하지만 디테일에서는 차이가 있음을 확인할 수 있다.

필자는 논쟁 당사자들이 누구였는지 다시 검토할 여지가 있다고 생각한다. 논쟁이 벌어진 1927년 5월 당시 사회주의 비밀결사의 존재 양태가 기존 연구자들이 판단하는 바와 다르다는 것을 발견했기 때문이

---

1) 이현주, 「신간회에 참여한 사회주의자들의 운동론: 엠엘당계를 중심으로」, 『한국민족운동사연구』 4, 1989, 79쪽; 김기승, 「1920년대 안광천의 방향전환론과 민족해방운동론」, 『역사와현실』 6, 한국역사연구회, 1991, 124쪽; 한상구, 「1926~28년 사회주의 세력의 운동론과 신간회」, 『한국사론』 32, 1994, 231쪽.

2) 이균영, 「신간회의 결성에 따른 '양당론'과 '청산론' 검토」, 『한국학논집』 7, 한양대학교 한국학연구소, 1985, 93~94쪽; 전명혁, 「조선사회단체중앙협의회 성격 연구」, 『한국민족운동사연구』 23, 한국민족운동사학회, 1999, 433쪽.

3) 김승, 「신간회 위상을 둘러싼 '양당론', '청산론' 논쟁 연구」, 『부대사학』 17, 부산대학교 사학회, 1993, 546쪽; 김형국, 「신간회 창립 전후 사회주의자들의 민족협동전선론」, 『한국근현대사연구』 7, 1997, 230쪽.

다. 필자는 코민테른 자료를 활용하여 이 문제를 재조명하고자 한다. 비합법 비공개 영역의 공산 단체들이 조선사회단체중앙협의회 창립대회 논쟁에 어떻게 연관됐는지를 밝힐 것이다. 논쟁의 주체를 밝힐 수 있다면, 그에 관련된 또 하나의 의문도 재조명할 수 있을 것이다. 논쟁 당사자들이 무엇을 의도했으며 논쟁의 성격이 어떠했는지를 드러낼 수 있으리라고 생각한다.

2. 조선사회단체중앙협의회 창립대회

1927년 5월 16일 이른 아침부터 종로 큰 거리에 위치한 기독교청년회관 건물 앞으로 사람들이 모여들었다. 조선사회단체중앙협의회 창립대회에 참가할 각 단체의 대표자들과 방청권을 얻어서 회의 진행을 지켜보려는 사람들이었다. 만원이었다. 개회 예정시간인 오전 10시 현재, 방청석은 바늘 하나 꼽을 구석도 없었고 대의원 석에는 각지에서 모여든 각 단체 대표자들이 가득 찼다. 신문 보도에 따르면 대강당 위아래 층에 1천명 가까운 사람들이 들어찼다고 한다.[4)]

이처럼 많은 사람들이 관심을 기울인 데에는 이유가 있었다. 이 대회는 3 · 1운동 이후 허용된 합법적 대중 집회로는 가장 규모가 컸기 때문이다. 가맹단체 숫자가 전국에 걸쳐서 923개 단체였고, 그 소속 회원 숫자는 32만 9천여 명이었다.[5)] 유례가 없는 숫자였다. 비교해 보자. 1924년 4월 조선청년총동맹 창립대회 참가단체는 223개였고, 소속 회

4) 「회중 무려 천명, 중앙협의창립대회」, 『조선일보』 1927.5.17.

5) 「참가단 9백, 인원 30여만」, 『조선일보』 1927.5.17.

원 수는 3만 7,150명이었다.[6] 이듬해 4월 조선 천지를 떠들썩하게 만들었던 전조선민중운동자대회에는 352개 단체가 참가했다.[7] 민족단일당으로 간주되던 신간회의 회원 숫자는 가장 많았을 때에도 4만 명을 넘지 않았다. 1931년 해산 당시 39,914명이었다.[8] 요컨대 중앙협의회 창립대회는 일제 식민지 시대 전체를 통 털어 최대 규모의 대중 집회였다. 단체 숫자를 기준으로 하면 예년의 대규모 집회보다 2~3배 더 컸고, 회원 숫자를 기준으로 하면 8배나 더 컸다.

대의원석에는 사방팔방에서 모여든 대표 282명이 앉아 있었다. 이들은 국내외 292개 단체의 위임장을 지닌 이들이었다.[9] 단체 소재지는 국내 13개도를 망라했다. 이 중에서 가장 많은 대의원을 보낸 지방은 경기도, 전라남도, 함경남도, 경상북도 순이었다. 각각 66명, 42명, 41명, 37명이었다. 이들의 합은 조선 내부의 다른 9개도와 해외 지역을 합한 숫자보다도 더 많았다. 66%에 달했다. 이 네 곳이 1920년대 후반에 사회운동의 조직화가 가장 진전된 곳이었음을 보여준다. 중부지방에서는 서울을 중심으로 하는 경기도가, 남부지방에서는 경북과 전남이, 북부지방에서는 함남이 사회운동의 주요 거점이었음을 알 수 있다.

대회장에는 사회운동의 쟁쟁한 투사들이 자리 잡고 있었다. 참석자들의 면면을 훑어보는 것만으로도 놀라움을 느낄 정도였다. 암태도 소

---

6) Открытие съезда общей федерации молодежи(청년총동맹대회 개회), 1924.7.30, с.1, РГАСПИ ф.495 оп.135 д.98 л.97~107.

7) 「劈頭의 집회, 전조선민중운동자대회」, 『동아일보』 1925.4.19.

8) 이균영, 『신간회 연구』, 역사비평사, 1993, 260쪽.

9) 경기도, 「警高秘제2502호의1, 조선사회단체중앙협의회 창립대회 개최상황 및 집회금지에 관한 건」, 1927.5.30., 7~8쪽, 『사상문제에 관한 조사서류(3)』, 국사편찬위원회 한국사데이터베이스 http://db.history.go.kr(이하 「경기도, 1927.5.30.」으로 줄임).

작쟁의의 지도자 서태석(徐邰晳), 조선노농총동맹 중앙집행위원장 이낙영(李樂永), 서울청년회 소속의 사회주의자 박형병(朴衡秉)과 이병의(李丙儀), 충북 영동의 사회주의 지도자 장준(張埈)과 김태수(金台洙), 해주에서 온 원로 정운영(鄭雲永, 61세), 예천 지역의 사회주의자 권원하(權元河), 개성 사회주의 운동권의 리더 하규항(河奎杭), 김천 지역의 신진 사회주의자 홍보용(洪甫容)과 황태성(黃泰成) 등이 보였다. 비합법 영역의 각 공산그룹의 지도자들도 앉아 있었다. 이남두(李南斗)는 비밀결사 스팔타쿠스단을 대표하여 코민테른 외교차 모스크바까지 다녀온 사람이었다. 고려공산동맹의 지도자이던 이영(李英)도 조용히 앉아 있었다. 조선공산당 중앙위원인 김영식(金泳植), 고려공산청년회 중앙위원 김재명(金在明)도 눈에 띄었다. 비밀리에 조선공산당 경북도당을 이끄는 장적우(張赤友)도 있었다.

대회장을 취재하던 신문 기자는 회의장 분위기를 지면에 옮겼다. 장내를 둘러보았더니 가장 먼저 "조선 각 지역의 투쟁 분자가 큰 집에 모인 것"을 감지할 수 있었다고 한다. 그 때문에 "활기와 함께 긴장미가 듬뿍 담겨 있다"고 분위기를 전했다.[10)]

경찰 기록에 의하면, 대회장에는 '요주의' 인물과 '요시찰' 인물이 즐비했다. '요주의'란 마음을 놓을 수 없을 정도로 과격한 사람으로서 반일 단체의 간부급 인물에게 부여하는 감시 등급이었다. 그에 해당하는 사람은 16명이었다. '요시찰'이란 과격한 정도가 조금 덜하지만 항상 감시할 필요가 있는 인물에게 부여하는 등급으로서, 그 속에는 특종, 갑종, 을종, 병종 네 등급이 있었다. 대회장에는 특종이 27명, 갑종 33명, 을종 3명이 포함되어 있었다. 도합 79명이었다. 참석자 가운데 28%에

---

10) 「시평,觀중앙협의회」, 『조선일보』 1927.5.17.

해당하는 사람들이 미행, 도청, 관찰 등과 같은 경찰의 상시적인 감시를 받고 있었다.[11]

대회장 안에는 팽팽한 긴장감이 흘렀다. 그 원인 가운데 하나는 경찰이었다. 대회장내 곳곳에 정복 및 사복 경찰이 배치되어 있었다. 이 대회는 합법적인 공개 집회였으므로 경찰의 사전 허가와 현장 입회하에서 진행되어야만 했다. 종로경찰서 고등계 형사들과 본정경찰서 형사대가 버젓이 입장하여, 회의 진행 상황을 감시했다. 회의장 바깥에도 경관대가 사방에 깔려 있었다.[12]

긴장감을 가져오는 또 하나의 원인이 있었다. 바로 뜨거운 논쟁점인 '상설 · 비상설' 문제에 대한 관심 때문이었다. 이 문제는 중앙협의회의 위상에 관련된 것이었다. 중앙협의회의 위상을 상설로 하느냐, 아니면 임시적인 것으로 두느냐 하는 문제였다. 참가자들은 상기된 얼굴로 귀추를 지켜보았다. 왜냐하면 이 문제는 개막 전부터 이미 뜨거운 논란의 대상으로 떠올라 있었기 때문이다.

대회 개막을 앞두고 영향력 있는 사회단체들이 중앙협의회 비상설을 주장하고 나섰다. 조선 국내의 최대 민중운동 단체인 조선노농총동맹이 중앙협의회 배격 결정을 내렸다. 개막 하루 전인 5월 15일 저녁의 일이었다.[13] 도쿄에 소재하는 재일본조선노동총동맹은 일찌감치 반대

---

11) 경성 종로경찰서장, 「京鍾警高秘제5504호, 조선사회단체중앙협의회 창립대회에 관한 건」, 1927.5.17. 27~39쪽, 『思想問題에 關한 調査書類(2)』, 국사편찬위원회 한국사데이터베이스, http://db.history.go.kr/(이하 「종로경찰서장, 1927.5.17.」으로 줄임); 장신, 「일제하의 요시찰과 '왜정시대인물사료'」, 『역사문제연구』 11, 역사문제연구소, 2003, 148쪽.

12) 「엄중한 경계」, 『조선일보』 1927.5.17.

13) 경성 종로경찰서장, 「京鍾警高秘 제5385호, 조선노농총동맹 집행위원 간담회 개최에 관한 건」, 1927.5.16., 『思想問題에 關한 調査書類(2)』, 국사편찬위원회 한국사데이터베이스, http://db.history.go.kr/(이하 「종로경찰서, 1927.5.16.」로 줄임).

성명서를 발표했다. 무산계급운동과 약소민족운동의 차별성을 과중 평가하여 분열적이고 대립적인 행동 양상을 보이고 있기 때문에, 중앙협의회 설립을 반대한다는 내용이었다.[14] 서울 소재 사상단체 적성회(赤星會)와 청년단체 신흥청년동맹도 같은 내용의 결의를 채택했다.[15] 여론도 이 움직임에 우호적이었다. 조선일보는 중앙협의회에 관한 '시평' 기사를 통하여 자신의 입장을 드러냈다. 무산정당과 민족단체를 병행하는 것은 조선의 총역량을 결집하는 데에 적합하지 않다고 자기 의사를 분명히 표명했다.[16] 상설론을 비판하는 논조가 뚜렷했다.

그와 반대로 중앙협의회 상설의 필요성을 역설하는 사람들도 있었다. 중앙협의회 준비위원회 임원들이 그러했다. 특히 대회 개막에 임박하여 모든 준비 활동을 위임받은 3인 위원 한신교(韓愼敎), 임봉순(任鳳淳), 이상학(李相學)은 눈에 띄는 역할을 했다. 예컨대 임봉순은 대회 개막 하루 전인 5월 15일 낮에 노농총동맹 집행위원회를 방문하여 중앙협의회 상설에 협력해 줄 것을 요청했다.[17] 개막일 직전까지 상설론을 전파하기 위해서 쉼 없이 노력하고 있음이 눈에 띈다.

하지만 상설론에 호응하는 단체는 미미했다. 신문 보도와 경찰의 정보 문서에 쓰인 바에 따르면, 총회 출석자 숫자가 10명 미만인 '혁우청년동맹'이라는 자그만 청년단체 정도가 고작이었다. 이 단체는 중앙협의회 개막 이틀 전인 5월 14일 정기총회를 열어서, 중앙협의회가 조선의 모든 운동을 망라하는 최고기관임을 인정하고 그를 지지할 것을 결

---

14) 「신간회지지 단일당 촉진, 재일노총반대성명」, 『조선일보』 1927.5.17.

15) 「赤星會 태도, 신간회 가입」, 『조선일보』 1927.5.18; 경성 종로경찰서장, 「京鍾警高秘제5386호, 신흥청년동맹 정기대회의 건」, 1927.5.16., 『思想問題에 關한 調査書類(2)』, 국사편찬위원회 한국사데이터베이스, http://db.history.go.kr/.

16) 「시평, 觀중앙협의회」, 『조선일보』 1927.5.17.

17) 종로경찰서장, 1927.5.16., 2쪽.

의했다.[18)]

어느 쪽인지 의사 표명을 하지 않는 단체들도 있었다. 유력 단체들 중에서도 그랬다. 조선청년총동맹이나 서울청년회, 전진회 같은 단체들은 이 사안에 대해서 어떤 태도를 취하는지를 공표하지 않았다. 언론매체나 성명서 등을 통하여 겉으로 의견을 드러내지 않았다. 그 때문에 논쟁의 귀추가 어떻게 될지 단정하기 어려웠다. 과연 저울추가 어디로 기울게 될지 누구나 다 궁금해 했다.

3. 상설론과 비상설론

대회는 준비위원회가 마련한 회의 일정에 따라 순조롭게 진행됐다. 대의원 자격심사와 대회 집행부 선거에 뒤이어 축전 · 축문 낭독이 있었다. 준비위원회 경과보고도 청취하고, 예정된 의안 토의에 본격적으로 들어갈 차례였다. 이때 긴급 제안이 나왔다. 준비위원회가 작성한 회의 일정은 1년 3개월 전에 중앙협의회 발기 당시의 문제의식에 입각한 진부한 것이므로 그를 폐기하자는 제안이었다. 마침내 비상설 문제가 제기됐다.

이 논쟁을 제기한 대의원은 도쿄에서 막 건너온 일본 유학생 최익한(崔益翰)이었다. 재일본조선노동총동맹에서 파견한 3인 대의원 가운데 한 사람이던 그는 면우(俛宇) 곽종석(郭鍾錫)의 문인으로서 한학 소양이 두터웠고, 유학생계의 마르크스주의 이론가로 이름 높은 사람이었

18) 경성 종로경찰서장, 「京鍾警高秘 제5380호, 혁우청년동맹 정기총회에 관한 건」, 1927.5.16., 2~3쪽, 『사상문제에 관한 조사서류(2)』, 국사편찬위원회 한국사데이터베이스.

다. 그는 맨 먼저 나서서 중앙협의회를 상설하는 것이 부당하다고 역설했다. 비상설론의 실체가 다수 대중 앞에서 최초로 모습을 드러낸 셈이었다. 그의 발언은 여러 대의원들의 호응을 이끌어내는 촉매가 됐다. 도쿄 발행 조선어 신문 대중신문사 기자인 박낙종(朴洛鍾)이 나섰고, 한양청년연맹 대표 조몽열(趙夢悅)도 발언권을 얻었다. 이들은 상설 기관은 불필요하다는 취지로 발언했다. 간도노동청년회 대의원 김오산(金午山)도 등단했다. 그의 발언 수위는 합법적으로 허용된 범위를 넘나들었던 것 같다. 대회장에 임석했던 종로경찰서 고등계 형사는 발언 중지를 명령했고, 더 나아가 그를 경찰서로 연행해 갔다.[19] 그래도 꺾이지 않았다. 중앙협의회 발족에 반대한다는 의견은 그 뒤로도 많은 대의원들의 지지를 받았다.

요컨대 중앙협의회 대회는 단 1회만 임시로 소집되는데 그쳐야 한다는 견해였다. 준비위원회가 작성한, 중앙협의회 상설을 전제로 하는 의사일정을 폐기하고 새 의안을 작성하자는 말이었다. 당시 신문 보도에 따르면, 이러한 입장은 '임시기관론' 혹은 '임시회합론'이라고도 불렸다. 중앙협의회를 상설적인 것이 아니라 단 1회 개최하는 데에 머물러야 한다는 의미에서 그렇게 지칭됐음을 알 수 있다. 이 주장은 중앙협의회를 사실상 해체한다는 주장이나 다름없었다.

상설론을 지지하는 논자들도 발언에 나섰다. 1년여 기간 동안 중앙협의회 개최 준비 업무에 종사해 온 사람들이 앞장섰다. 준비위원 이항발(李恒發)과 한신교(韓愼敎)가 각각 발언했다. 그에 더하여 여성 사회주의자 박원희(朴元熙)가 등단하여 이채를 발했다. 열렬한 어조로 자신의 주장을 설파했다.

---

19) 「1명 검속」, 『조선일보』 1927.5.18.

먼저 상설론의 논지부터 살펴보자. 그 골자는 둘이었다. 첫째 노동자 정당 설립론이었다. 노동자의 이익을 옹호하는 기관이 정세 변동에 상관없이 항상 필요하다는 견해였다. 자본주의와 자본가에 맞서기 위해 노동자 운동을 통일하고 지도할 수 있는 기관이 있어야 하는데, 중앙협의회가 그러한 역할을 할 수 있다고 보았다.[20] 그들이 보기에는 중앙협의회는 노동자 전국단체였다. 이항발은 그것을 가리켜 "최고 무산계급적 단일당"이라고 표현했다. 이 표현 속에는 3중의 의미가 내재해 있었다. 그중 하나는 중앙협의회가 노동자 정당의 성격을 갖는다는 의미였다. 다음으로 그 위상이 최고 형태의 조직이라는 의미였다. 노동조합이나 협동조합과 같은 노동자의 이익을 옹호하는 여러 유형의 단체들을 지휘하는 최고 레벨의 조직이라는 말이었다. 다음으로 노동자 '단일당'이라는 의미가 내재해 있었다. 노동자 정당은 여러 개가 나와서는 안 되고, 단 하나가 필요하다는 신념이었다. 이항발은 조선의 특성을 환기했다. "아직 조선에서는 자본주의 발달이 두드러지지 않고 무산계급은 대중이 없다"는 점을 지적했다. 따라서 조선에서는 '무산계급적 단결'이 항상 필요하다고 주장했다.[21] 요컨대 노동자 정당은 언제나 유지해야 하는 전략적 성격에 속하는 단체였다.

둘째, 민족단일당의 필요성도 부인하지 않는다는 점이었다. 한신교가 이 점을 분명히 했다. "무산정당을 수립하더라도 민족적 단일당에는 하등 지장이 없다"고 주장했다. 양자 관계에 대해서는 "하등 서로 대치하지 않는다. 무산정당도 즉 민족적 단일당과 협동전선에 서게 된다."고 분명히 말했다.[22] 다만 모든 역량이 그에 투여돼서는 안된다고 보

---

20) 경기도, 1927.5.30., 4쪽; 警務局保安課, 『治安狀況』, 1927.12; 朝鮮總督府警務局, 『朝鮮の治安狀況(昭和2年版)』, 神戶, 不二出版, 1984 (復刻板), 107~108쪽.

21) 경성종로경찰서장, 1927.5.17., 13쪽.

았다. 필요하다면 견제도 하고, 비판도 해야 한다고 주장했다. 노동자 정당의 독자성을 보장받는 조건 하에서만 민족단일당에 참여할 수 있다는 견해였다. 요컨대 두 개의 정당이 필요하다는 주장이었다. 하나는 '노동자 정당'이고 다른 하나는 '민족단일당'이었다. 따라서 중앙협의회 상설론은 다른 말로 양당론이라고 지칭됐다.

비상설론자들은 어떤 논리를 갖고 있었는가? 어렵사리 대규모 전국대회를 개최한 자리에서 그것을 해체하자고 주장한 이유가 무엇일까. 대회 발언자 가운데 최익한이 가장 상세한 논거를 제시했다. 그에 따르면 중앙협의회 상설론은 정세에 부합하지 않는 시대착오의 낡은 주장이었다. 그는 최초 제의로부터 2년이나 지났고, 준비위원회가 강령과 선언을 발표한지도 이미 1년이나 지났음을 상기했다. 그 사이에 정세 변동이 이뤄져 최초 제기 때와는 전혀 다른 상황이 눈앞에 전개되고 있음을 직시하자고 말했다. 설령 최초 발기 당시의 문제제기가 합당했다 하더라도 이미 '세계정세'와 '조선의 형편'이 달라졌다는 것이다. 정우회도 해체됐고, 신간회가 창립됐음을 고려해야 한다. 그는 "지금 와서 작년에 제정하였던 썩은 휴지를 가지고 상설기관으로서 중앙협의회를 둔다 함은 절대로 불가하다"고 기염을 토했다.[23] 최익한에 따르면 현 시기는 전환기이며, 민족단일당을 필요로 하는 시기였다. 민족단일당을 강화하는 것이 합당한데도 불구하고, 중앙협의회를 상설하자는 주장은 분열을 초래하는 부적절한 논의였다. 중앙협의회 상설론은 신간회 강화 요구에 부응하지 않는다. 전환기에 조응하는 과제를 실행하는 것이 필요하다고 주장했다.

---

22) 위의 글, 19쪽.

23) 「급진적 향상에 휴지는 무용, 재일무산 최씨의 반박」, 『조선일보』 1927.5.17.

최익한의 논거 가운데 하나는 상설론이 마르크스주의 이론과 정책에 부합하지 않는다는 점이었다. 중앙협의회는 노동자 정당으로서 합당하지 않다는 말이었다. "중앙협의회는 조선 각 부문운동을 막연하게 연결"하고 있을 뿐이므로, 조선 민중을 지도하는 노동자 정당이 될 수 없다는 주장이었다. 그는 대안을 얘기했다. "구성분자가 기십명이라도 조선 민중의 정위(精衛)분자가 되어 2천만 민중을 지도할 만한 역량이 있다 하면 그것이 즉 당이 되는 것"이라고 주장했다.[24] 에둘러서 표현했지만 중앙협의회와 같은 수십만 회원을 가진 느슨한 단체가 아니라 몇십명에 지나지 않을지라도 전위분자의 당이 필요하다고 주장하고 있다. 비합법 영역에 비공개적으로 존재하는 전위정당을 암시하는 발언이었다. 바로 비밀결사 조선공산당을 염두에 둔 것이었다. 다수 대의원들 앞에서 노동자 전위정당을 암시적이나마 거론하고 있음에 눈길이 간다. 그뿐만이 아니다. 공공연하게 마르크스주의 이론을 운운하는 점도 주목된다. 옳고 그름의 기준으로서 마르크스주의 이론의 정합성 여부를 따지고 있다. 마르크스주의는 중앙협의회 창립대회 대의원들에게는 일종의 상식이었다.

셋째, 조선의 식민지적 특성에 주목해야 한다고 주장했다. 조선과 일본의 사회운동은 서로 다른 정당을 필요로 하다는 말이었다. 일본에서는 1925년에 25세 이상의 성인남자에게 선거권을 부여하는 보통선거법이 제정된 이후, 의회 진출을 목적으로 하는 합법 노동자당 설립이 필요하지만 조선은 달랐다. "조선 사회운동자는 그 처지가 일본의 사회운동자와도 다르므로, 우선 민족적 정치운동을 전개하여야 할 터"이라고 주장했다.[25] 민족적 정치운동을 전개하는 민족단일당이 있어야지, 노

24) 「백열화한 理論戰後 임시기관으로 결정: 중앙협의대회 경과」, 『조선일보』 1927.5.18.

동자당을 별도로 만들어서는 안 된다는 말이었다.

이때 정치운동이라는 말은 오해를 불러일으킬 수 있는 표현이었다. 즉각 반문이 들어왔다. 상설론자 한신교가 대의원 석에서 발언했다. 의회정치를 말하는가, 그렇지 않으면 다른 의미의 정치운동인가를 물었다. 식민지 조선에서는 의회정치를 운운할 여지가 없었기 때문에 이 질문의 초점은 '다른 의미의 정치운동'에 있었다. 자치운동을 염두에 두고 있지 않느냐 하는 의심이었다. 이에 대해 최익한은 2천만 민중이 견고히 단결하는 것이 곧 조선의 정치운동이라고 간단히 답했다. 불충분한 답변이었지만 회의장에서는 더 이상 이 문제가 거론되지는 않았다. 요컨대 최익한의 발언은 자치운동을 전개하자는 뜻으로 오해를 초래할 수도 있는 민감성을 지닌 것이었다.

논쟁은 뜨거웠다. 신문보도에 따르면 대의원들은 두 패로 갈려서 한때 살기등등한 분위기를 만들었다. 경찰의 정보 보고서에도 그 분위기는 반영되어 있다. 논쟁이 점점 심해져서 장내가 혼란하게 됐고, "대성노호(大聲怒號)로 한때 완전히 수습하기 불능한 상태에 빠졌다"고 한다. 의장, 사찰 등 대회 집행부의 노력으로 겨우 진정될 수 있었을 뿐이었다. 하지만 양자의 논의에는 우열이 있었다는 게 경찰의 관측이었다. 특히 도쿄 각 단체 대의원들의 사회운동에 대한 지식 정도가 반대 측에 비하여 완전히 달랐다. 그 때문에 대세는 이미 정해졌다고 보고 있었다.[26]

저녁 9시 15분에 다시 개의된 회의는 밤이 깊도록 계속됐다. 의장 조용관(趙容寬)은 결국 '상설기관 설치의 가부' 문제를 표결에 부쳤다. 중

---

25) 위와 같음.

26) 경기도, 1927.5.30., 12쪽.

앙협의회를 상설하는 데에 찬성하는 대의원과 반대하는 대의원은 각각의 경우에 기립해 달라고 요구했다. 그 결과 상설론에 찬성한 대의원은 비율을 운운하기조차 어려울 정도로 극소수였음이 드러났다. 대회장 풍경을 전하는 두 종류의 경찰 문서가 있는데, 그중 하나는 '대다수'로, 다른 하나는 '만장일치와 같은 다수결'로 상설기관 설치안이 부결됐다고 적었다. 표결이 끝났을 때 시계는 밤 12시 30분을 가리키고 있었다.27)

4. 언론 매체를 통한 논쟁

중앙협의회 상설 · 비상설 논쟁은 장외에서도 벌어졌다. 창립대회 회의장에서 뿐만이 아니라 언론 매체를 통해서도 전개됐다. 기고문을 통해서 이뤄진 이 논쟁은 회의장에서 오고간 격한 토론에 비해 좀 더 체계적이고 논리적이었다.

현재 확인할 수 있는 자료 범위 안에서 보자면, 상설론 입장에서 글을 쓴 이들은 솔뫼와 박원희 둘이었다.28) '솔뫼'는 잡지 『조선지광』에 두 차례에 걸쳐서 상설론을 옹호하는 글을 실었다. 솔뫼는 김명식(金明植)의 필명으로 간주되는데, 이 즈음 그는 사회주의 비밀결사 운동의 일선에서 벗어나 있었다. 일찍이 고려공산당의 일원으로서 혁명운동의 일익을 담당하던 그는 1922년에 일제하 최초의 사회주의 탄압사건

---

27) 경성종로경찰서장, 1927.5.17., 21쪽.

28) 朴元熙, 「제국주의 시대의 민족운동과 사회운동(1~5)」, 『조선일보』 1927.5.20.~25; 솔뫼, 「중앙협의회를 파괴할 이유가 어데 있는가」, 『조선지광』 1927.6; 솔뫼, 「중앙협의회 상설론의 再吟味」, 『조선지광』 1927.7.

으로 지목되는 『신생활』지 필화사건으로 옥고를 치렀다. 1923년 7월에 건강악화로 인해 형 집행정지 처분을 받은 그는 옥문을 나선 뒤에도 줄곧 병원치료를 받아야 했다. 갈비뼈 골절, 팔목과 발목 신경 파열, 고막 손상 등을 치유해야 했다. 그가 다시 사회운동에 등장한 것은 1927년 3월이었다. 그때 신간회 제주지회 결성에 참여하고 지회장에 취임했다.[29] 합법 공개 영역의 언론 활동과 사회운동에 복귀했던 것이다. 그러나 사회주의 비밀결사의 조직 정형과 인적 구성원은 5년 전의 그것과 크게 달라져 있었다. 그는 비밀 운동에는 참여하지 못했던 것 같다. 비밀결사 영역에 복귀했다는 징후는 찾기 어렵다. 요컨대 중앙협의회 창립대회 전후에 발표한, 상설론을 지지하는 그의 두 기고문은 어떤 공산그룹이나 비밀결사의 견해를 대표하는 것이 아니었다. 첫 번째 기고문 끄트머리에 기재된 탈고 날짜도 주목할 만하다. '1927년 6월 2일'이라고 적혀 있다. 중앙협의회 대회가 종료된 지 10여일이 지난 뒤였다. 말하자면 그의 기고문들은 사안이 모두 종료된 뒤에 집필된 것으로서, 대의원들의 표결 향방에 영향을 미칠 수 있는 것은 아니었다. 그동안 몇몇 연구자들은 김명식의 기고문을 높이 평가하여, 상설론을 대표하는 텍스트로 간주하곤 했다.[30] 하지만 그것은 그저 김명식의 개인 견해에 지나지 않았다. 비밀결사 일선으로부터도 그렇고, 상설 · 비상설 논쟁의 현장으로부터도 한 걸음 떨어진 상황에서 쓰여진 것이었다. 솔뫼의 기고문을 상설론의 논리를 대표하는 자료로 간주하는 것은 부적절하다고 판단된다.

29) 허호준, 「혁명가 김명식의 생애와 사상」, 『4.3과 역사』 5, 2005, 396~397쪽.

30) 이균영, 「신간회의 결성에 따른 '양당론'과 '청산론' 검토」, 『한국학논집』 7, 한양대학교 한국학연구소, 1985, 96~97쪽; 전명혁, 「조선사회단체중앙협의회 성격 연구」, 『한국민족운동사연구』 23, 한국민족운동사학회, 1999, 427~431쪽.

그에 반하여 박원희는 경성청년연합회 대의원으로서 중앙협의회 창립대회에 직접 참여했고, 대회 석상에서 상설론을 옹호하는 논객으로서 적극 발언했던 사람이다. 따라서 그녀가 『조선일보』에 기고한 「제국주의 시대의 민족운동과 사회운동」(전5회)이라는 글은 상설론의 논리를 대표하는 자료로 간주해도 좋다고 생각한다.

박원희가 강조하는 논점은 둘이었다. 그중 하나는 선진국과 식민지를 막론하고 '무산계급의 독립한 진영'이 있어야 한다는 주장이었다. 무산계급의 독자성은 항상 고수해야 하며, 역사적으로도 그래 왔다고 보았다. 다른 또 하나의 논점은 민족통일전선론이었다. 그녀는 조선의 현실이 식민지임을 환기했다. 식민지에서는 자본계급과 무산계급 양자의 이해가 일치하는 점이 있으며, 따라서 두 계급은 일치한 행동을 취할 수 있다고 주장했다. 다시 말하여 '민족운동'은 '무산계급운동'과 협동하는 것이 불가피하다고 인정했다. 조선의 무산계급은 신간회로 표상되는 민족통일전선 안으로 마땅히 들어가야 하고, 그와 동시에 독자성도 지켜야 한다고 주장했다.

비상설론의 입장에서 언론에 기고한 사람으로는 이성계(李城溪)와 노정환(盧正煥)이 있다.[31] 이성계는 누군가의 필명으로 보이는데 실제로 어떤 인물인지는 아직 알려져 있지 않다. 주목을 끄는 이는 노정환이다. 1927~1928년 시기에 언론 지면을 통하여 사회운동의 갖가지 쟁점에 관해 활발하게 기고 활동을 했던 그는 안광천(安光泉)의 필명으로 알려져 있다. 안광천은 1926년 11월에 비밀결사 조선공산당의 중앙위원에 선임되고,[32] 그해 12월 7일 책임비서에 선출된 이래 합법 · 비합법

31) 李城溪, 「反상설론: 중앙협의회 시비에 대하여」, 『조선지광』, 1927.6; 노정환, 「중앙협의회 상설주장의 이유는 어데 있는가: 솔뫼씨 논문에 대하여」, 『조선지광』, 1927.7; 노정환, 「조선 사회운동의 사적 고찰(3)」, 『현대평론』 1927.7.

양 방면에 걸쳐서 조선의 사회주의 운동을 지휘하고 있었다.[33] 그는 비록 중앙협의회 창립대회 석상에는 참석하지 않았지만, 대의원의 대다수를 결속하여 비상설론을 관철시킨 사실상의 주역이었다.

그의 기고문은 대회 석상에서 개진된 비상설론의 충실한 논리적 확장이라고 평가할 수 있다. 어떤 점에서 확장했는가? 안광천은 노동자 독자성을 도외시하지 않음을 분명히 했다. 그는 상설론의 잘못을 지적했다. "무산계급 최고기관을 조직하자는 조직 방법에 있어서도 구할 수 없는 오류·혼란에 빠져있었다"고 비판했다.[34] '무산계급 최고기관'이 필요함은 당연한데, 그것이 합법 사회단체들의 느슨한 연대기구 형태로 조직될 수 있는 것은 아니라는 말이었다. 조선공산당과 같은 혁명적 전위정당이어야 한다는 의미를 내포하고 있었다. 하지만 어쩌랴. 그는 합법 출판물에 글을 쓰고 있는 중이었다. 저처럼 암시적인 방식으로만 자기 의사를 표현할 수 있었다.

이제 중앙협의회 상설·비상설 논쟁의 성격이 뚜렷하게 됐다. 이 논쟁은 달리 말하면 양당론 대 일당론 사이의 논쟁이었다. 노동자 정당과 민족 정당을 둘 다 결성할 것인가, 아니면 민족단일당 하나만 결성할 것인가. 이것이 논쟁의 초점이었다.

이 논쟁은 민족통일전선 헤게모니 논쟁이었다. 민족통일전선이 필요하다는 점에 대해서는 양측이 다르지 않았다. 다만 그 내부에서 노동자의 헤게모니를 어떻게 확보할 수 있는가? 노동자 헤게모니를 관철

---

32) Другой доклад Кимчерсу от 16 ноября 1926 г.(1926년 11월 16일자 김철수의 또 다른 보고), РГАСПИ ф.495 оп.45 д.19 л.130.

33) Доклад нового ЦК Партии в Дальбюро ИККИ от 7 декабря 1926 г.(공산당 신 중앙이 국제당 원동부에 제출한 1926년 12월 7일자 보고서), РГАСПИ ф.495 оп.45 д.19 л.130об.

34) 노정환, 「조선 사회운동의 사적 고찰(3)」, 『현대평론』 1927.7., 21쪽.

할 수 있는 조건을 어떻게 만들 것인가 하는 문제를 둘러싸고 이견이 표출됐던 것이다. 상설론은 합법적인 노동자 정당을 건설함으로써 그를 통하여 노동자의 독자성과 주도성을 확보할 수 있다고 보았다. 신간회와 나란히 중앙협의회를 상설적으로 결성해야 하는 이유는 바로 여기에 있었다.

비상설론은 노동자 헤게모니 필요성을 도외시했는가? 그건 아니었다. 합법 공개 위상의 노동자 정당을 통해서는 노동자 헤게모니를 보장할 수 없다는 주장이었다. 노동자 독자성은 비공개 비밀결사 형태의 '무산계급 최고기관' 만이 지킬 수 있었다. 비밀 전위정당만이 민족통일전선 내에서 노동자의 입장을 대표할 수 있다고 보았던 것이다. 신간회에 대한 노동자의 헤게모니 관철은 중앙협의회라는 합법 정당을 통해서가 아니라 비밀결사 조선공산당에 의해서 실현할 수 있다는 견해였다. 요컨대 상설 · 비상설 논쟁은 민족통일전선 내에서 노동자 헤게모니를 어떻게 관철할 수 있는가 하는 문제를 둘러싸고 표출된, 사회주의 세력 내부의 조직 논쟁이었다.

5. 상설론의 주창자들

상설론을 주창한 사람들의 면면에 주목해 보자. 박원희, 한신교, 임봉순, 이항발 등이었다. 이들이 비밀결사 영역에서 어떤 공산그룹의 입장을 대표했는지를 확인하고자 한다. 서울파 공산그룹인가, 아니면 그 가운데 일부 세력인가. 그도 아니라면 과연 누구였는가? 이 의문을 풀려면 중앙협의회 대회가 열리던 무렵 서울파 공산그룹의 존재 양태를 들여다볼 필요가 있다.

사안이 처음 제기된 당시에 서울파 공산그룹이 그 주역이었음은 의심의 여지가 없다. 1926년 2월에 조선사회단체중앙협의회를 조직하자고 맨 먼저 발의한 기관은 합법 단체인 전진회였는데, 이면에서 그를 주도한 실제 행위자는 비밀결사 '고려공산동맹'이었다.[35] 다시 말해 서울파 공산그룹이었다. 그즈음 이 공산그룹의 역량은 조선의 사회주의 운동을 양분하고 있다는 세평이 있을 만큼 강력했다. 이 그룹의 모스크바 파견 대표자 김영만과 최창익이 작성한 문서에 따르면, 전 조선에 걸쳐서 58개 비밀 세포단체가 분포해 있었고, 그에 망라된 구성원 숫자는 정당원 282명, 후보당원 153명으로 도합 435명에 달했다.[36] 비슷한 시기 조선공산당의 비밀 세포단체는 33개이고, 정당원 133명, 후보당원 49명으로 도합 182명이었다.[37] 비밀결사 구성원의 숫자만을 놓고 보면 도리어 서울파 공산그룹 측이 더 우세한 면모조차 보인다.

그러나 이 비밀 공산그룹이 1926년 하반기부터 1927년 초에 걸쳐서 급격한 분해과정에 있었음을 유의해야 한다. 분해를 초래한 충격파는 해외에서 왔다. 1926년 3월 31일에 채택된 국제당의 조선문제결정서가 그것이었다. 이 결정서는 "1925년 4월에 결성된 공산당을 국제당의 지부인 조선공산당으로 승인"한다고 명시했다. 조선 사회운동을 양분하던, 경쟁자 화요파 공산그룹이 주도한 공산당 설립 운동이 외교적 승리

---

35) 高麗共産同盟莫府聯絡員 崔昌益·李廷允, 「高麗共産同盟事業報告」, 1926.10.25, 6쪽, РГАСПИ ф.495 оп.135 д.125, л.125~194.

36) Доклад от полномочных представителей коммунистической организации "Кореконсандонмян", существуюшей внутри Сеульского Союза Молодежи, Ким Енмана и Цойцаник(서울청년회 내에 비합법적으로 존재하는 고려공산동맹의 전권대표 김영만, 최창익의 보고), 1926.2, с.30, РГАСПИ ф.495 оп.135 д.125 л.101~111.

37) 조선공산당중앙집행위원 책임비서 金在鳳, 「黨內部에 대한 整理問題」 1925.12.7, 20~21쪽, РГАСПИ ф.495 оп.135 д.117 лл.20~43.

를 거뒀던 것이다. 이제 서울파 공산그룹은 공산당 창립을 준비하는 유력한 후보자 지위를 상실하고, 조선공산당 외부에 존재하는 일개 그룹으로 격하되고 말았다. 그뿐만이 아니었다. 서울파 공산그룹의 구성원들은 조선공산당 입당의 압력을 받았다. 윤리적, 법리적 압력이었다. 조선 혁명운동이 일치된 대오를 갖춰서 전진해야 한다는 열망이 사회주의자들 사이에 고조되고 있었다. 1926년에 접어들어서 특히 그러했다. '전선통일', '파벌박멸'의 구호가 사회주의자들의 깊은 공감을 얻고 있었다. 법리적으로는 1926년 3월 결정서가 큰 압력을 행사했다. 거기에는 "조선 혁명가들은 어느 누구도 조선공산당에 대항할 수도 없고 대항해서도 안된다"[38]고 규정되어 있었다. 이때부터 서울파 공산그룹의 급격한 분해가 시작됐다. 그것은 세 차례에 걸쳐서 이뤄졌다.

최초의 분해는 1926년 8월 12일에 있었다. 그날 서울파 공산그룹의 지휘를 받는 비밀결사 '고려공산청년동맹' 집행부가 자기 조직의 해체를 결의했다. 그리고서는 자신의 경쟁자였던 '고려공산청년회'에 정식으로 가입했다.[39] 이는 두 개의 공산청년회 단체가 통합했음을 의미했다. 이른바 '합청'이라고 부르는 통합 공청이 출현했다. 서울파 공산그룹으로서는 큰 타격이었다. 자파 청년단체가 자신의 지휘 체계로부터 이탈했음을 뜻했다.

그로부터 3개월 뒤에 제2차 분해가 이뤄졌다. 두 번째 파도는 더욱 강력했다. 공청 조직의 이탈은 단지 서막이었을 뿐이다. 이제 공청만

---

38) Резолюция ИККИ по Корейскому вопросу принятая Президиумом 31/Ⅲ (국제당 간부회가 1926년 3월 31일에 채택한 국제당집행위원회 조선문제결정서), 1926.3.31, с.1, РГАСПИ ф.495 оп.135 д.115 лл.4~5.

39) 高麗共産青年會代表 池模士,「本員が高共青會員になつてから本員が高共青會に服務した經過狀況概要, 自1925年9月中間 至1926年11月12日」1926.11.30, 2쪽, РГАСПИ ф.495 оп.135 д.131 лл.322~324.

이 아니라 공산당 조직도 통합해야 한다는 주장이 제기됐다. 서울파 구성원들은 둘로 갈라졌다. 하나는 고려공산동맹을 해체하고 그 구성원들이 조선공산당에 입당해야 한다는 주장이었다. 다른 하나는 기존의 서울파 공산그룹을 유지해야 한다는 주장이었다. 두 경향 가운데 전자가 다수를 점했다. 그들은 조선공산당이 이미 국제당에 가입한 공인된 조직체이므로 서울파 공산그룹을 해체하고 입당해야 한다고 생각했다.

조선공산당도 그들을 돕는 조치를 취했다. 문호를 개방했다. 당 중앙집행위원회 결정으로 "서울파 공산그룹을 집단적으로 영입하는 데에 동의"한 것이다.[40] 개별 심사를 거치지 않고 일괄하여 받아들이겠다는 말이었다. 관대한 입당 조건을 내걸었기 때문에 더욱 많은 서울파 사람들이 가세했다. 서울파 사람들이 집단적으로 조선공산당에 가입한 것은 그해 11월 14일이었다. 이날 조선공산당 중앙집행위원회는 서울파 공산그룹내 연합파를 당에 받아들이기로 만장일치로 의결했다.[41] 이때 입당한 서울파 구성원의 숫자는, 이 통합과정을 이끌었던 김철수의 보고에 따르면, 도합 140명이었다.[42] 서울파 구성원 가운데 대략 절반쯤에 해당하는 숫자가 조선공산당으로 이적했음을 알 수 있다.

다섯 달 뒤에 세 번째 분해가 이뤄졌다. 마지막 파도였다. 모스크바에 파견된 공산당 대표자 김영만(金榮萬)과 김철수(金綴洙)가 공동으로 작성한 문건에 따르면, 끝까지 고려공산동맹을 유지하고 있던 사람

40) Представитель ЦК ККП Ким-Черсу(조선공산당 대표 김철수), Доклад: В Востсекретариат ИККИ(국제당 동방비서부 앞 보고), 1927.2.10, с.6, РГАСПИ ф.495 оп.45 д.19 л.75~86.

41) 위와 같음.

42) 조선공산당 제2회대회 임시의장 盧百容, 「대회보고서」 1926.12.7., 3쪽, РГАСПИ ф.495 оп.135 д.123 л.49~71.

들은 이영(李英)을 필두로 하는 중견분자들이었다. 그런데 이들도 결국 태도를 바꿨다. 1927년 3월에 마침내 조선공산당에 집단적으로 입당했던 것이다.[43] 위 문건에는 이때 몇 명이나 입당했는지에 대해서는 적혀져 있지 않다. 하지만 추론할 수 있다. 1926년 2월 당시 고려공산동맹의 정당원 숫자는 282명이었고, 이 중에서 140명이 그해 11월 14일에 조선공산당에 가맹했다면, 남은 숫자도 대략 같은 수준이었음을 짐작할 수 있다. 요컨대 이때에도 100명 이상의 사회주의자들이 대거 입당했던 것으로 판단된다.

역사적인 사건이었다. 김영만과 김철수는 그 의의를 가리켜 "사상단체 내에 있는 꼼 그루빠가 우리당 기치 하에 들어오는 종막(終幕)이 되었다."고 표현했다.[44] 비밀결사 고려공산동맹이 해체됐음을 의미했다. 서울파라고 불려오던 비밀 공산그룹이 이 시점을 계기로 하여 소멸됐던 것이다.

그렇다면 중앙협의회 상설론을 설파했던 이들은 어떤 사람들인가. 중앙협의회 창립대회가 열린 1927년 5월 시점에는 고려공산동맹은 이미 해체됐음에 주목할 필요가 있다. 서울파 공산그룹은 이제 더 이상 실재하지 않았다. 상설론자들은 한때 서울파 공산그룹의 중진이었지만, 이제 더 이상 서울파 공산그룹의 구성원이 될 수 없었다. 그렇다고 해서 조선공산당에 입당하지도 않았다. 그들은 조선공산당에 입당하는 것을 거절했다. 그들은 어느 비밀결사에도 속하지 않은 고립된 개인이었다. 말하자면 당외에 존재하는 사회주의자 개인들이었다. 그들을 결속시키는 수단은 공개 기구인 중앙협의회 준비위원회 뿐이었다.

---

43) 朝鮮共産黨中央幹部 代表 金榮萬·金錣洙, 「報告」 1928.2.24, 9~10쪽, РГАСПИ ф.495 оп.135 д.155 л.10~30.

44) 위의 글, 10쪽.

비밀 결사 영역에서는 그들을 지지하는 그 어떤 조직도 존재하지 않았다. 1927년 5월 시점에 그러했다.

6. 비상설론의 주체

비상설론자들은 어떤 사람들인가? 비상설론자란 중앙협의회 대회석상에서 '만장일치와 같은 다수결'로 상설기관 설치안을 부결시켰던 대의원들을 말한다. 표결에서 승리한 대의원들은 어떠한 사람들인지 확인해 보자.

1928년 2월에 열린 조선공산당 제3차 대회 석상에서 이 사안이 거론됐다. 1927년도에 당이 수행한 두 가지 역점 사업 가운데 하나로 지목된 것이다. 그에 따르면, "조선사회단체중앙협의회는 당의 방책에 기초하여 상설기관으로 하는 것에 반대하고 일시적 기관에 머물게 했"다고 한다.[45] 당 집행부가 전국의 모든 세포단체를 동원하여 중앙협의회를 비상설로 이끌었다는 말이었다. 대다수 대의원들의 행동이 통일됐음에 유의할 필요가 있다. 그것도 만장일치에 가까운 수준으로 말이다 이는 모든 당원들이 당 집행부의 지휘에 복종했음을 뜻했다. 6개월 전에 입당한 140명의 서울파 공산그룹 출신 당원들은 물론이고, 불과 2개월 전에 입당한 같은 규모의 신입 당원들도 모두 다 조선공산당 집행부의 지휘를 존중했음을 의미했다. 그들은 전위정당의 구성원으로서 엄격히 규율을 지켰던 것이다.

중앙협의회 대회가 전례 없이 수많은 가맹단체를 가질 수 있었던 이

45) 京高秘第8036号, 秘密結社朝鮮共産黨並高麗共産青年會事件檢擧ノ件」 1928.10.27; 梶村秀樹 · 姜德相 共編, 『現代史資料』 29, 東京, みすず書房, 1972, 80쪽.

유도 조선공산당 덕분이었다. 당 집행부는 중앙협의회의 출범을 달가와 하지 않았지만 그렇다고 해서 그를 보이코트하지도 않았다. 그러기는커녕 참여정책을 택했다. 공산당 책임비서 안광천은 잡지에 실은 한 기고문에서 그 사정을 암시적으로 거론했다. 안광천은 "그것으로부터 탈퇴하지 아니하였나니 그것은 실로 현명한 전술이었다."고 평가했다. "발기 정신은 잘못되었지마는, 운동 상 일대 전환기에 임하여 내외지 사회단체 대표가 골고루 모여서 문제 삼아진 모든 중대 문제를 토로 · 발표하는 것은 그 순간에 있어서 절대 필요하였던 것"이라고 썼다. 요컨대 "중앙협의회는 기계적으로 포기할 것이 아니라 유리하게 양기(揚棄)"해야 하는 대상이었다.[46] 그 때문에 비밀결사 조선공산당은 자신의 영향력을 동원하여 각지의 합법 사회단체들로 하여금 중앙협의회 참여를 독려했던 것이다.

종래 연구자들이 상상했던 것처럼 중앙협의회 비상설론자들이 '엠엘파 공산그룹' 혹은 '엠엘파 조선공산당'을 대표한다고 볼 수는 없는가? 이에 답하기 위해서 조선공산당과 '엠엘파'의 관계가 어떠했는지를 살펴보자.

조선공산당이란 1925년 4월에 경성에서 설립된 전국적 규모의 비밀결사로서 이듬해 3월에 코민테른 가입이 승인된, 대외적으로 조선을 대표하는 유일한 공산주의 단체를 가리킨다. 코민테른 규약에 의하면, 그 지부로 승인된 공산당은 각국에 하나만 존재할 수 있었다. 그에 반하여 엠엘파란 조선 사회주의자 대열 내부의 분파 가운데 하나였다. 사회주의 수용 이후에 출현했던 상해파, 이르쿠츠크파, 화요파, 서울파, 북성회파 등의 다른 분파들과 마찬가지로 일정한 조직적 · 정치적

---

[46] 노정환, 「조선 사회운동의 사적 고찰(3)」, 『현대평론』 1927.7, 21쪽.

공통성에 입각해서 형성된 비밀결사였다. 그것은 자체의 중앙기관과 세포단체를 갖고 있으며, 독자의 조직적 규율을 갖춘 하나의 조직체였다.

중앙협의회 대회가 개최된 1927년 5월 당시 엠엘파 공산그룹의 존재 양상은 어떠했는가에 주목하자. 그것의 기원은 1926년 3월에 결성된 비밀결사 '레닌주의 동맹'에서 비롯됐다. 이 단체는 발족이후 1년여 시기 동안에 일반인들의 시선은 물론이고 경찰의 눈에도 띄지 않았다. 심지어 비밀활동에 종사하는 다른 사회주의자들도 감지하지 못했다. 그만큼 결속력과 규율이 강력했다.

이 그룹의 존재 형태는 기존 공산그룹에 비교하여 크게 달랐다. '당 중 당' 형태로 존재했다. 기존 공산그룹은 공산당 창립 이전에 경쟁적으로 활동하던 선구적인 조직체이거나, 당 창립 이후에는 당조직 바깥에 위치한 당외 공산주의 단체였다. 그러나 '레닌주의 동맹'은 달랐다. 그것은 조선공산당 내부에 남몰래 존재하는 비밀결사였다. 공산당 내부의 다른 당원들에게 자신의 존재와 활동상을 비밀에 부쳤다. 이는 당 규약에 저촉되는 불법적이자 비윤리적인 행위였다. 공산당 내부에서 은밀히 분파를 결성하고 운영하는 것은 강력한 규율과 민주집중제를 표방한 전위정당의 규약을 위배하는 행위였다.

엠엘파 공산그룹 구성원들은 조선공산당 내에서 지도적 지위를 획득하는 데에 노력했다. 그 결과 점진적으로 영향력을 확대해갈 수 있었다. 먼저 공청을 장악했다. 1926년 8월 8일 두 개의 경쟁하는 공청(고려공산청년회와 고려공산청년동맹) 조직을 통합하고 그 중앙기관 내에서 다수를 점하는 데에 성공했다.[47] 9인의 중앙집행위원 가운데 적

---

47) Протокол заседания объединенного ЦК кор.КСМ и ЦК союза кор.ксм (Сеул), (고려공산청년회와 고려공산청년동맹/서울파의 합동중앙위원회 회의록) 1926.8.8, с.2, РГАСПИ ф.533 оп.10 д.1893 л.7~8.

어도 5인이 엠엘파 구성원이었음을 확인할 수 있다. 뒤이어 당의 중앙 기관에도 진출했다. 그해 12월 조선공산당 제2회 대회를 통해서였다. 새로 선임된 중앙집행위원 7인 가운데 4인이 엠엘파 구성원이었다.[48]

엠엘파 구성원들은 당과 공청의 집행부에서 다수를 점했지만 독단적으로 권한을 행사하진 않았다. 어디까지나 중앙집행부의 의결을 거쳐서 당의 규율에 의거하여 행동했다. 다른 모든 당원들과 마찬가지로 당의 공식적인 결정과 권위에 따랐다. 중앙협의회 창립대회가 열리는 1927년 5월 시기에도 그랬다. 따라서 중앙협의회 비상설론자들을 가리켜 '엠엘파'나 '엠엘파 공산당'이라고 부르는 것은 역사적 실제에 부합하지 않음을 확인할 수 있다.

엠엘파 공산그룹의 존재가 당내 동료들에게 인지된 것은 그해 10월 하순부터였다.[49] 그때 당내 반대여론에도 불구하고 당중앙집행위원회가 재구성됐으며, 그를 계기로 하여 공산당이 둘로 양분되는 현상이 나타났다. 왜냐하면 새로 출범한 당중앙 5인 집행위원 멤버는 전부 엠엘파 구성원들이었기 때문이다. 엠엘파 구성원만으로 당 중앙간부를 일색화했던 것이다. 일종의 당내 쿠데타였다. 그리하여 신 중앙간부를 지지하는 엠엘파 공산당과 그를 인정하지 않는 비엠엘파 진영 사이에 논란이 격화됐으며, 전자를 가리켜 '엠엘파'라고 지칭하는 호명법이 새로 생겨났다.

---

48) Доклад нового ЦК Партии в Дальбюро ИККИ от 7 декабря 1926 г.(공산당 신 중앙이 국제당 원동부에 제출한 1926년 12월 7일자 보고서), РГАСПИ ф.495 оп.45 д.19 л.130об.

49) 임경석, 「1927년 조선공산당의 분열과 그 성격」, 『사림』 61, 2017, 139~140쪽.

7. 맺음말

이 논문의 과제 가운데 하나는 조선사회단체중앙협의회 상설 · 비상설 논쟁의 주체를 밝히는 데에 있다. 상설론자란 중앙협의회를 상설기관으로 둘 것을 주장한 대의원들을 가리킨다. 이들은 중앙협의회 대회석상에서 이뤄진 '상설기관 설치안' 표결에서 패배했다. 그 지지자의 숫자는 소수였음이 드러났다.

상설론은 기존에 알려진 것처럼 서울파 공산그룹이나 그 일부 세력에 의해서 주창된 것이 아니었다. 상설론을 주창한 이들은 한때 서울파 공산그룹의 일원이었지만, 중앙협의회 창립대회가 개최된 1927년 5월 시점에는 그와 아무런 연관도 갖지 않았다. 왜냐하면 서울파 공산그룹은 몇 차례에 걸친 분해과정을 거쳐서 이미 해산된 상태였기 때문이다. 그 그룹의 대다수 구성원들은 두 번에 나누어서 대거 조선공산당에 입당했다. 그러나 상설론 지지자들은 조선공산당 입당을 끝까지 거부하는 길을 택한 사람들이었다. 그들은 더 이상 서울파 공산그룹의 구성원도 아니었고, 그렇다고 해서 조선공산당원도 아니었다. 상설론자들은 당외에 존재하는 몇몇 사회주의자 개인일 뿐이었다.

비상설론자란 중앙협의회 대회석상에서 상설기관 설치안을 반대한 대의원들을 지칭한다. 이들은 중앙협의회 상설 안건을 압도적 다수결로 부결시켰다. 만장일치에 가까울 정도로 다수를 이뤘다. 비상설론은 기존에 알려진 것처럼 '엠엘파 공산그룹'이나 '엠엘파 공산당'에 의해서 제기된 것이 아니었다. 그 정책을 입안하고 관철시킨 행위자는 비밀결사 조선공산당 자체였다. 조선공산당 집행부는 중앙협의회 설립을 저지하기로 결정했다. 또 그 정책을 관철하기 위해서 중앙협의회에 적극 참여하는 방안을 선택한 것도 조선공산당 집행부였다. 대회 석상에서 다수결을 점하기 위해서였다.

엠엘파 공산그룹은 조선공산당 내부에 존재하는 '당 중 당'이었다. 당내에서 지도적 지위를 획득하기 위해 노력해온 이 공산그룹은 중앙협의회 대회가 개최된 1927년 5월 당시에는 당의 집행부에 진입하는 데에 성공했다. 엠엘파는 당과 공청의 집행부에서 다수를 점했지만, 어디까지나 집행부의 결정을 좇아서 당의 규율에 의거하여 행동했다. 상설 · 비상설 논쟁의 전개과정에서도 그랬다. 따라서 중앙협의회 비상설론자들을 가리켜 '엠엘파'나 '엠엘파 공산당'이라고 부르는 것은 역사적 실제에 부합하지 않는다.

이 논문에서 천착한 또 하나의 연구과제는 상설 · 비상설 논쟁의 성격을 밝히는 문제다. 상설론과 비상설론은 조직논쟁이었다. 상설론은 양당론이라고 불린 데서도 알 수 있듯이, 민족정당과 노동자정당 두 개를 설립할 필요가 있다고 주장했다. 여기서 말하는 민족정당이란 신간회를 의미하며, 노동자정당이란 조선사회단체중앙협의회를 염두에 둔 것이었다. 그에 반해서 비상설론은 일당론이었다. 식민지 조선의 특수성에 비추어 민족단일당 하나만 설립해야 한다는 주장이었다.

상설 · 비상설 논의의 쟁점은 독립운동과 사회주의운동의 상호 관계에 관한 문제였다. 민족통일전선에서 노동자 주도권을 어떻게 보장할 수 있는가? 이것이 논쟁점이었다. 상설론자들은 합법 공개영역에서 노동자 정당을 독립적으로 설립해야 한다고 주장했다. 신간회 바깥에 따로 조선사회단체중앙협의회를 만듦으로써, 노동자의 독자성과 주도성을 보장해야 한다는 의견이었다. 조선사회단체중앙협의회 창립대회 석상에서 그 단체를 상설해야 한다고 역설한 이유는 여기에 있었다.

비상설론자들이 중앙협의회 상설을 반대한 이유는 민족통일전선에서의 노동자 헤게모니에 대한 독자적인 복안이 있었기 때문이다. 왜

민족통일전선 바깥에 노동자정당을 따로 만들어서는 안 되는가. 그것은 민족통일단체를 약화시키는 행위라고 판단했기 때문이다. 노동자 헤게모니의 보장은 다른 방식으로 이뤄져야 한다고 보았다. 어떻게 보장할 수 있는가. 이에 대한 복안은 공개적인 논쟁 과정에서는 표출되지 않았다. 일본 경찰이 지켜보는 환경에서는 입 밖에 낼 수 없었기 때문이다. 비상설론자들이 염두에 뒀던 것은 비밀결사였다. 노동자 주도권을 보장하는 수단을 비합법 비공개 영역에서 추구해야 한다고 보았다. 다름 아닌 비밀결사 조선공산당의 능동적 역할을 통해서 그를 보장할 수 있다고 생각했다.

한국 독립운동과 외국인 독립유공자

도 면 회

1. 외국인 독립유공자 활동에 대한 인식 상황

일본의 식민 통치 기간 중 1919년 삼일운동과 1926년 6·10 만세운동 이후에는 국내에서의 대규모 독립운동이 매우 어려워졌다. 독립운동 공간은 국외로 확장되어, 러시아 연해주, 중국 관내 지역과 만주, 미국 워싱턴이나 로스앤젤레스, 프랑스 파리, 영국의 런던까지 뻗어나갔다. 이 과정에서 해당 국가의 일부 관료, 단체 및 개인들로부터 다양한 도움을 받았다.

독립 이후 한국 정부는 한국 독립운동을 지원해준 외국인들을 '외국인 독립 유공자'란 개념으로 포상해 왔다. 2019년 11월 현재 독립운동에 기여한 공로로 대한민국 정부로부터 포상을 받은 외국인은 9개국에 걸쳐 총 89명이 등록되어 있다. 국적별로는 중국 40명, 미국 21명, 러시아 11명, 영국 6명, 캐나다 5명, 아일랜드 2명, 일본 2명, 멕시코 1명, 프

랑스 1명이다. 이 중 한국인 후손 19명을 제외하면 총 70명이다.[1]

한국 독립운동을 도와준 외국인은 이들 외에도 무수히 많았다. 삼일운동 전후 많은 구미인 선교사들이 일본의 잔혹한 탄압에 분개하여 한국을 도와주려 했으며, 중국, 러시아, 일본에도 한국 독립운동의 대의명분에 공감하여 지원해준 정치가, 사회운동가, 지식인, 노동자들이 있었다. 최근 한국 정부가 독립운동을 역사의 주류로 설정하려는 움직임을 볼 때[2] 외국인 독립유공자들의 발굴 포상 작업이 더욱 활성화되리라고 본다.

외국인 독립유공자에 대한 포상은 1950년 전후, 1961년 직후 등 집중적으로 이루어졌는데,[3] 그 당시는 이들의 공로에 관하여 충분히 자료를 발굴하고 연구하지 못한 상황이었다. 1960년대 이후 한국 독립운동에 대한 연구가 엄청난 속도와 분량으로 진행되어 왔지만, 외국인 독립유공자에 대한 연구는 그만큼 진전되지 않았다. 1990년대 후반 이후에

---

1) 국가보훈처, 「독립유공자 포상현황 중 외국인현황」(https://e-gonghun.mpva.go.kr/user/IndepMeritsRewardStat.do?goTocode=10001 2019. 12. 15. 열람).
외국인 독립유공자에 대한 포상은 대한민국 법률 제8852호 「상훈법」 및 대통령령 제20741호 「상훈법시행령」에 의해 이루어져 왔다. 「상훈법」 제2조 "대한민국 훈장 및 포장은 대한민국 국민이나 우방국민으로서 대한민국에 뚜렷한 공적을 세운 자에게 수상한다"라는 규정이 근거 조항이다. 이하 자세한 규정에 관해서는 국가보훈처, 『독립유공자 포상업무 매뉴얼』 국가보훈처, 2008 참조. 본 논문에서 제외된 한국인의 후손으로서 외국인인 자, 즉 한국계 외국인 19명에 대해서는 추후 별도의 연구 작업이 필요하리라 본다.

2) 오원석, 「文, 임정 101주년 기념사 "친일 아닌 독립운동이 역사 주류"」, 『중앙일보』 2020. 4. 11.(https://news.joins.com/article/23752327).

3) 외국인 독립유공자에 대한 포상은 1950년대 14명, 1960년대 29명, 2010년대 15명을 제외하면 1970년대, 1980년대, 1990년대, 2000년대는 각 5명 내외에 불과하다. 각 시기별 포상 상황과 그 시대적 배경에 대한 분석은 배석만, 「외국인 독립운동 유공자의 현황 분석과 이후 과제」, 『외국인 독립유공자의 활동과 한국 독립운동의 세계사적 의의』, 백범김구기념관 한국역사연구회 국제학술회의 발표문, 2019 참조.

야 이들에 대한 연구가 진척되기 시작하여, 이미 포상된 외국인들에 대한 개별 연구가 축적되었다. 대부분의 연구는 개인 또는 그가 속한 국가나 단체, 정치세력별로 진행되었다. 국외에서 전개된 한국 독립운동의 배경이나 상황과 관련한 연구 성과들도 산출되었다.[4)]

이러한 연구 경향으로 인하여 한국인들은 외국인 독립유공자가 한국 독립운동에 기여한 역할을 그다지 중요하게 인식하지 않고 살았다. 한국 독립운동을 일본에 대한 한국인의 저항으로만 인식하여 여타 외국과 일본 사이의 대립 · 갈등 관계에 대해서는 중요한 변수로 생각하지 않는 경향이 많았다. 그러한 의미에서, 본고는 한국 독립운동에 기여한 외국인들의 활동을 종합적으로 파악하고자 한다. 외국인 독립유공자들에 대한 연구 성과를 독립운동의 전체적 흐름에 맞추어 어느 정도의 수준에 도달해 있는지 점검하고자 하였다. 이러한 연구는 외국인 독립운동 유공자의 활동을 종합적으로 파악함으로써 관련 국가들과의 우호 관계를 강화하고 개선함은 물론, 한국 독립운동을 미국, 중국, 러시아, 일본 등 지구적 차원에서 바라볼 수 있는 시야를 열어 줌으로써 세계 시민으로서의 자세를 갖추는 데도 도움을 주리라 본다.

---

4) 외국인 독립유공자의 전체적인 모습을 볼 수 있는 연구는 유럽인 · 미국인, 중국인들로 크게 나누어 볼 수 있다. 유럽인 · 미국인들에 대해서는 다음 연구 성과들이 있다. 고정휴, 『이승만과 한국독립운동』, 연세대학교출판부, 2004; 김승태, 『한말 · 일제강점기 선교사 연구』, 한국기독교역사연구소, 2006; 윌리엄 스코트, 연규홍 옮김, 『한국에 온 캐나다인들』, 한국기독교장로회출판사, 2009; 홍선표, 「한국독립운동을 도운 미국인」, 『한국독립운동사연구』 43, 2012; 김도형, 「한국독립운동을 도운 유럽인 연구」, 『한국학논총』 37, 국민대 한국학연구소, 2012. 중국인들에 대한 연구로는 노경채, 「중국관내 조선인의 민족해방운동과 중국국민당」, 『아시아문화』 13, 1997; 한상도, 『중국혁명 속의 한국독립운동』, 집문당, 2004; 한시준, 「중한문화협회의 성립과 활동」, 『한국독립운동사연구』 35, 2010. 최근 외국인 독립유공자 70명에 대한 기존 연구 성과를 종합하고 관련 자료를 탐색한 결과가 출간되었다. 한국역사연구회 엮음, 『한국인의 벗, 외국인 독립유공자』, 국가보훈처, 2019.

2. 대한제국 국권 피탈기의 외국인 독립유공자(1905~1910년)

1904년 2월 러일전쟁 발발과 이듬해 9월 포츠머스 강화조약으로 인해 한국의 운명은 백척간두에 놓였다. 2개월 뒤 특명전권공사로 방한한 이토 히로부미가 군사력을 동원하여 정부 대신들을 협박하면서 을사조약을 강제 체결했다. 고종은 이 조약에 끝까지 비준 서명을 하지 않았지만 한국의 외교권은 일본이 대리하는 것으로 바뀌었다. 이후 고종은 밀사 또는 특사를 러시아, 미국, 네덜란드 등 열강에 파견하여 을사조약이 무효임을 주장했다. 그러나 미국, 영국, 프랑스 등 열강 정부는 포츠머스조약에 규정된 '한국에 대한 일본의 지도 보호 감리권'을 승인한 상태였기 때문에 이를 받아들이지 않았다. 그럼에도 불구하고 고종의 요청에 의하거나 또는 개인적 결단에 의해 멸망해 가는 대한제국을 도우려는 구미인들이 있었다.

호레이스 뉴튼 알렌(Horace Newton Allen)과 호머 베잘렐 헐버트(Homer Bezaleel Hulbert)는 미국에서 선교사 또는 교사로 한국에 온 인물들이다. 알렌은 의료 선교사로 왔다가 주한 미국 공사까지 역임하였다. 러일전쟁 이전 루즈벨트의 친일적인 정책을 비판하고 일본을 경계해야 한다고 주장하였으나 수용되지 않았다.[5] 헐버트는 알렌보다 먼저 1880년대 초 육영공원 교사로 와서 최초의 순 한글 교과서 『사민필

---

5) 알렌에 대한 연구는 민경배, 『알렌의 선교와 근대한미외교』, 연세대학교출판부, 1992; 손정숙, 「주한 미국공사 알렌(H. N. Allen)의 외교활동(1897~1905)」, 『이화사학연구』 31, 2004 참조. 본고의 외국인 독립유공자의 이름은 모두 국가보훈처에서 사용하고 있는 그대로 사용하였다. 구미인과 일본인은 영어와 일본어 발음을 사용하였고, 중국인은 두쥔훼이(杜君慧)를 제외하고는 모두 한국어 한자 발음을 사용하였다. 또한, 개별 외국인들의 활동을 정리하는 데 목적이 있으므로 특별한 경우를 제외하고는 참조한 쪽수는 표기하지 않았다.

지』를 만들고 잡지 『The Korean Repository』를 발간하여 한국 사정을 해외에 알리는 역할을 했다. 을사조약 직전 일본의 침략 사실을 알리고 독립 지원을 요청하는 고종의 친서를 미국 대통령에게 전달했으나 미국은 을사조약으로 인해 고종의 친서가 아무 효력이 없다는 응답을 전함으로써 그의 노력은 수포로 돌아갔다. 이어서 1907년 6월 개최된 만국평화회의에 특사로 임명받아 러시아, 독일, 스위스, 파리, 런던 등지를 순회하면서 한국이 처한 현실을 호소하고 일본의 침략을 비판하는 연설과 원고를 게재하였으나 역시 소기의 목적을 달성하지 못하였다. 일본의 한국 병탄 이후에는 일본이 조작한 105인 사건을 규탄하는 글을 기고하고 삼일운동 시기에는 일본의 잔학상을 고발하는 등의 활동을 벌였다.[6)]

더글러스 스토리((Douglas Story)와 어네스트 베델(Earnest Thomas Bethell)은 영국 언론인이라는 공통점이 있다. 스토리는 1906년 2월 고종에게 받은 을사조약 무효 취지의 밀서와 자신이 취재한 한국의 실정을 런던 트리뷴지에 「한국의 호소: 트리뷴지에 보낸 황제의 성명서, 일본의 강요, 열강의 간섭 요청」이라는 제목으로 게재하였다. 베델은 고종의 지원금으로 발간하는 『대한매일신보』에 을사조약 직후 장지연이 『황성신문』에 쓴 「시일야방성대곡」을 한글과 영문으로 게재하였다. 1907년 1월에는 앞서 스토리가 트리뷴지에 전달한 고종의 밀서를 사진판으로 게재하였다. 베델은 일본의 갖가지 방해에도 불구하고 일본의 의병 진압을 비판하고 의병을 옹호하는 기사를 내보냈다.[7)]

---

6) 안드레 슈미드, 「오리엔탈 식민주의의 도전: Anglo - American 비판의 한계」, 『역사문제연구』 12, 2004; 김동진, 『파란 눈의 한국혼 헐버트』, 서울, 참좋은친구, 2010; 김권정, 『한국인보다 한국을 더 사랑한 미국인 헐버트』, 서울, 역사공간, 2015.

3. 삼일운동 전후 독립운동과 외국인의 활동(1910~1930년)

1) 국내와 간도에서 독립운동 조사 보고와 국제 여론화

삼일운동이 전 민족적 만세시위로 폭발하면서 일본 군경은 평화시위를 하는 한국민들을 잔혹하게 폭행하고 학살하기 시작하였다. 참상을 목도한 외국인 언론인과 선교사들은 의분에 못 이겨 만세 시위에 가담한 학생·시민을 숨겨주거나 일본 군경의 학살 만행을 언론을 통해 전 세계에 알려 일본의 한국 식민 통치가 전혀 문명적이 아님을 폭로하였다.

대표적인 인물이 프레드릭 맥켄지(Frederick A. Mackenzie)와 프랭크 스코필드(Frank William Schofield), 스티븐 벡(Stephen Ambrose Beck)이다. 맥켄지는 이미 1908년 『대한제국의 비극(The Tragedy of Korea)』을 발간하여 일본의 한국에 대한 침략과 이에 저항한 의병의 활동상을 알린 바 있다. 1920년에는 삼일운동을 취재한 경험을 바탕으로 『자유를 위한 한국인의 투쟁(Korea's Fight for Freedom)』을 출간하였다. 이 책은 반일적 분위기가 확산되고 있던 영국 사회에 상당한 반향을 일으켰으며, 영국 의회 내에서 극동문제를 논의하는 데 큰 영향을 미쳤다.[8)]

한국인들에게 석호필 박사로 잘 알려진 캐나다인 스코필드는 세브란스의학전문학교(현 연세대학교 의과대학)의 세균학·위생학 담당교수였다. 그는 잡혀가는 삼일운동 참여 학생들을 구해 주고 영어신문 『Seoul Press』에 일본에 대한 비판 기사를 투고하였다. 4월 18일에는 4

---

7) 더글러스 스토리 개인에 대해서는 주로 베델 연구 성과에서 함께 언급되는 정도였다. 정진석, 『나는 죽을지라도 신보는 영생케 하여 한국동포를 구하라: 대한매일신보 사장 배설의 열정적 생애』, 서울, 기파랑, 2013, 217~230쪽.

8) 안드레 슈미드, 앞의 논문; 김도형, 앞의 논문, 541쪽.

월 6일에 일어난 수촌리 학살, 4월 15일의 제암리 · 고주리 학살사건 현장을 직접 답사하고 사진을 찍어 「제암리의 대학살」이란 제목으로 상해에서 발행되는 『The Shanghai Gazette』에 게재하여 전 세계의 이목을 끌었다. 고문과 학대를 당한 한국인들의 진술과 부상자 · 사망자 통계를 모아 미국 기독교 연방위원회로 전달하여 그 내용이 1919년 7월 『The Korean Situation』이란 단행본으로 출간되었다. 1919년 9월에는 일본 도쿄에서 열린 〈극동지구 파견 기독교 선교사 전체회의〉에서 극동의 선교사 800여 명 앞에서 조선총독부와 일본 군경의 만행을 보고함으로써 일제의 요시찰 인물로 떠올랐다. 그는 결국 1920년 4월 1일 근무 계약 만료로 캐나다로 귀국할 수밖에 없었다.[9]

벡은 스코필드보다 열흘 늦은 4월 29일 제암리사건 현장을 방문하였다. 영국 영사 로이즈와 캐나다 선교사 하디와 게일, 노블, 케이블, 빌링주, 『Japan Advertiser』 기자 등과 함께 방화와 학살을 확인한 그는 미국으로 돌아가서 교회 박람회에 일제의 잔인한 시위 진압과 한국인의 참상을 폭로하고, 미국 상원의원 노리스에게 일본의 야만성과 비문명성을 강조하였다.

평안북도 신천 신성학교 교장 조지 섀넌 맥큔(George Shannon McCune), 평양 숭실학교 교사 일라이 모우리(Eli Miller Mowry), 군산 영명학교 교사 윌리엄 린튼(William A. Linton), 함경북도 성진 제동병원 원장이자 보신학교 교장 로버트 그리어슨(Robert G. Grierson) 등도 삼일운동을 목격하고 참여자들을 은닉하거나 일본의 폭정을 전 세계에 폭로하는 역할을 하였다. 맥큔은 일본의 식민통치 초기 105인 사건 피고인들을

---

[9] 이만열, 「스코필드의 의료(교육) · 사회 선교와 3 · 1독립운동」, 『한국근현대사연구』 57, 2011; 도레사 E. 모티모어, 전경미 · 양성현 역, 『프랭크 스코필드 박사와 한국』, 서울, KIATS, 2016.

변호함은 물론, 일제가 행한 악랄한 고문과 사건 날조 사실을 언론을 통해 알렸다. 삼일운동에 참여한 신성학교 학생들을 숨겨주고, 1920년 8월 미국 의회 의원단이 방한했을 때 독립운동가들이 작성한 선언서를 번역하여 전달하기도 했다.[10] 린튼은 미국에 돌아가 군산의 만세 시위와 일본의 탄압 사실을 폭로하였다.[11] 모우리는 독립운동 선언서를 소지함은 물론 참여한 학생을 숨겨준 죄로 체포되어 조선고등법원 상고심에서 벌금형까지 받을 만큼 삼일운동에 깊숙이 관여하였다.[12] 그리어슨 역시 항일의병에 깊은 관심을 보였으며 1910년대 초부터 일본의 한국 통치 정책을 강력하게 비판하였다. 삼일운동 시기에는 기독교인들이 만세 시위를 준비하는 작업을 도와주었으며, 부상당한 사람들을 적극적으로 치료해주면서 일본 경찰의 협박에도 굴하지 않고 만세 시위의 정당성을 옹호하는 주장을 하였다.[13]

간도 지역에서 활동하던 캐나다 장로회 선교사 아취볼드 바커(Archibald Harrison Barker), 스탠리 마틴(Stanly H. Martin)도 있었다.[14] 바커는 1913년 최초의 간도 주재 선교사로 부임하였고, 마틴은 1916년 제창병원을 설립하여 의료 선교를 하였다. 바커가 운영하는 교회와 학교는 치외법

---

10) 이동진, 「한국교회와 숭실의 은인 尹山溫」, 『인물로 본 숭실 100년』 1집, 서울, 숭실대학교, 1992; 안종철, 「윤산온의 교육선교 활동과 신사참배문제」, 『한국기독교와 역사』 23, 2005.

11) 오승재 · 김조년 · 채진홍, 『인돈 평전: 윌리엄 린턴의 삶과 선교 사역』, 서울, 지식산업사, 2003; 최영근, 「미국 남장로교 선교사 인돈(William A. Linton)의 교육선교」, 『한국교회사학회지』 40, 2015.

12) 이성전, 서정민 · 新山美奈子 옮김, 『미국선교사와 한국 근대교육: 미션스쿨의 설립과 일제하의 갈등』, 서울, 한국기독교역사연구소, 2007.

13) 허윤정 · 조영수, 「일제하 캐나다 장로회의 선교의료와 조선인 의사: 성진과 함흥을 중심으로」, 『의사학』 51, 2015.

14) 김승태, 「캐나다 장로회의 의료선교: 용정 제창병원을 중심으로」, 『연세의사학』 제14권 제2호, 2011.

권이 적용되었기 때문에 독립운동을 논의하는 장소로 활용되었다. 만세 시위는 1919년 3월 13일 용정촌에서 일어났다. 만세시위 현장에서 총을 맞아 17명이 사망하고 30여 명이 부상당하자 마틴은 이들 시신을 수습하고 부상자를 치료하였으며, 바커는 한국인 목사, 장로들과 함께 일본군의 만행을 조사하고 국제여론화할 방법에 대해 논의하였다. 이듬해 1920년 11월부터 일제가 간도 지역 한국인 마을을 불태우고 학살하는 경신년 참변이 일어났다. 마틴은 즉시 용정촌 인근 기독교 마을 장암동에 가서 일본군이 만행을 벌인 현장 조사 보고서를 작성하여 캐나다 선교본부와 영국 외무성에 보내 국제 여론을 불러 일으켰다.

서간도 지역에서 활동한 무역업자 조지 쇼(George Lewis Shaw)는 영국 식민지였던 아일랜드 출신이라 한국 독립운동에 관심을 가지고 있었고, 원래 일본에 대한 감정도 좋지 않았다. 자신이 경영하는 기업 이륭양행 2층을 대한민국임시정부 교통국의 지부로 활용할 수 있도록 제공했을 뿐 아니라, 수많은 독립운동가들이 활동할 수 있는 근거지로도 제공하였다. 의열단원 김시현 등은 국내에서 독립운동을 진행하기 위한 거점으로, 대한민국임시정부는 쇼가 운영하는 선박을 통의부, 정의부 등 독립운동 단체에 무기와 탄약을 운송하는 수단으로 사용하였다.[15)]

2) 구미에서의 독립운동 지원

삼일운동 전후 파리에서 열린 제1차 세계대전 강화회의에 많은 독립운동가들이 기대를 걸고 있었다. 상해의 운동가들이 조직한 신한청년당은 독립청원서를 미국의 윌슨대통령에게 전달하고 김규식을 수석대

---

15) 유진선, 「대한민국임시정부의 교통국과 연통제 연구: 이륭양행을 중심으로」, 영남대학교 석사논문, 1988.

표로 삼아 파리강화회의에 대표단을 보냈다. 미국의 이승만과 정한경은 미국의 윌슨 대통령에게 한국의 완전 독립을 담보로 당분간 국제연맹의 위임통치를 받게 해달라는 청원서를 보냈다.

삼일운동이 일어나고 러시아 연해주, 한성, 상해 등 여러 지역에서 임시정부가 수립되었다가 1919년 9월 11일 상해에서 이들 모두를 합쳐 통합 임시정부가 출범하였다. 초기 조직은 대통령에 이승만, 국무총리 이동휘, 내무총장 이동녕, 법무총장 신규식, 재무총장 이시영, 노동국 총판 안창호 등으로 구성되었다.

대한민국임시정부는 국내 행정을 담당한 연통부와 국내와의 연락을 담당한 교통국을 두고, 외교 업무는 이승만이 워싱턴에 설치한 구미위원부를 통해 추진하였다. 구미위원부는 산하 조직으로 필라델피아 통신부, 파리사무소, 런던 사무소 등을 두었다. 그런데 이승만은 1920년 12월부터 1921년 5월까지 단 6개월만 상해에 체류하였을 뿐, 나머지 기간은 모두 미국에 거주하면서 대통령직을 수행하였다.

이승만은 워싱턴의 구미위원부를 중심으로 한국 독립을 승인받기 위한 출판물을 다수 간행하는 한편, 1919년 5월부터 '한국친우회(League of the Friends of Korea)'라는 단체를 미국 전역 나아가 파리와 런던까지 확대시켜 나갔다. 한국친우회의 회원 수는 일본 측 보고서에 따르면 최소 3천 명, 한국친우회 측의 추산에 따르면 미국 내 21개 도시에 걸쳐 2만 5천 명이라고 하였다.

외국인 독립유공자 중 미국, 프랑스, 영국인들 상당수는 바로 이 시기 구미위원부와 한국친우회를 중심으로 활동하였다.[16] 구미위원부

---

16) 이하 별도의 표기가 없는 한, 이승만이 주도한 구미위원부와 한국친우회 등 미국인들에 대해서는 다음 두 연구에 의거하였다. 고정휴(2004), 앞의 책, 101~136쪽 및 349~424쪽; 홍선표, 앞의 논문, 172~211쪽.

활동가로는 변호사 프레데릭 돌프(Frederick A. Dolph)가 가장 중요한 인물이었다. 그는 구미위원부 법률고문을 담당하면서 『한국 적요(Brief For Korea)』, 『일본의 한국 경영』, 『극동의 대차대조표』 등을 집필하였다. 1920년 9월 15일에는 김규식의 지시에 따라 1년 6개월간 진행된 구미위원부의 외교 및 선전 활동을 종합 정리한 『업무 보고서(Dolph's Report)』를 제출하였다. 보고서의 내용은 첫째, 3·1독립선언서와 한성정부 선포 문건을 얻어서 그들 문서에 대한 법률적 검토를 거친 후 일본과 서방 열국에게 정식 통고했다는 점, 둘째, 미국 신문 및 잡지에 한국에 대한 각종 기사와 논설이 9천 번 이상 실리도록 활동했다는 점, 셋째, 미국 의회에서 한국 문제와 관계된 의안이 상원에 2회, 하원에 1회 제출되고, 상원의원 18명과 하원의원 3명이 한국 문제에 대하여 연설하게끔 노력하였다는 점 등이었다.

한국친우회에는 필라델피아 대형교회 목사였던 플로이드 톰킨스(Floyd Williams Tomkins), 상원의원 조지 노리스(George William Norris)와 셀던 스펜서(Selden Palmer Spencer), 선교사 스티븐 벡과 해리 화이팅(Harry Charles Whiting)과 미네르바 구타펠(Minerva Louise Guthapfel), 대학교수 허버트 밀러(Herbert Adolphus Miller) 등 많은 미국인이 관여하였다. 톰킨스는 1920년 5월 15일 최초로 결성된 한국친우회 필라델피아 지부 회장을 맡았으며 1천여 명이 모인 한국친우회 창립 행사에서 일본의 한국 지배 철회 결의안을 작성 채택하게 하였다. 6월 6일 워싱턴D.C.에서 개최된 대중집회에서 그리피스, 서재필과 함께 연사로 등단하여 일본 만행을 규탄하는 강연을 하였다. 1921년 11월부터 이듬해 2월 초까지 개최된 워싱턴회의에서 일본대사에게 한국 독립을 요청하는 편지를 보내고, 미국 대표단장 휴즈에게 한국 대표단에게 발언 기회를 제공해달라고 요청하였다. 이러한 요청이 거부된 후 1923년 일본 관동대진재에서 한국인이 무참하게 학살당한 사건을 들어 그해 11월 20일 한국친우회 회장 명의로 미 국무장관에게 항의서한을 보냈다.

노리스와 스펜서 두 상원의원도 한국친우회 활동에 적극 협력하였다. 노리스의 지역 기반인 네브라스카주는 1905년경부터 한국인들이 자리잡았고 이를 기반으로 박용만이 한인소년병학교를 설립한 곳이었다. 이를 기반으로 하여 1920년 3월 주지사와 부지사 등 유력인사 1천여 명이 한국 독립 청원서를 의회에 제출하였다. 노리스가 이를 받아들여 의회에서 한국 독립이 필요하다는 연설을 하고 찰스 토마스 의원이 제출한 한국 독립안에 찬성 투표를 했다. 스펜서는 구미위원부의 법률고문 돌프로부터 삼일운동의 발발과 한국의 정세, 일본의 식민통치 실상을 고발한 『한국 적요(Statement and Brief for the Republic of Korea)』라는 보고서를 공식 전달받고 이를 상원 외교위원회에 제출하여 같은 해 9월 19일 미국 의회 회의록에 수록하여 한국 문제의 증거로 삼았다. 이러한 노력에 의해 아일랜드와 한국 독립 동정안이 의회 결의안으로 제출되었던 것이고, 스펜서 역시 찬성투표를 던졌지만 한국의 독립안은 부결되고 말았다.

한국에서 선교사로 활동했던 해리 화이팅, 스티븐 벡, 미네르바 구타펠도 미국에 돌아가 각지를 순회하면서 한국에 대한 일본의 잔악한 지배 상황과 한국인의 참상을 알리는 데 노력하였다.[17] 특히 벡은 1919년 7월 미국 마이애미교회 박람회에 '제암리사건' 사진을 전시한 데 이어 상원의원 노리스에게 이들 사진을 전달하였다. 1919년 5월부터 9월 사이 미국 2백여 곳에서 연인원 30만 명의 미국인을 대상으로 한국 참상

17) 이만열, 「한말 미국계 의료선교를 통한 서양의학의 수용」, 『국사관논총』 3, 1989; 문백란, 「한말 미국 북장로교 선교사들의 한국인식과 선교활동」, 연세대 사학과 박사학위논문, 2014.

을 강연하였고, 1920년 중반 4개월 동안 뉴욕주, 뉴저지주, 펜실베니아주, 코네티컷주, 매사추세츠주 등 4개 주와 중북부 지역의 10만 명에게 한국문제를 강연하였다.

영국의 한국친우회는 언론인 프레드릭 맥켄지의 활동으로 창립하였다. 1920년 10월 26일 영국 하원 의사당 제6호 위원실에서 창립되었는데, 창립대회 의장은 로버트 뉴맨(Sir Robert Newman, Bart), 서기는 윌리암스(W. Llew Williams)였다. 영국 국회 대의사 17명, 에덴버그대학 학장을 포함한 학자 6명, 신문기자 4명, 교회 목사 9명, 귀족 3명 등 영국 내 유력인사 62인이 참여하였다. 창립 이후의 조직으로 회장 로버트 뉴맨 바트, 서기 윌리암스, 회계 하이슬로프(Walter G. Hislop) 및 집행위원 6명을 선출하였으며, 맥켄지는 간사직을 담당하였다.[18]

프랑스의 한국친우회는 정치가 루이 마랭(Louis Marin)이 1921년 6월 23일에 창립하였다. 마랭이 사무국 의장을 맡고 중국인 사회운동가 사동발이 사무국장을 담당하였다. 임원 11명, 행동위원회 5명, 기타 회원 7명 등 총 23명으로 조직되었다. 그러나 파리에서 한국친우회를 조직할 때 동참했던 황기환이 미국으로 간 1921년 7월 이후에는 대한민국 임시정부 차원의 공식적 유럽 외교활동이 중단됨으로써 런던과 프랑스의 한국친우회는 그다지 활동을 하지 못했다.[19]

---

18) 구대열, 「영국과 한국 독립운동」 국사편찬위원회, 『한민족 독립운동사』 6, 1989; 고정휴, 앞의 책, 368~369쪽.

19) 이옥, 「프랑스와 한국독립운동」, 국사편찬위원회 편, 『한민족독립운동사』 6, 1989; 홍선표, 「1920년대 유럽에서의 한국독립운동」, 『한국독립운동사연구』 27, 2006; 김도형, 앞의 논문, 550~552쪽.

3) 중국 관내와 일본에서의 한국 독립운동 지원

한국이 일본에 병탄된 1910년 전후는 중국에서 반청 혁명 운동이 치열하게 진행되는 시기였다. 1894년 청일전쟁의 패배 이후 청 정부는 서구 열강에게 이권을 계속해서 빼앗겼다. 중국에서는 "오이가 쪼개지듯" 갈라질 것이라는 위기감이 고조되기 시작하였다. 그러나 청 정부는 서태후(西太后)의 입김 아래 본격적인 개혁을 추진하지 못한 채 지지부진한 상태였다. 무장봉기를 시도했다가 실패하여 망명 중이던 손문은 1905년 8월 일본에서 중국혁명동맹회를 결성하였다. 1911년 5월 청 정부가 재정난을 해결하기 위해 민간철도 국유화 정책을 발표하자 이에 대한 반발로 10월 10일 무창봉기(武昌蜂起)를 시작으로 하여, 전국 각지에서 반청(反淸) 봉기가 발생하였다. 불과 1개월 만에 거의 모든 성에서 봉기가 일어나고 남경에 새로운 정부가 세워졌다. 이것이 신해혁명(辛亥革命)이다.

미국에서 무창 봉기의 성공 소식을 접한 손문은 중국으로 돌아와 1912년 1월 1일 남경에서 혁명군의 임시대총통으로 취임함과 동시에 남경임시정부를 조직하고 공화제의 중화민국이 설립되었음을 선포하였다. 무창봉기에 놀란 청 정부는 북경 일대의 실력자였던 원세개(袁世凱)를 기용하여 혁명세력을 토벌할 것을 지시하였다. 군사적, 정치적으로 수세에 몰린 손문은 청 황제가 퇴위하고 공화제를 채택하는 조건으로 원세개를 임시대총통으로 승인한다고 약속하였다. 1912년 2월 12일 원세개의 압력으로 청의 황제가 퇴위를 선언함으로써 2백여 년간 이어져 온 청 왕조가 멸망하였다. 2월 15일 북경에서 원세개가 그 자리를 이어받아 임시대총통에 취임하였고, 임시정부는 위안스카이의 행동을 규제하기 위해 내각중심제를 기본으로 한 「임시약법」을 공포하였다.[20]

그러나 1913년 2월 총선거에서 손문과 혁명파를 중심으로 하는 국민당이 원세개의 정부 여당을 누르고 압도적인 승리를 차지하였다. 대총통직을 유지하기 어렵다고 판단한 원세개는 국민당의 대총통 후보였던 송교인(宋教仁)을 암살하고 국민당을 탄압하기 시작하였다. 손문은 원세개 타도를 위한 무력 봉기를 일으켰으나 실패하여 다시 일본으로 망명하였다. 일본에서 중화혁명당을 결성하고 기존의 「임시약법」을 지킬 것을 요구하는 호법운동(護法運動)을 벌였다.

원세개는 1916년 초 스스로 황제가 되려는 시도를 하였지만, 각 지방에서의 반발과 열강의 반대로 뜻을 이루지 못하고 사망하였다. 이후 북경을 중심으로 군벌 세력들이 계속해서 「임시약법」을 농단하자 광동을 중심으로 「임시약법」에 따른 정부를 새롭게 구성하려는 노력이 일어났다. 1917년 9월 손문은 이러한 서남지역 군벌들의 추대를 받아 광동군정부(廣東軍政府)의 대원수로 취임하였으니, 이것이 제1차 호법정부(護法政府)였다. 그러나 대원수 손문은 실권이 없었고 호법정부는 군벌들의 명분 획득을 위한 수단에 지나지 않았다. 결국 손문은 1918년 5월 대원수직을 사임하고 상해로 망명하였다.

1919년 5월 제1차세계대전 종료 후 파리강화회의에서 독일이 차지하고 있던 산동성(山東省) 이권을 일본이 승계하는 것으로 결정되고 이를 북경 정부가 승인하려는 움직임이 포착되었다. 이에 분노하여 북경대학을 중심으로 학생들의 집회가 열리고 각지 민중이 동조하며 봉기하기 시작하였으니 이것이 5·4운동이었다. 북경정부는 군사력으로 5·4운동을 막으려 하였지만, 전국 각지에서 파업, 철시, 시위, 폭동 등이 일어났

---

20) 손문에 대한 저작으로는 시프린, 민두기 옮김, 『손문 평전』, 서울, 지식산업사, 1990; 요코야마 스구루·나카야마 요시히로, 민중사상연구소 옮김, 『쑨원』, 서울, 참한출판사, 1990; 배경한, 『쑨원과 한국』, 서울, 한울아카데미, 2008 참조.

다. 북경 정부는 파리강화조약의 승인을 거부할 수밖에 없었다.

손문은 이를 계기로 중화혁명당을 일반 대중을 포괄할 수 있는 중국국민당으로 개조하고, 1920년 11월 광동 군벌과 연합하여 제2차 호법정부를 광주에 설립하였다. 이어 1921년 5월에는 광동에서 정식으로 중화민국의 총통에 취임하였다. 이로써 중국에는 북경을 중심으로 한 군벌 세력의 북양정부, 손문을 중심으로 한 광동정부(제2차 호법정부) 두 개의 정부가 존속하였다. 이후 1924년 국공합작이 성립하고 혁명군 육성을 위해 황포군관학교가 설립되었다. 북벌에 나섰던 손문이 1925년 사망하자 장개석이 국민혁명군 총사령에 취임하여 중국 통일을 위한 북벌을 계속 추진하였다. 1927년 4월 장개석의 상해 쿠데타로 국공합작이 깨지고 국민당 내부도 분열하였으나 타협에 의해 무한 국민정부로 통합되고 장개석은 다시 북벌을 계속하여 1928년 후반에 전 중국 통일을 완료하였다.

1911년 신해혁명의 성공 소식은 한국인들에게 신선한 충격이었다. 이들 중에는 중국의 혁명으로부터 한국 독립의 가능성을 발견하기 위하여 자신이 직접 중국혁명에 가담하려는 신규식 같은 인물도 있었다. 신규식은 한국 독립운동을 위해 남경에서 박은식, 신채호, 문일평 등 30여 명과 동제사(同濟社)를 결성하고, 이와 별도로 1912년 한국과 중국의 혁명지사들을 연결하기 위하여 신아동제사(新亞同濟社)를 설립하였다. 신아동제사에는 국민당 혁명파였던 송교인(宋教仁), 진기미(陳其美), 호한민(胡漢民), 장계(張繼) 등이 참여하였다.

1921년 광동에 제2차 호법정부가 수립되자, 중국에 망명해 있던 한국 독립운동가들은 호법정부와의 연대를 통해 한국의 독립을 성취할 수 있으리라고 기대하였다. 그중 신규식은 1921년 11월 손문을 만나 두 시간 동안 환담을 나누고 대한민국임시정부를 승인해 줄 것, 중화민국군관학교에 한국 학생들을 받아들일 것, 차관과 조차지를 제공해 줄 것 등에 대해 긍정적인 답을 받았다. 1922년 2월 초 이 합의에 따라 박찬익이 광주 주재 대표로 파견되어 호법정부가 대한민국임시정부를 승인하였다.[21)]

신아동제사에 참여하였던 인물 중 호한민은 일찍이 1912년부터 신규식과 손문의 만남을 주선하고 광동 제2차 호법정부 수립 이후 비서장이자 총참의 자격으로 신규식 일행을 손문에게 안내하였다. 그는 대한민국임시정부에 대해 가장 강력한 지지 의사를 표명하였으나 1924년 제1차 국공합작 이후 중국국민당을 영도하다가 중국국민당 좌파와 중국공산당의 정치 공세에 밀려 숙청되었다. 그런데 숙청에서 돌아올 때 그는 한국인 청년 13명을 데려와 황포군관학교에 입학시켰다.[22)]

진기미는 신해혁명기 상해를 공격하여 점령한 봉기군의 우두머리였는데, 원세개 토벌군의 총사령관을 역임하기도 한 인물이다. 그는 일본과 중국을 오가며 원세개 타도에 매진하다가 오히려 원세개가 보낸 암살범에 의해 38세에 살해되고 말았다. 그 사이에 그는 한국뿐 아니라 베트남, 인도 등 아시아 약소 민족의 독립에 큰 관심을 보였다. 그는 1912년 말 원세개로부터 받은 회유 자금 4만 원 가운데 8천 원 가량을 한국, 베트남, 인도의 독립운동가들을 도와주고 중국에 있는 한국인 유학생들의 학비를 보조하는 데 사용하였다.[23)]

---

21) 김희곤, 「신규식의 대한민국 임시정부 외교활동」, 『중원문화연구』 13, 2006; 魏志江, 「한국독립운동과 중국 광주의 관계」, 『백범과 민족운동연구』 5, 서울, 백범학술원, 2007.

22) 배경한, 「상해 · 남경지역의 초기(1911~1913) 한인망명자들과 신해혁명: 무창기의 · 토원운동에의 참여와 손문 · 혁명파 인사들과의 교류를 중심으로」, 『동양사학연구』 67, 1999.

23) 배경한, 위의 논문; 「陈其美」(https://baike.baidu.com/item/%E9%99%88%E5%85%B6%E7%BE%8E 2020. 4. 11. 열람).

송교인 역시 신아동제사에 가입하여 한국 독립 문제에 관심을 보인 인물이다. 그러나 그는 1913년 국회의원 총선거에서 국민당 내각의 수반으로 촉망받던 중 원세개가 보낸 암살자의 총탄에 피격되어 31세로 사망하고 말았다.[24]

황각(黃覺)도 신아동제사에 참여하기는 했지만 일본 메이지대학 유학 후 아나키즘에 기울었다. 김철수 등과 신아동맹단을 결성하고 귀국 후에는 신문 발행인으로 한국인 사회주의자 조동호를 기자로 채용하고 1918년 김홍일의 귀주군관학교 입학을 주선하였다. 상해에서 열린 삼일운동 기념식에 여러 차례 참석하여 한중 연대를 강조하고 한국 독립운동을 지지하는 연설을 하였다.[25]

신아동제사에 가입하지는 않았지만 황흥(黃興), 임삼(林森), 여천민(呂天民), 당계요(唐繼堯) 등이 한국의 독립운동을 후원하였다. 황흥은 신해혁명 직후 1912년에 수립된 남경임시정부의 육군총장으로 원세개에게 쫓겨 일본에 망명 중 중화혁명당의 조직 노선을 둘러싸고 손문과 대립 갈등하였다. 1916년 42세에 사망하였으나 신규식과 1910년대 초에 개인적으로 편지 왕래를 하였고, 북경에서 한국인이 체포되어 일본 영사관에 넘겨졌을 때 신규식의 부탁으로 석방 운동에 나서주었다.[26]

임삼은 손문과 함께 신해혁명에 참여하고 제1차 호법정부의 외교부장을 역임하고 1921년 제2차 호법정부에서는 국회의장에 선출되고 손문을 총통으로 추대하는 데 중요한 역할을 담당한 거물급 정치가였다. 이 시기에 삼일운동 이후 중국으로 망명한 한국 독립운동가들과

---

24) 薛君度, 「송교인과 중국의 민주시도 실패」, 『아세아연구』 12-2, 1969.

25) 배경한, 앞의 논문; 최선웅, 「1910년대 재일유학생단체 신아동맹당의 반일운동과 근대적 구상」, 『역사와 현실』 60, 2006.

26) 薛君度, 「황흥과 신해혁명」, 『아세아연구』 9-4, 1966.

중국인들이 1921년 9월 27일 중한협회라는 연대 조직을 만들었다. 임삼은 이 협회에서 발간한 기관지 『광명(光明)』에 한국 독립운동에 대한 격려와 조언을 하는 글을 투고하였으며, 1921년 광동 호법정부 비상국회에서 한국독립에 관한 승인안이 상정되어 가결되는 데에도 기여하였다.[27)]

여천민은 일본에서 손문과 함께 중국동맹회에서 활동하다가 신해혁명기에는 운남도독부 참의, 남경 임시정부에서 사법부 차장을 역임한 인물이다. 그는 대한민국임시정부의 『독립신문』 정간 이후 신규식이 발간한 주보 『진단(震旦)』에 축하 인사 원고를 보내고 1921년 중화전국각계연합회에서 동아시아 평화를 위해서 한국독립을 원조해야 한다는 의안을 제출하여 가결하게 하는 등으로 도움을 주었다.[28)]

당계요는 운남성 북벌군 총사령관으로 신해혁명에 참여하고 제1차 호법정부에서 손문이 대원수로 추대될 때 원수로 추대되었던 인물이다. 그는 1920년대 초까지 운남군을 중심으로 사천 · 귀주 · 호북 · 하남 · 섬서 · 강서 등 7개 성의 건국연군총사령에 취임하는 등 중국 서남부 지역 최대 군벌로 등장하였다. 손문이 국공합작 이후 북벌 동참을 요청했을 때 거절했던 그는 손문이 죽은 후 광동 국민당 정부를 전복시키려 하다가 부하들에게 축출당하고 말았다. 그는 군벌 가운데 가장 열렬히 한국의 독립을 지원하였다. 1916년 이범석(李範奭) 등 4명의 학생을 운남육군강무당에 입학시켰으며, 1920년대 초에도 신규식의 요청을 받아 한국인 청년 30~50여 명을 받아들였다. 운남강무당 출신 중에는 동북항일연군으로 활약한 최용건(崔庸健), 한국 최초의 여성비행사

---

27) 김희곤, 앞의 논문.

28) 유하 · 우림걸, 「진단(震檀)을 통해본 근대 한중 교류의 한 단면」, 『한국학연구』 46, 인천, 인하대학교 한국학연구소, 2017.

로 중일전쟁에 참전한 권기옥(權基玉) 등이 있다.[29)]

한편, 일본과 한국에서는 1923년 관동대진재를 전후하여 대규모 격변이 있었다. 관동대진재에서 한국인 6천여 명이 학살되고 일본인과 중국인도 수만 명이 지진과 화재로 사망하고, 사회주의, 아나키즘 등 급진적인 사상이 노동운동·농민운동 등과 결부하여 확산되었다. 일본 정부와 조선총독부는 이를 저지하기 위하여 무자비한 탄압에 나서고 1925년 「치안유지법」이라는 악법을 제정 실시하였다.

이 과정에서 아나키즘 운동에 투신했다가 희생된 인물이 가네코 후미코(金子文子)이다. 그녀는 김약수, 정태성 등 한국인 공산주의와 교류하다가 박열을 만나 그와 동거를 시작하면서 흑도회, 불령사 등의 사회운동 단체를 조직하여 활동하였다. 한국인들과 함께 사회운동을 추진하던 중 체포된 그녀와 박열은 일본 천황제에 도전하는 대역 사건 범인으로 조작 및 기소되었다. 그럼에도 불구하고 이들은 오히려 이 과정을 천황제에 대해 투쟁할 수 있는 기회로 삼고자 전향하지 않고 사형 판결을 그대로 받아들였다.

이들을 변호한 일본인 변호사 후세 다쓰지(布施辰治)는 일본 내의 각종 노동쟁의와 소작쟁의, 치안 관련 사건 등의 변호에 힘써 왔던 인물이다. 그는 한국에도 각별한 관심을 기울여 2·8 독립선언에 참여한 학생들을 변호하였고, 자살한 가네코 후미코의 시신을 수습해 주었다. 도쿄 니쥬바시에서 폭탄 투척한 의열단원 김지섭, 조선공산당 사건으로 체포된 100명의 피고인들에 대한 변호도 맡았으며, 1923년 관동대진재 후 일본 내에서 벌어진 한국인 학살과 관련해서 한국 내 언론사에 사죄의 글을 보내기도 하였다.[30)]

---

29) 裴淑姬, 「中國雲南陸軍講武堂與韓籍學員: 以『同學錄』的分析爲中心」, 『중국사연구』 56, 중국사학회, 2008.

4. 아시아·태평양전쟁기 외국인 독립유공자의 활동(1931~1945년)

1) 국내의 천주교 신부와 미국인 · 캐나다인 단체

1937년 일본은 중일전쟁을 도발하고 1940년 9월 독일 · 이탈리아와 제휴를 통해 아시아 · 태평양전쟁으로 전쟁을 확대하였다. 조선총독부는 1939년 11월 「외국인의 입국 · 체재 및 퇴거에 관한 건」을 공포하고 1940년 9월 20일 신사참배를 거부하는 기독교도를 일제 검거하는 등 기독교에 대한 본격적 규제를 시작하였다. 1938년 말 기독교와 천주교 선교사 수는 420명이었지만 한국인 신자는 개신교 28만여 명, 천주교 12만여 명으로 일본으로서는 결코 무시하기 어려운 숫자였다.

1941년 12월 8일 태평양전쟁을 일으킨 일본은 평양 교구에서 활동 중이던 미국인 선교사 35명을 적성국 국민으로, 광주교구와 춘천교구에서 활동 중이던 아일랜드인 골롬반회 선교사 32명을 준적성국 국민으로 체포하였다. 제주도에서는 패트릭 도슨(Patrick Dawson), 토마스 라이언(Thomas D. Ryan), 어거스틴 스위니(Augustine Sweeney) 등 3명의 신부와 32명의 제주도 내 천주교 신자를 체포하였다. 1942년 10월 도슨은 육군형법과 해군형법 위반 및 불경죄(不敬罪) 혐의로 징역 2년 6개월, 군기보호법과 군기보호법 시행규칙 위반 혐의로 2년 6개월, 총합 징역 5년, 라이언 신부와 스위니 신부는 똑같이 육군형법과 해군형법 위반 혐의로 각각 금고 2년을 언도받았다.

조선총독부가 다른 지역과 달리 유독 제주도에서 활동한 이들 신부

---

30) 이규수, 「후세 다츠지(布施辰治)의 한국인식」, 『한국근현대사연구』 25, 한국근현대사학회, 2003; 오오이시 스스무 · 고사명 · 이형낭 · 이규수, 임희경 역, 『조선을 위해 일생을 바친 후세 다츠지』, 서울, 지식여행, 2010, 28~62쪽.

에게만 실형을 언도한 이유가 있었다. 이들은 일본이 제주도에 군사 비행장을 건설하고 여기서 발진한 비행기들이 중국 내륙과 남경 등지를 폭격하는 사실을 잘 알고 있어, 이들이 아일랜드로 돌아가면서 이 사실을 연합국 측에 전파할 것을 두려워했기 때문이다. 또, 이들 신부가 일본 정부가 알려주는 전황만 파악하는 데 그치지 않고 교황청이나 다른 지역 선교사들로부터 정확한 국제 정세를 파악하여 신도들에게 전파하고 있었기 때문이다.[31)]

한편, 중일전쟁 이후 중경으로 옮겨간 대한민국임시정부는 1940년 9월 "한국과 중국 두 나라 공동의 적인 일본 제국주의를 타도하며 연합국의 일원으로 항전할 것을 목적으로" 광복군을 창설하였다. 그러나 광복군을 확대 발전시켜나갈 인적·물적 기반을 갖추지 못한 상태였기에 당분간 중국 국민당 정부의 지원에 의지할 수밖에 없었다. 이로 인하여 중국 측이 요구한 「한국광복군행동준승9개항」을 수락하여 광복군이 중국군의 명령과 지휘를 받게 되었다. 이로부터 벗어나고자 대한민국임시정부는 미국의 지원을 얻으려고 하였다. 이를 위해서 1925년에 탄핵했던 이승만을 1941년 6월 주미외교위원장으로 임명하고 그에게 대미 교섭의 전권을 위임하였다.

이승만은 1920년대 초 구미위원부와 한국친우회를 중심으로 활동했던 방식을 그대로 재연하였다. 즉, 주미외교위원부가 중심이 되고 한미협회는 미국 정부에 대한 로비 및 선전 활동을 전개하며, 이를 위해 대중조직으로 미국 전역에 기독교친한회(The Christian Friends of Korea)를 조직하였다. 한미협회는 1942년 1월 16일에 창설되고 이사회는 8명, 전국위원회는 28명으로 구성하였다.[32)]

---

31) 윤선자, 「1940년대 전시체제와 제주도천주교회」, 『한국독립운동사연구』 25, 2005.

한미협회 이사장은 워싱턴 파운드리교회 목사였던 프레데릭 해리스(Frederick B. Harris)였다. 그는 1942년부터 1946년까지 미국 상원의 담임목사이면서 트루만 대통령과 친밀한 관계를 유지함으로써 이승만에게 미국 정계의 요인들을 소개해주는 역할을 하였다.[33] 이사회 회장 제임스 크롬웰(James Henry Roberts Cromwell)은 기업가이면서 캐나다 대사를 역임하기도 한 인물로 국무부와의 교섭을 중개해주었다. 재무담당 제이 윌리엄스(Jay Jerome Williams)는 언론인으로 이미 1934년 이승만이 잡지 『극동(The Orient)』를 창간할 때부터 같이 했었는데, 한국에 대한 홍보와 선전 업무를 맡았다. 법률고문 존 스태거즈(John W. Staggers)는 변호사로서, 주미외교위원부와 이승만의 각종 법률적 업무와 자문을 담당하였다.[34]

한미협회 전국위원회 위원 중 모리스 윌리엄(Maurice William)은 치과의사 출신의 사회사상가로, 아시아 약소 민족의 단결이 중요하다는 점을 강조하면서 중국국민당을 지원한 인물이다.[35] 조지 피치(George Ashmore Fitch)는 1909~1945년간 중국 각지에서 YMCA 총간사를 역임한 선교사로서 손문 · 장개석 등 중국국민당과 친밀하며 그 부인 제랄딘은 장개석 부인 송미령과도 친밀한 관계였다.[36] 폴 더글라스(Paul Fredrick

---

32) 이상의 내용은 다음 논저를 참조하였다. 정병준, 「이승만의 정치고문들」, 『역사비평』 43, 1998; 고정휴, 앞의 책, 148~170쪽 및 425~278쪽; 홍선표, 앞의 논문, 214~232쪽.

33) 유지윤 · 김명섭, 「프레데릭 B. 해리스의 한국관련 활동: 이승만과의 관계를 중심으로」, 『한국정치외교사논총』 40-1, 2018.

34) 정병준, 앞의 논문; 고정휴, 앞의 책; 홍선표, 앞의 논문; 유지윤 · 김명섭, 위의 논문.

35) 고정휴, 위의 책, 431쪽.

36) 홍선표, 앞의 논문; 김주성, 「미국 선교사 Fitch 일가의 한국독립운동 지원활동」, 『한국독립운동사연구』 57, 2017; 정병준, 「중국 관내 신한청년당과 3 · 1운동」, 『한국독립운동사연구』 65, 2019.

Douglass)는 아메리칸대학 총장으로 기독교인친한회 회장까지 맡았던 인물이다.[37)]

한편 1942년 기독교인친한회를 조직할 때 가장 적극적으로 활동한 인물은 캐나다인 올리버 에비슨(Olver R. Avison)이었다. 에비슨은 1893년부터 한국에 와서 고종의 시의 겸 제중원 의사로 활동하면서 1904년 세브란스병원을 건립하고 1910년대 연희전문학교와 세브란스의학전문학교 교장을 겸임했다. 기독교인친한회를 창립한 이후 서기 겸 재무를 담당하였다.[38)]

이승만은 이러한 조직과 인맥을 동원하여 미국 정부가 대한민국임시정부를 정식 정부로 승인하고 광복군을 지원하게 만드는 데 전력을 기울였다. 해리스 목사와 윌리엄스 기자, 스태거즈 변호사 등 3인은 1942년 1월 『한국사정』이라는 문건을 작성하여 미국 국무부에 보내 이승만을 대한민국임시정부의 공식적인 외교 대표로 인정해줄 것을 요구하였다. 1942년 2월 초에는 일본인들에 대항하기 위해 한국인을 도와야 하며, 이를 위해 이승만의 활동을 후원해야 한다는 호소문을 작성하여 미국 전쟁부 장관에게 발송하였다.

가장 주목할 만한 활동은 이들이 1942년 2월 27일부터 3월 1일까지 재미한족연합회와 함께 워싱턴 백악관 근처의 라파예트호텔에서 개최한 '한인자유대회'였다. 미국 각지에서 온 한국인 100여 명과 워싱턴의 정치가들이 참여한 이 대회에서 해리스, 스태거즈, 윌리엄스 등은 차례차례 연단에 올라 미국정부가 대한민국임시정부를 승인하고 이승만을 지원해야 한다고 주장하였다.

---

37) 홍선표, 앞의 논문, 223~225쪽.

38) 이광린, 『올리버 알 에비슨의 생애: 한국 근대 서양의학과 근대교육의 개척자』, 연세대학교출판부, 1992; 고정휴, 앞의 책, 155쪽 및 431쪽.

그러나 이 대회를 참관했던 미 국무부의 혼벡(Stanley K. Hornbeck)과 랭던(William R. Langdon)은 부정적인 인상만 받았다. 이 대회에서는 일본에 대한 저항이나 한국 독립에 대한 계획은 한마디도 없었고, 한국의 독립운동이 미국의 문제인 것처럼 이야기하면서 한국인들 스스로 독립을 쟁취하려는 노력은 하지 않는 듯한 인상을 받았다고 지적하였다. 이 무렵 미국 국무부는 전쟁 이후 한국의 독립과 대한민국임시정부 승인을 유보하고 그 대신 연합국의 신탁통치를 구상하고 있었던 것이다.[39]

2) 중국 국민당 정부의 대한민국임시정부 지원

1931년 만주사변으로 일본이 중국을 침략한 후 1932년에는 윤봉길이 폭탄 테러를 벌여 상해파견 일본군사령관 등 여러 명을 폭살 또는 부상시키는 쾌거가 일어났다. 중국국민당 정부의 주석 겸 육해공군총사령이었던 장개석은 한국 독립운동에 대한 지원을 확대할 것을 지시하였으며, 중국 국민정부의 요인들은 김구를 비롯한 대한민국임시정부 인사들을 일본의 추격과 감시로부터 보호하는 동시에 한국 독립운동에 물질적 후원을 하기 시작하였다.

1937년 일본과의 본격적인 전쟁이 시작된 이후 국민당 정부는 일본군에 밀려 수도 남경을 잃고 중경을 임시수도로 삼아 후퇴할 수밖에 없었다. 대한민국임시정부 역시 1932년 윤봉길 의거 직후 상해를 떠난 이후, 항주, 남경, 장사, 광주 등을 거쳐 1939년 중경에 자리를 잡았다. 이후 대한민국임시정부는 항일전쟁에 참여하기 위한 광복군의 양성과

---

39) 고정휴, 위의 책, 434~436쪽.

열강으로부터의 정부 승인을 공식 목표로 삼았다.

열강, 특히 미국으로부터의 정부 승인은 이승만에게 전권을 맡겨 진행했으나 지지부진하였다. 대한민국임시정부의 광복군 양성은 중국 국민당정부의 지원과 제약하에서 이루어졌다. 국민당 정부는 한국인들에게 군사 훈련을 위한 다양한 지원을 제공하였고, 일선 부대들이 광복군과 협력하여 초모 작전을 수행하였다. 그러나 한편으로는 「한국광복군행동준승9개항」을 통해 광복군을 중국 군사위원회에 예속시켜 군사 행동을 자유롭게 할 수 없도록 제약하였다.

중국 국민당정부의 지원은 세 가지 방향으로 이루어졌다. 상해와 만주 지역 독립운동가들에 대한 보호나 지원, 중국과 한국의 연합을 위한 연대활동 및 중한문화협회 창립, 광복군 지원과 대한민국임시정부 승인 노력 등이다.

손문과 함께 제2차 호법정부에 참여하고 상해법과대학 교장을 역임한 저보성(褚辅成)은 윤봉길 의거 이후 일본군의 표적이 된 김구, 엄항섭, 이동녕 등을 자기 고향인 가흥의 자택으로 피신시켜 주었으며, 1940년 5월 국민참정회 참정원으로 중국과 한국의 혁명운동 후원 및 일본의 조속한 붕괴 촉진 방안 결의에도 앞장섰다. 만주 흑룡강성 행정장관이었던 주경란은 1920년대 초 김경천의 대한혁명단 활동을 원조하고 1931년에는 동북항일의용군을 후원한 데 이어 윤봉길 의거 이후에 김구, 최동오, 김원봉, 신익희 등에게 300~1,000불을 전달하였다.[40]

한중 연대를 위한 활동을 전개한 인물은 수십여 명에 달한다. 그중에서 중한문화협회를 창립하는 데 주도적 활동을 한 인물로 손문의 아들로 국민당 정부의 입법원장이었던 손과(孫科)와 중화민국 외교부 동

---

40) 魏志江, 「한국독립운동과 중국 광주의 관계」, 『백범과 민족운동연구』 5, 서울, 백범학술원, 2007.

아사(東亞司)의 책임자 사도덕(司徒德), 그리고 천주교 신부 우빈(于斌)을 들 수 있다.

손과는 제1차 호법정부 수립 때부터 활동해오다가 장개석의 무한 쿠데타 이후 장개석에 대해 비판적 입장을 취하였다. 그는 1942년 1월부터 조소앙과 함께 중한문화협회 결성을 논의하여 1942년 10월에 발족시켰다. 발족식에는 대한민국임시정부 주석 김구, 외교부장 조소앙, 광복군 총사령 이청천, 광복군 부총사령 김원봉 등 한국 측 인사, 손과를 비롯하여 오철성, 백숭희, 풍옥상, 우빈 등 중국 측 인사 총 400여 명이 참석하여 성대하게 진행되었다. 발족 당시 회원은 668명이었고, 이사장은 손과, 부이사장은 한국의 김규식이 선출되었다.[41]

사도덕은 대한민국임시정부 측 신익희와 함께 준비 실무단의 책임을 맡았다가 발족 이후에는 비서장으로 선임되었다. 이후 사도덕은 삼일운동 기념 강연회, 중한문화협회 창립기념일 연례 행사, 대한민국임시정부 승인 문제에 관한 토론회, 일본군 진영 탈출 병사를 위한 환영회 등을 주도적으로 추진하였다. 1943년 12월 카이로회담에서 한국의 독립 문제가 발표되자 사도덕은 담화를 발표해 동맹국들이 대한민국임시정부를 조속히 승인해줄 것을 촉구하였다.[42]

이 밖에 중한협회 이사 또는 명예이사로 활동한 인물로 중국 국민당 정부의 원로격인 장계(張繼), 만주지역 군벌 장학량의 참모 막덕혜(莫德惠),[43] 국민당 정부 정보조직의 책임자 진과부(陳果夫) · 진입부(陳立

---

41) 한시준, 「중한문화협회의 성립과 활동」, 『한국독립운동사연구』 35, 2010.

42) 한시준, 위의 논문; 한중문화협회, 『한중문화협회연구』, 서울, 늘품플러스, 2013.

43) 송한용, 「1928년 장학량 정권의 동북역치」, 『역사학연구』 12, 1998; 송한용, 「장학량과 중동로사건」, 『중국사연구』 10, 2000; 유용태, 「국민회의에서 국민참정회로, 1931~1938」, 『중국근현대사연구』 23, 2004.

夫)[44] 형제와 주가화(朱家驊),[45] 국민정부 행정위원 왕죽일(汪竹一)[46] 등이 있다.

광복군 지원에 직접 관여한 인물로는 장개석(蔣介石), 곽태기(郭泰祺),[47] 진과부·진입부 형제, 주가화, 대립(戴笠), 진성(陳誠) 등이 있다. 장개석은 손문 사망 후 국민당정부의 사실상 제1인자로 군림하였고 광복군 지원도 그의 지시가 없으면 성립될 수 없었다. 그러나 장개석은 외교부장 곽태기와 중한문화협회가 대한민국임시정부 승인을 건의했음에도 불구하고 관망하는 태도를 취하였다. 이는 한국 독립운동단체 간의 대립 갈등이 심하여 대한민국임시정부가 한국인들의 독립의지를 대표하지 못한다는 점, 따라서 대한민국임시정부가 정식 승인을 받으려면 다른 한국인 독립운동 단체를 통합해올 것을 요구했던 그의 입장 때문이었다. 그럼에도 불구하고 장개석은 1943년 11월 카이로회담에서 한국의 독립을 선언문 안에 넣을 필요가 있음을 강조하였다. 다만, 이를 받아들인 미국 루즈벨트 대통령이 신탁통치 구상을 염두에 두고 '적당한 절차를 거쳐'라는 문구를 넣은 것에 대해서는 반대하지 않았다.[48]

---

44) 노경채, 앞의 논문; 김정현, 「제1·2차 국공합작기의 한·중 연대활동: 황포군관학교 인맥을 중심으로」, 『역사학연구』 46, 호남사학회, 2012; 양지선, 「한국독립운동세력과 CC파·역행사의 공동 첩보활동」, 『동양학』 62, 단국대학교 동양학연구원, 2016.

45) 胡春惠, 「朱家驊與韓國獨立運動」, 『수촌박영석교수화갑기념 한민족독립운동사논총』, 1992; 노경채, 위의 논문.

46) 한시준, 앞의 논문; 한중문화협회, 앞의 책.

47) 刘金华, 「郭泰祺: "被遗忘的外交家"」, 『世界知识』 12, 2007.

48) 배경한, 『장개석연구』, 일조각, 1995; 배경한, 「중일전쟁시기 장개석·국민정부의 대한정책」, 『역사학보』 208, 2010; 배경한, 「카이로회담에서의 한국문제와 장개석」, 『역사학보』 224, 2014; 배경한, 「윤봉길 의거 이후 장개석·국민정부의 한국독립운동 지원과 '장기항전'」 『역사학보』 236, 2017

장개석의 지시를 받아 광복군 또는 대한민국임시정부에 대한 재정적 지원을 담당한 것은 진과부 · 진입부 형제, 주가화 등 비밀정보조직 중앙구락부(CC)의 책임자, 그리고 남의사로 유명한 삼민주의역행사 조직의 책임자였던 대립, 호종남(胡宗南), 유영요(劉詠堯) 등이었다. 이들은 광복군 창립 이전부터 일본군에 대한 작전 수행을 위해 김원봉의 의열단 · 조선민족혁명당 지원을 하기도 하고, 한국인청년을 중국중앙육군군관학교 내에 한국인특별반이나 중국군 사단 내에 한국청년전지공작대, 또는 별도로 조선혁명군사정치간부학교 등을 설립하고 운영하도록 지원을 해주었다.[49]

광복군과는 별도로, 김원봉이 조직한 조선의용대에 대해서는 국민당 군사령관이었던 진성(陳誠)이 1938년 일본군의 공격으로부터 무한을 수비하기 위하여 경비를 원조하였다. 이 경우 조선의용대는 중국 군사위원회(장개석 위원장) → 정치부 → 지도위원회 → 조선의용대 대본부로 이어지는 지휘체계로 편제되었는데, 이러한 통제 체계는 광복군에 대해서도 마찬가지로 이루어졌다.[50]

이 외에 호남성 일대를 지키던 제9전구 사령장관 설악(薛岳)은 일본군에서 탈출한 한국인 병사들을 광복군으로 편성하도록 지원하였는데, 그렇게 해서 모인 120여 명을 광복군 제1지대에 편입시키고 그 경비를 지원하였다.[51] 강소성 · 절강성을 지키는 제3전구 사령부 장교 마수례(馬樹禮)는 광복군 모집을 위한 건물을 제공하고 일본군으로 징병된

---

49) 염인호, 『조선의용군의 독립운동』, 서울, 나남, 2001, 44~46쪽; 김정현, 앞의 논문; 양지선, 앞의 논문.

50) 노경채, 앞의 논문; 염인호, 위의 책, 58~75쪽.

51) 한시준, 「한국광복군 지대의 편성과 조직」, 『사학지』 28, 1995; 김광재, 『한국광복군』, 천안, 독립기념관 한국독립운동사연구소, 2007, 147쪽.

한국인을 설득 및 귀순하는 방송을 전담하였다.[52] 외국인 독립유공자 중 가장 젊은 소경화(蘇景和)는 남경 중앙대학 재학 중 송지영, 조일문 등 한국인 유학생이 조직한 한족동맹과 함께 광복군 모집 활동을 벌여 한국인 청년을 1천 km 떨어진 서안까지 후송하는 역할을 맡아 250명 정도를 확보하게 도와주었다.[53]

중국인 여성으로 독립유공자 포상을 받은 이가 3명이다. 이 중 송미령(宋美齡)은 장개석의 부인으로 카이로회담 시 장개석의 통역을 맡아 유창한 영어 실력으로 식민지 중 유일하게 한국의 독립을 언급하게끔 노력하였고 한인애국단과 광복군에 대해 찬조금을 보냈다.[54] 두쥔훼이(杜君慧)는 1927년 광주 봉기 때 중산대학 기숙사 한국인 학생들의 광주 탈출을 도왔으며 독립운동가 김성숙과 결혼한 후 조선민족전선연맹의 허정숙 김원봉 등과 같이 지냈으며 중화문화협회 발기인으로도 참여하였다.[55] 대한민국임시정부를 후원하던 중국인 이덕해의 딸 이숙진(李淑珍)은 한국국민당 조성환과 결혼하였으며, 대한민국임시정부의 여당 한국독립당 산하 단체로 창립된 한국여성동맹에 참여하여 독립운동을 지원하는 역할을 맡았다.[56]

---

52) 독립운동사편찬위원회, 『독립운동사』 6, 서울, 독립유공자사업기금운용위원회, 1974, 234쪽, 441쪽.

53) 차대운, 「[3 · 1운동. 임정백주년](48) 광복군 투신 中엘리트 쑤징허의 삶」, 『연합뉴스』 2019년 3월 18일. (https://www.yna.co.kr/view/AKR20190312150100089 2019. 12. 18. 열람).

54) 천팅이, 이양자 옮김, 『송미령 평전』, 한울, 2004, 481~489쪽; 배경한, 앞의 2014년 논문.

55) 손염홍, 「1920년대 중국지역에서 전개한 김성숙의 민족혁명과 사회주의운동」, 『한국근현대사연구』 44, 2008; 「杜君慧」(近代运动家), 『바이두백과사전』(https://baike.baidu.com/item/%E6%9D%9C%E5%90%9B%E6%85%A7/6321358 2020. 4. 1. 열람)

56) 김희곤, 『조성환』, 서울, 역사공간, 2013, 103~108쪽.

5. 냉전 체제의 틀을 넘는 외국인 독립유공자 발굴을 위하여

지금까지 정리한 외국인 독립유공자는 네 그룹으로 분류할 수 있다. 첫째, 재미 한국인 사회를 중심으로 추진된 독립운동을 지원하였거나 이승만의 독립운동에 도움을 준 인물들이다. 둘째, 대한민국임시정부를 지원한 손문, 황흥, 장개석, 진과부 등 중국 국민당 요인들이다. 셋째, 알렌, 헐버트, 에비슨, 스코필드 등 미국 · 캐나다 선교사들이다. 넷째, 베델, 멕켄지, 조지 쇼 등 영국 · 아일랜드인과 후세 다쓰지, 가네코 후미코 등 일본인이다. 이렇게 외국인 독립유공자 포상의 폭이 제한적이었던 것은, 2000년 이전 역대 정권이 냉전 체제의 틀 내에서 반공 친미적 외교 정책을 유지해 왔기 때문이라고 할 수 있을 것이다.

그러나 한국의 독립운동에는 삼일운동이나 대한민국임시정부, 이승만의 외교 독립운동만 있었던 것은 아니었다. 만주와 연해주 지역에서 많은 독립운동 단체들이 무장 독립 투쟁을 전개하였으며, 국내와 일본 본토에는 사회주의 · 아나키즘 계열 및 노동자 · 농민의 사회운동이 전개되고 있었다. 미국의 한국인 사회에도 이승만과 대립하면서 김원봉이나 안창호를 지원하는 독립운동 단체들이 있었다.

따라서, 향후 한국 정부는 물론 한국 근현대사 연구자들은 외국인 독립유공자 발굴 대상을 확대할 필요가 있다. 대한민국임시정부에만 한정하지 말고, 의열 투쟁 및 무장투쟁 노선, 반이승만 단체, 사회주의, 아나키즘, 공산주의 등 다양한 독립운동 노선으로 시선을 돌려 보아야 한다. 중국 국민당 · 공산당의 중요 인물, 일본 사회의 지식층에 한정하지 말고 사회 저변의 노동자, 농민 또는 일반 대중으로까지 확대할 필요가 있다. 제국주의 국가의 일원이라고 하여 일본인 전체를 증오의 대상으로 보지 말고 한국의 독립에 공감하고 지원을 했던 일본인들을 발굴하는 데 노력하여야 할 것이다.

마지막으로, 그동안의 외국인 독립유공자 발굴 시야는 지역적으로도 한국 · 중국 · 일본 동아시아 3국 및 미국 · 영국 · 캐나다 등 자본주의 진영에만 한정되어 있었다. 구소련과 동유럽, 동독 지역 등 구 사회주의 진영으로까지 발굴 대상 지역을 넓힘으로써 냉전 체제를 벗어나 한반도의 평화와 통일을 가져올 수 있는 관점을 가지는 것이 필요하리라 본다.

출처

이 책에 실린 글들은 저자들의 선행 연구를 일부 수정 · 보완하여 작성된 것이다. 출처는 다음과 같다.

제1부 담론으로서의 동아시아 지역 구상

- 최종길 | 전후 다케우치 요시미의 동아시아 담론과 식민지문제
  출처: 『인문과학연구논총』, 39, 2, 2018.

- 이진일 | 냉전의 지정학과 동아시아 '지역'(region)의 구성: 칼 슈미트의 '광역질서'(Grossraumordnung) 이론을 중심으로
  출처: 『독일연구』 43, 2, 2020.

- 나혜심 | 지구화시대의 문화 담론과 독일의 동아시아 인식
  출처: 『사림』 65, 2018

제2부 해외 지역 연구와 인식 변화

■ 김종복 | 일본 근대 초기 역사학의 발해사 서술과 그 전거
출처: 『고구려발해연구』, 63, 1, 2019.

■ 송병권 | 미국의 식민지 조선 인식의 원형과 지역주의적 재해석
출처: 『아시아문화연구』, 47, 2018.

■ 김지훈 | 현대 중국의 한국전쟁 인식 변화: 역사 교과서의 서술 변화를 중심으로
출처: 『사림』, 64, 2018

제3부 탈식민 운동과 지역

■ 최규진 · 옥창준 | 이정식과 브루스 커밍스 저술에 대한 대위법(對位法)적 독해
출처: 『사림』, 74, 2020

■ 임경석 | 조선사회단체중앙협의회 상설 · 비상설 논쟁
출처: 『역사비평』, 128, 2019.

■ 도면회 | 한국 독립운동과 외국인 독립유공자
출처: 『인문논총』, 77, 2, 2020.

찾아보기

【ㄱ】

【ㄴ】

【ㄷ】

【ㅊ】

【ㅋ】

【ㅌ】

【ㅍ】

【ㅎ】

【기타】

필자소개(논문게재순)

■ 최종길 | 원광대학교 한중관계연구원 동북아시아인문사회연구소 HK+연구교수

영남대학교 사학과를 졸업하고 일본의 츠쿠바대학에서 일본근현대사 분야를 전공하여 박사학위를 받았다. 전공분야는 1920~30년대 사회운동사, 사회사상사이다. 2005년 귀국 이후 전후의 사회운동사 특히 진보진영의 전쟁책임문제와 전향문제를 중심으로 연구를 진행하고 있다. 최근에는 한국과의 관련성 속에서 전후 일본의 진보운동과 식민지 지배책임문제를 중심으로 연구를 진행하고 있다. 대표작으로는 『근대일본의 중정국가 구상』(경인문화사, 2009)가 있다.

■ 이진일 | 성균관대학교 동아시아역사연구소 연구교수

논문으로는 「전간기 유럽의 동아시아 인식과 서술: 지정학적 구상을 중심으로」(2016), 「해방공간을 살다간 한 독일 지식인의 민주주의 인식: 에른스트 프랭켈」(2017) 등이 있으며, 저서로는 이진일(공저), 『분단의 역사인식과 사유를 넘어서』(한울, 2019), 역서로는 『독일노동운동사』(길, 2020)와 『코젤렉의 개념사 사전』 14, 『보수, 보수주의』(푸른역사, 2019) 등이 있다.

■ 나혜심 | 고려대학교 독일어권문화연구소 연구원

독일 Siegen 대학교 박사(서양근대사 전공). 저서로는 『독일로 간 한인간호여성』(산과글, 2012), 『재외동포사회의 현황과 정책과제』(북코리아, 2018)가 있고 논문으로는 「횡단적 삶의 방식인 이주 그리고 재독 한인의 삶」(『사림』 59, 2017), 「"여성 '노동'의 이주화": 1950~70년대 여성돌봄노동 고용의 포스트콜로니얼리즘」(『세계역사와문화연구』 43, 2017), 「질병으로부터 안전한 공간' 관리와 공간권의 사회사: 19세기 독일 전염병 확산 시기 사회적 관계를 중심으로」(『세계역사와문화연구』 56, 2020), 「돌봄노동이주의 역사적 기원: 식민지 경험과 간호노동력 생산 사이의 연관성을 중심으로」(『서양사론』 144, 2020) 등이 있다.

■ 김종복 | 안동대학교 사학과 부교수

저서로 『발해정치외교사』(일지사, 2009), 역서로 『정본 발해고』(책과 함께, 2018), 논문으로 「한국 근대역사학의 발해사 인식: 남북국론을 중심으로」(『한국사연구』 179, 2017), 「중국 근대의 발해사 인식: 민국시대의 발해삼서를 중심으로」(『역사문화연구』 68, 2018), 「수정본 『발해고』와 『해동역사』 발해 기사의 비교 연구〉(『사림』 75, 2021) 등이 있다.

■ 송병권 | 상지대학교 아시아국제관계학과 부교수

저서로 『東アジア地域主義と韓日米関係』(東京: クレイン, 2015), 『근대 한국의 소수와 외부, 정치성의 역사』(역락, 2017). 『동아시아 혁명의 밤에 한국학의 현재를 묻다』(논형, 2020) 등이 있으며, 논문으로는 「일본의 전시기 동아국제질서 인식의 전후적 변용: '대동아국제법질서'론과 식민지 문제」(『사림』 61, 2017), 「최호진의 한국경제사 연구와 동양사회론」(『사총』 92, 2017), 「연합국 최고사령관 총사령부의 한일 점령과 통치구조의 중층성」(『아세아연구』 63-1, 2020) 등이 있다.

■ 김지훈 | 아시아평화와역사연구소 연구위원, 성균관대학교 겸임교수

저서로 『현대중국 : 역사와 사회변동』(공저, 그린, 2014), 『중국고등학교 역사교과서의 현황과 특징』(공저, 동북아역사재단, 2010), 『근현대 전환기 중화의식의 지속과 변용』(단국대학교출판부, 2008) 등이 있으며, 논문으로는 「난징대학살 기념관의 전시와 기억」(『사림』 71, 2020), 「국가의지(國家意志)와 역사교과서의 정치화」(『역사교육연구』 33, 2019), 「중화민국시기 근대 역사학과 공문서 정리」(『역사와 세계』 49, 2016) 등이 있다.

■ 옥창준 | 서울대학교 정치외교학부 외교학 전공 박사수료

저서로 『근대화론과 냉전 지식 체계』(공저, 혜안, 2018), 『열전 속 냉전, 냉전 속 열전』(공저, 진인진, 2017)이 있다. 논문으로는 「냉전기 북한의 상상 지리와 '평양 선언'」(『통일과 평화』 12-1, 2020), 「남방정책의 계보학」(『황해문화』 104, 2019), 「이론의 종속과 종속의 이론」(『역사문제연구』 23-1, 2019) 등이 있다. 『냉전의 지구사』(에코리브르, 2020)를 책임 번역했다.

■ 최규진 | 청암대학교 재일코리안연구소 연구교수

저서로는 『조선공산당 재건운동』(독립기념관, 2009), 『근대를 보는 창 20』(서해문집, 2007), 『근현대 속의 한국』(공저, 방송통신대학출판부, 2012), 『일제의 식민교육과 학생의 나날들』(서해문집, 2018) 등이 있다. 논문으로는 「식민지시대 조선 사회주의자들의 소비에트론」(『한국사학보』 9, 2000), 「우승열패의 역사인식과 '문명화'의 길」(『사총』 79, 2013), 「근대의 덫, 일상의 함정」(『역사연구』 25, 2013) 등이 있다.

■ 임경석 | 성균관대학교 사학과 교수

저서로 『모스크바 밀사』(푸른역사, 2012), 『잊을 수 없는 혁명가들에 대한 기록』(역사비평사, 2008), 『한국 사회주의의 기원』(역사비평사, 2003) 등이 있으며, 논문으로는 「1927년 영남친목회 반대운동 연구」(인문과학 68, 2018), 「해방직후 3 · 1운동 역사상의 분화」(사림 63, 2018), 「1927년 조선공산당의 분열과 그 성격」(사림 61, 2017) 등이 있다. 최근에는 일제하 사회주의 비밀결사의 활동상을 추적하고 있다.

■ 도면회 | 대전대학교 H-LAC 역사문화학전공 교수

저서로 『한국근대사』 ①(공저, 푸른역사, 2016)』 『한국 근대 형사재판 제도사』(푸른역사, 2014), 『역사학의 세기』(공저, 휴머니스트, 2009) 등이 있으며, 논문으로는 「근대 역사학의 방법론적 기원」(『한국문화연구』 36, 2019). 「3 · 1운동 원인론에 관한 성찰과 제언」(『역사와 현실』 109, 2018), 「내재적 발전론의 '건재'와 새로운 역사연구 방법론의 정착」(『역사학보』 231, 2016) 등이 있다. 최근에는 식민지근대의 지배 시스템과 한국 현대 역사학의 기원을 추적하고 있다.